BÜCHERKUNDE
FÜR GERMANISTEN

Studienausgabe

Von

Johannes Hansel

bearbeitet von

Lydia Tschakert

6., vermehrte Auflage

ERICH SCHMIDT VERLAG

1. Auflage (1.— 3. Tsd.) 1961
2. Auflage (4.— 6. Tsd.) 1963
3. Auflage (7.—10. Tsd.) 1965
4. Auflage (11.—15. Tsd.) 1967
5. Auflage (16.—27. Tsd.) 1968
6. Auflage (28.—33. Tsd.) 1972

ISBN 3 503 00728 8

6., vermehrte Auflage, Berlin 1972

© Erich Schmidt Verlag, Berlin 1961
Druck: Berliner Buchdruckerei Union GmbH., Berlin 61

Aus dem Vorwort der ersten Auflage

Mehr denn je gehört heute die Kenntnis der wissenschaftlichen Hilfsmittel zur unerläßlichen Ausrüstung eines jeden, der Sprache und Dichtung studiert. Wenn schon in unserer Zeit die „Literaturflut" für den Fachgelehrten zu einem ernsthaften Problem geworden ist, so wird es erst recht für den jungen Studierenden immer schwieriger, aus der Überfülle der Literatur die einführenden Werke herauszufinden und über den Stand der Forschung ein einigermaßen zutreffendes Bild zu gewinnen. Die Ratlosigkeit steigert sich, wenn es heißt, für die ersten Arbeitsthemen das einschlägige Schrifttum zu suchen.

Bereits für die Arbeit vom ersten Semester an möchte die Studienausgabe der *Bücherkunde für Germanisten* ein Wegweiser auf dem Gebiet der deutschen Sprach- und Literaturwissenschaft sein, indem sie in einer Auswahl solche Werke herausstellt, die den Zugang zum Studium eröffnen oder als Schlüssel- und Nachschlagewerke beim Forschen weiterführen. Entsprechend der Anlage der umfangreicheren Ausgabe unserer *Bücherkunde* (1959) macht sie zunächst in systematischer Übersicht mit maßgebenden Darstellungen zur Sprach- und Literaturwissenschaft bekannt, weist nachdrücklich die vielartigen Bibliographien als unentbehrliche Arbeitsmittel vor und verzeichnet schließlich zahlreiche Zeitschriften, deren laufendes Studium Einblicke in die gegenwärtigen Forschungsprobleme unseres Faches vermittelt. Dabei möchte die Studienausgabe in ihrem stufenartigen Aufbau vornehmlich mit den Möglichkeiten des Bibliographierens vertraut machen und somit zur Einführung in die bibliographische Praxis dienen: schrittweise — in fünf Stufen — weist sie die Wege nach, die dem Literatursuchenden ein folgerichtiges und zielsicheres Sammeln des Schrifttums gewährleisten, und zwar erschöpfend bis zum neuesten Stand der Forschung.

Dem Umfange der Studienausgabe sind Grenzen gesetzt; trotz gebotener Kürze soll aber der Anfänger möglichst übersichtlich an die germanistische Literatur herangeführt werden. So sind die einzelnen Werke (vom größeren Teil der Zeitschriften abgesehen) mit vollem Titel aufgenommen, gegebenenfalls auch mit dem Vermerk der Erstauflagen, und nach Möglichkeit knapp erläutert sowie am Rande im Hinblick auf ein rasches Nachschlagen und Verweisen numeriert.

Marburg/L., Sommer 1961

Vorwort zur dritten Auflage

Trotz der für eine Studienausgabe gebotenen Begrenzung soll von Auflage zu Auflage das Material so weit ergänzt werden, daß die Marksteine der Forschung stets bis zum jüngsten Stand deutlich werden und zugleich die für das Bibliographieren notwendige Systematik an Klarheit gewinnt. Dabei sind Streichungen unerläßlich, um den Umfang des Buches nicht zu erweitern. So wurden neu aufgenommen 100, gestrichen 41 Titel. Die im dritten Teil für die einzelnen Sachgebiete der deutschen Literaturgeschichte sich wiederholenden Hinweise auf umfassende Jahresberichte wurden jeweils zusammengezogen, so daß bei der laufenden Zählung über 60 Nummern frei wurden und genügend Raum für den *Wegweiser zur bibliographischen Schulung* gewonnen werden konnte. Diese den (fünfstufigen) Hauptteilen vorangesetzte Wegweisung, die den Anfänger in die Praxis der Bücherkunde einführt, ist (wie bereits bei der Erstausgabe 1959 geplant und in Seminarübungen erprobt) auch schematisch veranschaulicht, um mit der sicheren Vorstellung von der Berichtsweite führender Informationsmittel das Zusammenspiel der vielartigen Bibliographien zu erleichtern; Näheres S. 19.

Marburg/L., im Januar 1965

Vorwort zur fünften Auflage

Obwohl seit der 4. Auflage kaum mehr als ein Jahr vergangen ist, sind die Angaben — entsprechend dem im Vorwort zur 3. Auflage festgelegten Grundsatz — wiederum auf den jüngsten Forschungsstand gebracht. U. a. wurden neu aufgenommen 27 Titel, dafür 19 gestrichen, so daß die bisherige Numerierung möglichst beibehalten werden konnte.

Zur organischen Ergänzung der *Bücherkunde für Germanisten* bietet sich im Hinblick auf die spezielle Dichterforschung seit dem Sommer 1967 unsere *Personalbibliographie zur deutschen Literaturgeschichte* an (mit weit über 1000 Titeln). Dankbar wird vom Bearbeiter dieser beiden Studienausgaben die im Ausland ausgesprochene Bemerkung hingenommen: »With the author's complementary work *Personal-bibliographie zur deutschen Literaturgeschichte* ... the Germanist now has access to indexes which are not available for any other modern language« (Modern Language Review).

Marburg/L., im Januar 1968   Dr. J o h a n n e s   H a n s e l

Vorwort zur sechsten Auflage

Mitten in der Arbeit an der 6. Auflage der Studienausgabe seiner *Bücherkunde für Germanisten* ist Johannes Hansel im Juli 1970 gestorben. Hinterlassene Dispositionen und Teile des Manuskripts sowie der Briefwechsel mit dem Verlag lassen erkennen, daß sie inhaltlich neugestaltet werden sollte. Die Bearbeiterin, die Ende 1970 auf Wunsch des Verlages und der Familie die Fertigstellung übernahm, hofft, daß sie dieser Absicht des Verstorbenen entsprochen hat, indem sie sich bemühte, die Schwerpunkte etwas anders zu setzen (so sind die Unterabteilungen der Allgemeinen Sprach- und Literaturwissenschaft vermehrt und eine Rubrik Linguistik des Deutschen eingeführt worden), ohne daß im großen und ganzen — etwa durch Reduktion der historischen Richtung — auf die bewährte, von J. Hansel in jahrelanger Erprobung im akademischen Unterricht gewonnene Anlage und Gliederung verzichtet wurde. Die Zahl der erfaßten Titel ist trotz Fortlassung älterer Publikationen um 230 Nummern angewachsen. Um den Umfang dennoch nicht zu sehr anschwellen zu lassen, sind Annotationen zu einzelnen Titeln gestrichen oder gekürzt und solche zu den neuaufgenommenen Titeln nur in den wichtigsten Fällen beigegeben worden.

Verlag und Bearbeiterin sind in dem Wunsche einig, daß die Studienausgabe auch in ihrer 6. Auflage trotz verändertem Verständnis des Faches Germanistik weiterhin den Studierenden ein guter Helfer bleiben möge.

Marburg/Lahn, im März 1972   L y d i a   T s c h a k e r t

Inhaltsübersicht

II. Abgeschlossene Fachbibliographien

III. Periodische Fachbibliographien

Inhaltsübersicht

11

Abkürzungsverzeichnis

Für eine bibliographische Arbeit ist die Kenntnis bzw. die Anwendung der Kürzungen von Wörtern und Titeln unerläßlich. Wir unterscheiden: Textabkürzungen (nach bibliothekarischen Grundsätzen sowie im fachwissenschaftlichen Sprachgebrauch) und Siglen (Kürzungen in bestimmter Buchstabenfolge).

Als gekürzter Buchtitel erscheint in dieser Studienausgabe lediglich die große Ausgabe unserer *Bücherkunde* (1959):

HBG   =   HANSEL: *Bücherkunde für Germanisten* [s. Nr 708]

Kürzungen der Zeitschriftentitel

AfdA   = Anzeiger für dt. Altertum [s. Nr 1060]
Beitr.   = Beiträge zur Geschichte d. dt. Sprache u. Lit. [s. Nr 1032/33]
DLZ   = Deutsche Literaturzeitung [s. Nr 1180]
DU   = Der Deutschunterricht [s. Nr 1037]
DVj   = Deutsche Vierteljahrsschrift [s. Nr 1036]
Euph.   = Euphorion [s. Nr 1039]
GR   = Germanic Review [s. Nr 1165]
GRM   = Germanisch-Romanische Monatsschrift [s. Nr 1041]
JEGPh   = Journal of English and Germanic Philology [s. Nr 1166]
MDU   = Monatshefte für deutschen Unterricht [s. Nr 1172]
MLR   = Modern Language Review [s. Nr 1117]
PMLA   = Publications of the Modern Language Assoc. of America [s. Nr 1175]
WW   = Wirkendes Wort [s. Nr 1058]
ZfB   = Zentralblatt für Bibliothekswesen [s. Nr 1186]
ZfBB   = Zeitschrift für Bibliothekswesen und Bibliographie [s. Nr 1187]
ZfdA   = Zeitschrift für deutsches Altertum [s. Nr 1060]
ZfdPh   = Zeitschrift für deutsche Philologie [s. Nr 1061]
ZDL   = Zeitschrift für Dialektologie und Linguistik [s. Nr 1063]
ZMF   = Zeitschrift für Mundartforschung [s. Nr 1063]

Abkürzungen von Buchreihentiteln

es   = edition suhrkamp
GdG   = Grundlagen der Germanistik
KTA   = Kröners Taschenausgaben
rde   = rowohlts deutsche enzyklopädie
SG   = Sammlung Göschen
SM   = Sammlung Metzler

Siglen für Bibliographien

B = Bibliographie   L = Literaturnachweis über einen Dichter
F = Forschungsbericht   W = Verzeichnis der Werke eines Dichters

Textabkürzungen:

Abb.   = Abbildung   ahd.   = althochdeutsch
Abh.   = Abhandlung   Akad.   = Akademie
Abt.   = Abteilung   and.   = altniederdeutsch

Abkürzungsverzeichnis

Anh.	=	Anhang		Lit.	=	Literatur
Anm.	=	Anmerkung		m.	=	mit
as.	=	altsächsisch		Masch.	=	Maschinenschrift
Aufl.	=	Auflage		mhd.	=	mittelhochdeutsch
Auftr.	=	Auftrag		Mitw.	=	Mitwirkung
Ausg.	=	Ausgabe		mnd.	=	mittelniederdeutsch
Bd, Bde	=	Band, Bände		Nachdr.	=	Nachdruck
bearb.	=	bearbeitet		Nachtr.	=	Nachtrag
Bearb.	=	Bearbeiter, Bearbeitung		Nachw.	=	Nachwort
begr.	=	begründet		nd.	=	niederdeutsch
Beih.	=	Beiheft		Neudr.	=	Neudruck
Beil.	=	Beilage		N. F.	=	Neue Folge
Beitr.	=	Beitrag		nhd.	=	neuhochdeutsch
Bl.	=	Blatt		nord.	=	nordisch
bzw.	=	beziehungsweise		N. S.	=	Neue Serie
ca.	=	circa		Phil.	=	Philologie
Diss.	=	Dissertation		o. J.	=	ohne Jahr
dt.	=	deutsch		R.	=	Reihe
ebda	=	ebenda		Red.	=	Redaktion
Einf.	=	Einführung		Ref.	=	Referat
Einl.	=	Einleitung		Reg.	=	Register
Erg.-Bd	=	Ergänzungsband		Slg.	=	Sammlung
ern.	=	erneuert		s. o.	=	siehe oben
ersch.	=	erschienen		sp.	=	später
f.	=	für		Sp.	=	Spalte
F.	=	Folge		s. u.	=	siehe unten
ff.	=	folgende		Suppl.	=	Supplement
fnhd.	=	frühneuhochdeutsch		T., Tle	=	Teil, Teile
fortgef.	=	fortgeführt		Tab.	=	Tabelle
fortges.	=	fortgesetzt		Taf.	=	Tafel
Forts.	=	Fortsetzung		TB	=	Taschenbuch
germ.	=	germanisch		u. a.	=	und andere,
Ges.	=	Gesellschaft				unter anderem
Gesch.	=	Geschichte		u. ä.	=	und ähnliche(s)
got.	=	gotisch		u. d. T.	=	unter dem Titel
H.	=	Heft		u. ö.	=	und öfters
hd.	=	hochdeutsch		übers.	=	übersetzt
hrsg.	=	herausgegeben		usw.	=	und so weiter
Hwb.	=	Handwörterbuch		v.	=	von
J.	=	Jahrgang		Verb.	=	(in) Verbindung
Jb.	=	Jahrbuch		Verz.	=	Verzeichnis
idg.	=	indogermanisch		vgl.	=	vergleiche
Jg.	=	Jahrgang		Vorb.	=	(in) Vorbereitung
Jh.	=	Jahrhundert		Vorw.	=	Vorwort
Inst.	=	Institut		Wb.	=	Wörterbuch
Kt.	=	Karte		Zs.	=	Zeitschrift
lat.	=	lateinisch		zsgef.	=	zusammengefaßt
Lfg.	=	Lieferung		zsgest.	=	zusammengestellt

Einführung

Wie ein guter Handwerker mit seinem Arbeitsgerät und dem erforderlichen Material vertraut ist, so muß auch der wissenschaftliche Arbeiter bestrebt sein, sich mit einer gründlichen Kenntnis der literarischen Materialien das notwendige Rüstzeug anzueignen. Diese Verpflichtung gilt für den jungen Germanisten um so mehr, als die Fülle des Quellenmaterials und der wissenschaftlichen Literatur von Jahr zu Jahr unübersehbarer wird. Insofern soll der Studierende darauf bedacht sein, bereits vom ersten Semester an „Bücherkunde" zu betreiben.

Vom Sinn der Bücherkunde

Vornehmlich sind es drei Bereiche, auf die sich die Bücherkunde erstreckt: Darstellungen, Bibliographien, Zeitschriften.

Zunächst muß sich der Anfänger darüber Klarheit verschaffen, welche Nachschlagewerke umfassender Art (Grundrisse, Handwörterbücher u. ä.) für das Gebiet der Germanistik überhaupt vorliegen und welche Spezialdarstellungen zur Sprach- und Literaturwissenschaft besonders wichtig sind.

Als nächste Aufgabe ergibt sich die Musterung der Bibliographien, d. h. der nach bestimmten Gesichtspunkten geordneten Schrifttumsverzeichnisse, die uns einen möglichst vollständigen Nachweis des Schrifttums — gegebenenfalls bis zum jüngsten Forschungsstand — ermöglichen.

Schließlich ist die Kenntnis und das Studium der Zeitschriften unerläßlich: mit dem ständigen Nachlesen der zuletzt erschienenen Zeitschriftenhefte behalten wir engste Fühlung mit der Forschung und bleiben somit im Hinblick auf ihre neuesten Ergebnisse auf dem laufenden.

Selbstverständlich soll der Anfänger das einzelne Werk nicht sogleich einer eingehenden Lektüre unterziehen. Er soll es überprüfen und dabei zunächst feststellen, welches Fachgebiet es angeht und wie es in seiner Anlage gestaltet ist. Auf solche Weise wird ein planmäßiges Lesen vorbereitet bzw. die Voraussetzung dafür geschaffen, das betreffende Nachschlagewerk schnell und sicher benutzen zu können.

Wer ein wissenschaftliches Buch erstmalig in die Hand nimmt, sollte zum mindesten folgende Überlegungen anstellen:

Wer ist der Verfasser? Was sagt er in der Vorrede bzw. in der Einleitung über die Entstehung, den Zweck und die Gestaltung seines Werkes aus? Gibt die Gliederung (Inhaltsübersicht) Auskunft über den gedanklichen, systematischen Aufbau des Werkes? Wann und in welchem Verlage ist das Buch erschienen? In welcher Auflage liegt es vor? Ist dem Werke ein Verzeichnis der Abkürzungen beigefügt, wird es durch ausführliche Register (Namen- und Sachnachweise) erschlossen? Im besonderen bei einer Bibliographie: Verzeichnet sie das Schrifttum bis zu einem bestimmten Zeitpunkt oder erscheint sie periodisch (jährlich, vierteljährlich); führt sie nur Bücher an oder auch Zeitschriftenaufsätze, Zeitungsartikel, Rezensionen; berichtet sie ausschließlich über deutsche oder nur über fremdsprachliche Arbeiten; vollständig oder in Auswahl? — Im Hinblick auf die besondere Arbeitspraxis vgl.: Wegweiser zur bibliographischen Schulung S. 19.

Bibliographien als Hilfsmittel

Bei der zunehmenden Fülle des Fachschrifttums kommt den Bibliographien, die in bestimmtem Umfange eine wichtige Unterlage für das wissenschaftliche Arbeiten bilden, immer größere Bedeutung zu. Der Wert dieser Hilfsmittel kann nicht hoch genug angesetzt werden.

Jede sorgfältig bearbeitete Bibliographie gibt sich einmal als ein Spiegelbild der Forschungsergebnisse und gewinnt, in zeitlicher Anordnung wie eine Forschungschronik gefaßt, geradezu einen wissenschaftsgeschichtlichen Sinn, indem sie auf knappstem Raum gleichsam eine Leistungsschau des Faches oder eines Teilgebietes vermittelt; sie hilft uns im besonderen bei dem täglichen Bemühen um das literarische Rüstzeug für die Förderung unserer Arbeitsthemen dadurch rasch weiter, daß sie unmittelbar das einschlägige Schrifttum — von fremder Seite in entsagungsvoller Arbeit zusammengetragen — reichhaltig nachweist.

Infolge der voranschreitenden Spezialisierung der Fachwissenschaft und der mit ihr verbundenen „Literaturflut" ist nicht nur die Menge der Einzelschriften, sondern auch die Zahl der Bibliographien, die sich ebenfalls von Jahr zu Jahr mehrt, in ihrer Vielartigkeit kaum noch übersehbar. Es bedarf daher einer sicheren Kenntnis und systematischen Schulung, wenn wir imstande sein wollen, bei der Literatursuche die für unser Arbeitsthema maßgebenden Bibliographien mit schnellem Griff heranzuziehen und nutzbringend auszuwerten: besonders dann, wenn es gilt, das einschlägige Schrifttum möglichst erschöpfend und bis zum neuesten Stand der Forschung zu sammeln.

Von der Notwendigkeit des Sammelns

Jeder Forschungsarbeit, besonders im Bereiche der Geisteswissenschaften, geht notwendigerweise eine Sammeltätigkeit im Hinblick auf die Quellen (Primärliteratur) und das Schrifttum über sie voraus (Sekundärliteratur). Gewiß: nicht jede Arbeit verlangt die Kenntnis der gesamten Literatur, die zu dem zu behandelnden Thema erschienen ist. Doch wird man sich zweckmäßig über das wichtigste vorhandene Schrifttum schon aus dem Grunde unterrichten, um eine Wiederholung des bereits einmal Gesagten zu vermeiden oder um die bisherigen Forschungsergebnisse berichtigen bzw. weiter fortführen zu können. Dabei leisten die Bibliographien beste Hilfe, indem sie dem Literatursuchenden umfangreiche und zeitraubende Arbeit ersparen.

Schnell und zuverlässig gestaltet sich das Sammeln, wenn die vorhandenen Bibliographien hinreichend bekannt und folgerichtig benutzt werden. Nur bei einer systematischen Auswertung der bibliographischen Vorarbeiten ist das Ziel bald erreicht: die Herstellung eines dem gewählten Arbeitsthema entsprechenden Literaturverzeichnisses — in der Form einer (alphabetisch, systematisch oder chronologisch angelegten) Titelliste, zweckmäßig auch im Rahmen eines Forschungsberichtes.

Bibliographische Grundbegriffe

Die Fülle der Schrifttumsverzeichnisse läßt sich in zwei große Gruppen einordnen: *Allgemeinbibliographien* und *Fachbibliographien*. Im besonderen unterscheiaen wir (ganz gleich, ob die Bibliographie die Gesamtheit der Wissenschaften oder ein Fachgebiet angeht)

a) der Erscheinungsweise nach: einmal die *abgeschlossene* oder *retrospektive* Bibliographie, die das innerhalb eines bestimmten Zeitraumes veröffentlichte Schrifttum verzeichnet; sodann die *laufende* oder *periodische* Bibliographie, die das neu erschienene Schrifttum in kürzeren Zeitabständen (etwa jährlich oder monatlich) fortlaufend zusammenfaßt;

b) der Anlage nach: die aufzählende *Titelliste*, die entweder *alphabetisch* nach Verfassern oder *systematisch* nach Sachgebieten oder auch *chronologisch* (Forschungschronik) geordnet ist; die *analytische* oder *räsonierende* Bibliographie, bei der den Titeln Erläuterungen oder kritische Anmerkungen hinzugefügt sind; schließlich eine Darstellung mit fortlaufendem Text als *Literatur-* und *Forschungsbericht*, wobei die Titel in vollem Wortlaut in den Fußnoten oder im Anhang vermerkt sind;

c) nach äußeren Gesichtspunkten: *selbständige,* d. h. in Buchform veröffentlichte Bibliographien und *unselbständige,* in Büchern und Zeitschriften „versteckte" Bibliographien.

Für den praktischen Gebrauch ist außerdem zu beachten, ob sich die Bibliographie auf das gesamte Fachgebiet *(Gesamtbibliographie)* oder auf Teilgebiete, etwa auf einzelne Epochen, Gattungen und Dichter erstreckt *(Sonderbibliographie);* weiterhin: ob das Schriftgut möglichst erschöpfend oder in einer Auswahl geboten wird *(Auswahlbibliographie),* ob nur Bucherscheinungen oder auch Zeitschriftenaufsätze und Rezensionen, ob nur deutschsprachige oder auch fremdsprachige Veröffentlichungen berücksichtigt werden.

Planmäßiges Sammeln in fünf Stufen

Die Bibliographien erweisen sich als beste Hilfsmittel, wenn sie nicht wahllos, sondern in einer zweckmäßigen Reihenfolge angegangen werden. Um für ein Arbeitsthema das einschlägige Schrifttum bis zum neuesten Stand der Forschung möglichst vollständig zu erfassen, ergeben sich beim Sammeln folgende fünf Stufen:

Erste Stufe. Es liegt nahe, zunächst solche Werke nachzuschlagen, die uns in den Gesamtbereich oder in Sondergebiete unseres Faches einführen: Handbücher, Reallexika, Literaturgeschichten usw. Im allgemeinen vermitteln die grundlegenden *Darstellungen zur Sprach- und Literaturwissenschaft* einen ersten bibliographischen Zugang, indem sie zumeist in Anmerkungen oder bibliographischen Anhängen mehr oder weniger reichhaltig Spezialschrifttum verzeichnen.

Zweite Stufe. Ergiebiger wird der Literaturnachweis, wenn wir zu den *abgeschlossenen Fachbibliographien* greifen, die selbständig erschienen sind, und sodann den „versteckten" Titellisten und Forschungsberichten nachgehen. Es ist der große Vorteil derartiger Bibliographien, daß sie in einem zusammengefaßten Überblick das innerhalb eines bestimmten Zeitraumes erschienene Schrifttum vorweisen; ihr Nachteil liegt darin, daß sie vom Zeitpunkt ihres Erscheinens an „veralten".

Dritte Stufe. Weiterhin schöpfen wir die letzten Jahrgänge der *periodischen Fachbibliographien* aus: die umfassenden Jahresberichte und die laufenden Sonderbibliographien zu einzelnen Epochen, Gattungen, Dichtern usw. Auf diese Weise kommen wir — von Jahr zu Jahr — dem neuesten Forschungsstand immer näher.

Vierte Stufe. Darüber hinaus überprüfen wir die zuletzt erschienenen *periodischen Allgemeinbibliographien,* soweit sie — kurzfristig — auch für unser Fach jeweils das jüngste Schrifttum verzeichnen: im besonderen die Neuerscheinungen des Buchhandels, die Dissertationen der letzten Jahre sowie die neuesten Zeitschriftenaufsätze.

Fünfte Stufe. Abschließend: Überblick über den neuesten Stand der Forschung durch das ständige Studium der *Zeitschriften,* die mit ihren Originalbeiträgen die neuesten Ergebnisse liefern, zugleich auch mit dem Besprechungsteil sowie mit der Anzeige der wichtigsten Neuerscheinungen die Aufgabe einer auswählenden, kritischen Bibliographie erfüllen.

Zur Anlage der Studienausgabe

Diesen auf ein erfolgreiches Sammeln hinzielenden fünf Stufen entspricht der Aufbau der vorliegenden *Bücherkunde* mit folgenden Hauptteilen:

    I. Darstellungen zur Sprach- und Literaturwissenschaft.
   II. Abgeschlossene Fachbibliographien.
  III. Periodische Fachbibilographien.
  IV. Periodische Allgemeinbibliographien.
   V. Zeitschriften.

Um die Ermittlungen des Schrifttums über die vielartigen sprach- und literaturwissenschaftlichen Fragen zu erleichtern, werden die Darstellungen und Bibliographien unseres Faches s y s t e m a t i s c h abgegrenzt und dabei die ersten drei Hauptteile zweckmäßig g l e i c h - l a u f e n d gegliedert:

1. Allgemeine Sprach- und Literaturwissenschaft.
2. Deutsche Sprach- und Literaturwissenschaft.

Hinzugefügt wird jeweils ein dritter Abschnitt, der solches Schrifttum vorweist, das sich entweder auf die Gesamtheit der Wissenschaften (mit Berücksichtigung der Germanistik) oder auf solche Fachgebiete bezieht, die sich mit der deutschen Sprach- und Literaturwissenschaft eng berühren: Allgemeinenzyklopädien, abgeschlossene Allgemeinbibliographien sowie periodische Bibliographien der Bibliographien.

Die beiden letzten Hauptteile erschließen Hilfsmittel umfassender Art: einmal periodische Allgemeinbibliographien, deren Kenntnis für jeden Forscher, mag er Germanist oder Mediziner sein, im Hinblick auf den Nachweis des in der letzten Zeit erschienenen Schrifttums unerläßlich ist, sodann die Zeitschriften unseres Fachgebiets und der Nachbarwissenschaften, die den jüngsten Stand der Forschung darbieten.

Ein vollständiges Verfasser- und Titelregister sowie ein Sachregister verhelfen zum schnellen Nachschlagen, wobei die Vornamen der Verfasser ungekürzt wiedergegeben sind.

Wegweiser zur bibliographischen Schulung

Es gibt kein Nachschlagewerk, das dem Studierenden die Verpflichtung abnimmt, sich auf dem vielartigen Gebiete der Bibliographie gründlich zu schulen. Wer in der Lage sein will, für jedes Arbeitsthema das Forschungsschrifttum schnell und möglichst lückenlos ermitteln zu können, sollte sich üben, den in unserer Studienausgabe vorgezeichneten Weg einzuschlagen und ihn schrittweise bis zum Ziel zu verfolgen:

Wir gehen von den „versteckten Bibliographien" in den Darstellungen unseres Faches aus (I), greifen zu den abgeschlossenen Fachbibliographien (II), schöpfen sodann die letzten Jahrgänge der periodischen Fachbibliographien aus (III), überprüfen darüber hinaus die periodischen Allgemeinbibliographien nach neuestem Schrifttum (IV) und gewinnen durch das Studium der Fachzeitschriften den Überblick über die neueste Forschung (V).

Für den Anfänger gilt das dringende Gebot, sich zunächst nur mit den wichtigsten Informationsmitteln vertraut zu machen. Diese sind in der bibliographischen Wegweisung zu den fünf Stufen herausgestellt:

I: S. 20/23	II: S. 92/97	III: S. 128/132	IV: S. 146/148	V: S. 159

Mit Hilfe dieses Wegweisers vermag der Studierende sich ein bibliographisches Grundwissen anzueignen, indem er besonders wichtige Werke gründlich, d. h. langsam, eines nach dem anderen kennen lernt. Erst dann, wenn er sich in die Anlage und in den Gebrauch dieser unentbehrlichen Arbeitsinstrumente gefunden hat, so daß er diese rasch und sicher zu benutzen vermag, wird er sich — im Hinblick auf die Spezialliteratur — auf dem weiten Felde der Sprach- und Literaturwissenschaft mühelos zurechtfinden, deren Teilgebiete sich in der Systematik unserer Bücherkunde finden.

Grundsätzlich sollte jede bibliographische Einführung — ob als Übung (Proseminar) oder im Selbststudium — zunächst ausschließlich jener Wegweisung folgen, wie sie in dieser Studienausgabe den fünf Stufen vorangestellt ist (s. o.). Die Erfahrung lehrt, daß am ehesten mit Bibliographien und bibliographieähnlichen Nachschlagewerken umzugehen vermag, wer selbst das Schrifttum nach selbstgewählten Themen zusammenzustellen versucht. Dabei dürfte es Aufgabe des Dozenten sein, über die nähere Einführung hinausgehend hinsichtlich des gesammelten Schrifttums auf die sorgfältige, konsequente Titelaufnahme und die Besonderheiten der schriftlichen Form einer wissenschaftlichen Arbeit aufmerksam zu machen.

I.

Darstellungen zur Sprach- und Literaturwissenschaft

Dem Anfänger sei geraten, sich zunächst mit solchen Darstellungen vertraut zu machen, die den Gesamtbereich oder große Teilgebiete der Germanistik angehen. Es sind dies Grundrisse, Handbücher, Sachwörterbücher, Literaturlexika usw. Ihre Zahl ist gering, dagegen kaum mehr übersehbar die Fülle der Werke zu den einzelnen Fachrichtungen mit ihren vielverzweigten Sondergebieten. Auch hier dienen zur ersten Orientierung im Einzelfalle zunächst zusammenfassende Darstellungen, sodann richtungweisende Werke spezieller Art.

Wegweiser zur bibliographischen Schulung / dazu S. 19.

Erste Stufe

Wie sammelt man einschlägiges Schrifttum
mit Hilfe bibliographischer Anhänge?

Mit der Kenntnis umfassender Darstellungen zur Sprach- und Literaturwissenschaft erschließt sich ein erster Zugang zu dem Spezialschrifttum. Den darstellenden Teilen derartiger Nachschlagewerke sind zumeist *Literaturverzeichnisse* angehängt, die man bei der Literatursuche bequem auswerten kann. Dabei ist es wichtig, sich jeweils zu vergewissern, bis zu welchem Zeitpunkt das Schrifttum nachgewiesen wird.

Überhaupt enthält fast jede wissenschaftliche Arbeit mehr oder weniger ein bibliographisches Beiwerk: in den Anmerkungen, mitunter im Rahmen eines einführenden Forschungsberichtes, vor allem in der als Anhang beigefügten Bibliographie. „Versteckt" verdienen die bibliographischen Anhänge unsere besondere Beachtung, da sie auf spezielles Schrifttum hinweisen.

Als Standardwerke sind in bibliographischer Hinsicht ergiebig:
Handbücher (Grundrisse), die den erreichten Forschungsstand in systematischem Zusammenhange darstellen;
Reallexika (Sachwörterbücher), die — alphabetisch nach Sachbegriffen geordnet — mit zahlreichen Artikeln über wichtige Grundfakten unterrichten;
Literaturlexika (zumeist biographisch-bibliographische Lexika), die — angelegt nach dem Alphabet der Dichter — zur Ermittlung biographischer Angaben dienen und darüber hinaus mit dem Nachweis der Quellen- und Sekundärliteratur spezielle Auskunft geben.

Sprach- und Literaturwissenschaft

Einführend in den Gesamtbereich der Germanistik (mit Einschluß der Religionsgeschichte, Kultur- und Volkskunde):

Grundriß der germanischen Philologie [Nr 168] <u>1900/09</u> |
Deutsche Philologie im Aufriß [Nr 169] _____ 1957/62 |

Sprachwissenschaft

Solange ein enzyklopädisches Werk für die deutsche Sprachwissenschaft nicht vorliegt, bieten gute Hilfe zur bibliographischen Orientierung die einschlägigen Beiträge im Sammelwerk *Deutsche Philologie im Aufriß* (Methodenlehre = Nr 44, Sprachphilosophie = Nr 49, Orts- und Personennamen = Nr 271, Sprachgeschichte = Nr 191/93, Mundarten = Nr 391/93), sowie wegweisende Einzeldarstellungen, von denen solche mit besonders reichhaltigem Schrifttumsverzeichnis herausgestellt sind:

Allgemeine Sprachwissenschaft

ARENS: *Sprachwissenschaft*, 2. Aufl. 1969 [Nr 1].

Namenkunde/Sprachgeschichte

BACH: *Deutsche Namenkunde*, 1952/56 [Nr 269] — BACH: *Geschichte der deutschen Sprache*, 9. Aufl. 1971 [Nr 185].

Sprachgeographie

BACH: *Deutsche Mundartforschung*, 3. Aufl. 1969 [Nr 385] — MARTIN: *Die deutschen Mundarten*, 2. Aufl. 1959 [Nr 386] — SCHIRMUNSKI: *Deutsche Mundartkunde*, 1962 [Nr 389].

Literaturwissenschaft

Allgemeine Literaturwissenschaft

Für literaturwissenschaftliche Fragen (Poetik, Methodenlehre, Rhetorik, Stilistik, Literaturkritik, Interpretation, Epochen- und Gattungsbegriffe, Motive, Stoffe u. ä.) bilden stets den Ausgangspunkt bibliographischer Ermittlungen die Sachwörterbücher — an erster Stelle das *Reallexikon der deutschen Literaturgeschichte* und WILPERTS *Sachwörterbuch der Literatur* — sowie bibliographische Anhänge allgemeiner Einführungen; auch Literatur-Lexika, sofern sie nicht als bio-bibliographische Nachschlagewerke ausschließlich Dichter angehen.

I. Darstellungen zur Sprach- und Literaturwissenschaft

Reallexikon der dt. Lit'gesch. [Nr 438]   Bd 1/2 ⟨A—O⟩: 1955/64 |

WILPERT: Sachwörterbuch der Literatur [Nr 164]   5. Aufl. 1969 |

KAYSER: Das sprachliche Kunstwerk [Nr 92]   1948, 15. Aufl. 1971 |

WELLEK/WARREN: Theory of literature [Nr 93]   1956/59 |

KOSCH: Dt. Literatur-Lexikon [Nr 439]   4 Bde: 1949/58 |

EPPELSHEIMER: Handbuch d. Weltliteratur, Anh. [Nr 154]   1960 |

Literaturgeschichte (in ihrer Gesamtheit)

Während über einzelne Sachgebiete neben den soeben angeführten Werken am ehesten die Darstellungen zu den Epochen und Gattungen (s. u.) bibliographisches Material liefern, ermöglichen die Literatur-Lexika vornehmlich eine erste, schnelle Orientierung im Hinblick auf das Studium einzelner Dichter (s. u.).

Epochengeschichte

Einführend in einzelne Epochen und Strömungen die einschlägigen Artikel im *Reallexikon der dt. Literaturgeschichte*. Im besonderen eröffnet den bibliographischen Zugang zu mittelalterlichen Autoren das *Verfasserlexikon* (s. u.), während das *Handbuch der dt. Gegenwartsliteratur* (s. u.) die Entwicklungslinien der modernen Dichtung und ihre Hauptvertreter kennzeichnet. Darüber hinaus erweisen sich Literaturgeschichten zu einzelnen Epochen in bibliographischer Hinsicht als äußerst ergiebig.

Die dt. Lit. d. MA's. Verfasserlexikon, 5 Bde [Nr 495]   1933/55 |

EHRISMANN:

    Gesch. d. dt. Lit. ⟨MA⟩, 4 Bde [Nr 496]   922/351 |

DE BOOR: Die dt. Literatur ⟨770—1350⟩, 3 Bde [Nr 497/99]   1961/63 |

ERB: Geschichte d. dt. Literatur ⟨bis 1160⟩, 2 Bde [Nr. 500]   1963/64 |

STAMMLER: Von der Mystik zum Barock [Nr 531]   1950 |

BOECKH: Gesch. d. dt. Lit. ⟨1480—1700⟩, 2 Bde [Nr. 536/37]   1960/62 |

NEWALD: Die dt. Literatur ⟨1570—1780⟩, 2 Bde [Nr 535, 548]   1961/67 |

MARTINI: Dt. Literatur ⟨1848—1898⟩ [Nr 560]   1964 |

Handbuch d. dt. Gegenwartsliteratur [Nr 574]   1969/70 |

Gattungsgeschichte

Den Auftakt zu bibliographischen Ermittlungen bilden neben den zahlreichen Artikeln im *Reallexikon der dt. Literaturgeschichte* die einschlägigen Beiträge im Sammelwerk *Deutsche Philologie im Aufriß* [Nr 580/82, 596/603, 624/25]. Da eine umfassende Gattungsgeschichte der deutschen Literatur ebensowenig vorliegt wie eine Gesamtdarstellung zur Entwicklung der Lyrik, der Epik oder des Dramas, sind jeweils Darstellungen der einzelnen Gattungen einzusehen [vgl. Nr 580/642].

Stoff- und Motivgeschichte

Einführend in den Forschungsstand der literarischen Stoff- und Motivgeschichte die Arbeiten von ELISABETH FRENZEL [Nr 148/151].

Einzelne Dichter

Zur Ermittlung biographischer Angaben dienen die nach dem Alphabet der Dichter angelegten Literatur-Lexika [Nr 157/62, 439/43, 495, 574/78, 792/93, 805/07] sowie allgemeine Biographien [Nr 653/60], auch Konversationslexika [Nr 645/52] und Fachenzyklopädien [Nr 661/687]. Da diese Nachschlagewerke zugleich mehr oder weniger auswählend Quellen- und Sekundärliteratur vorweisen, sind die wichtigsten in die Übersicht auf S. 94 ff. einbezogen.

Diese durch das Studium wegweisender Darstellungen angeregte Literatursuche ist zunächst mit Hilfe der abgeschlossenen Fachbibliographien leicht zu ergänzen, die als rein retrospektive Titelbibliographien oder als neueste Forschungsberichte das Schrifttum reichhaltiger darbieten als die bibliographischen Anhänge. Nächste Stufe (II): **Literaturermittlung mit Hilfe abgeschlossener Fachbibliographien, s. S. 92—97.**

1. Darstellungen zur allgemeinen Sprach- und Literaturwissenschaft

Vgl. II/1 (Abgeschlossene Fachbibliographien), III/1 (Periodische Fachbibliographien).

a) Allgemeine Sprachwissenschaft/Linguistik

Forschungsgeschichte

1 H. ARENS: *Sprachwissenschaft. Der Gang ihrer Entwicklung von der Antike bis zur Gegenwart.* 2., erw. Aufl. Freiburg/München 1969. XIV, 816 S. [1. Aufl. 1955].
Übersicht über die Hauptströmungen der Sprachwissenschaft bis zur Gegenwart. Im Anhang (S. 751—798): systematisch gegliederte Bibliographie.

2 M. IVIĆ: *Trends in linguistics.* Transl. by M. HEPPEL. The Hague 1965. 260 S. [Serbo-kroat. Original: 1963]. — Dt. v. M. RAMMELMEYER u. d. T.: *Wege der Sprachwissenschaft.* München 1971. 282 S.

3 G. HELBIG: *Geschichte der modernen Sprachwissenschaft.* München 1971. 392 S.

4 *Trends in European and American linguistics 1930—1960.* Ed. by CHR. MOHRMANN, A. SOMMERFELT, J. WHATMOUGH. 2. Aufl. Utrecht 1963. 299 S. [1. Aufl. 1961].
12 Berichte zur neuesten Forschungslage, anläßlich des 9. Internat. Congress of linguists (Cambridge, Mass.). — Forts. (7 Beiträge):

5 *Trends in modern linguistics.* Ed. by CHR. MOHRMANN, F. NORMAN, A. SOMMERFELT. Utrecht 1963. 118 S.

6 *Current trends in linguistics.* Ed. by TH. A. SEBEOK. Bd 1 ff. The Hague 1963 ff.

7 *Progress in linguistics.* A collection of papers. Ed. by M. BIERWISCH and K. E. HEIDOLPH. Den Haag 1970. 341 S.

Aufsätze zum gegenwärtigen Stand von Syntax und Semantik, Morphologie, Psycholinguistik und Poetik.

Theorie/Methoden

8 H. PAUL: *Prinzipien der Sprachgeschichte.* 8. (= 5.) Aufl. Tübingen 1968. XV, 428 S. [1. Aufl. 1880, 5. Aufl. 1920]. — Außerdem: Studienausg. der 8. Aufl. Tübingen 1970.

9 F. DE SAUSSURE: *Cours de linguistique générale.* Publ. par CH. BALLY et A. SÉCHEHAYE avec la collab. de A. RIEDLINGER. Paris 1916. 331 S.; u. ö. — Dt. von H. LOMMEL u. d. T.: *Grundfragen der allgemeinen Sprachwissenschaft.* Berlin 1931. 285 S.; 2. Aufl. mit neuem Register u. e. Nachwort v. P. v. POLENZ. 1967. XVI, 294 S.

Kritische Neuausgabe:

10 F. DE SAUSSURE: *Cours de linguistique générale.* Ed. critique par R. ENGLER. Bd 1, Wiesbaden 1968. 515 S.

11 R. ENGLER: *Lexique de la terminologie saussurienne.* Utrecht 1968. 53 S.

12 E. SAPIR: *Language.* An introduction to the study of speech. New York 1921. 2. Aufl. 1968. 242 S. — Dt. v. C. P. HOMBERGER u. d. T.: *Die Sprache.* Eine Einführung in das Wesen der Sprache. München 1961. 205 S.

13 O. JESPERSEN: *Language, its nature, development and origin.* London 1922. 448 S. — Dt. v. R. HITTMAIR u. K. WAIBEL u. d. T.: *Die Sprache, ihre Natur, Entwicklung und Entstehung.* Heidelberg 1925. XIII, 440 S.

14 H. GÜNTERT: *Grundfragen der Sprachwissenschaft.* 2. Aufl. v. A. SCHERER. Heidelberg 1956. 155 S. [1. Aufl. 1925].

15 L. BLOOMFIELD: *Language.* 3. Aufl. New York 1951. IX, 566 S. [1. Aufl. 1933].

Grundlegend für die moderne amerikanische Linguistik (The Bloomfield „School"). Dazu CH. C. FRIES in: *Trends in European and American Linguistics* [= Nr 4] S. 196—224.

16 W. v. WARTBURG: *Einführung in die Problematik und Methodik der Sprachwissenschaft.* 3. Aufl. v. G. INEICHEN. Tübingen 1970. VIII, 248 S. [1. Aufl. 1943].

17 W. Porzig: *Das Wunder der Sprache.* Probleme, Methoden u. Ergebnisse der modernen Sprachwissenschaft. 4. Aufl. Bern 1967. 424 S.
[1. Aufl. 1950]. = Slg Dalp. 71.

18 E. Otto: *Stand und Aufgabe der allgemeinen Sprachwissenschaft.*
2. Aufl. Berlin 1965. VIII, 191 S. [1. Aufl. 1954]. Nachdruck 1969.

19 H. A. Gleason: *An introduction to descriptive linguistics.* Revised
ed. New York/Chicago 1967. VIII, 503 S. [1. Aufl. 1956].

20 A. Martinet: *Eléments de linguistique générale.* Paris 1960. 224 S. —
Dt. v. A. Fuchs u. H. H. Lieb u. d. T.: *Grundzüge der allgemeinen
Sprachwissenschaft.* 4. Aufl. Stuttgart 1970. 201 S. [1. Aufl. 1963].
= Urban-TB 69.

21 L. Hjelmslev: *Sproget.* En introduktion. Kopenhagen 1963. 136 S. —
Dt. v. O. Werner u. d. T.: *Die Sprache.* Eine Einführung. Darmstadt
1968. 183 S.

22 F. P. Dinneen: *An introduction to general linguistics.* New York 1967.
XI, 452 S.

23 J. Lyons: *Introduction to theoretical linguistics.* Cambridge 1968. X,
519 S. — Dt. v. W. u. G. Abraham u. d. T.: *Einführung in die moderne Linguistik.* München 1971. XXI, 538 S.

24 P. Hartmann: *Aufgaben und Perspektiven der Linguistik.* Ein Beitrag
zur Linguistik der 70er Jahre. Konstanz 1970. 100 S. = Konstanzer
Universitätsreden. 33.

Strukturelle Linguistik

25 Z. S. Harris: *Structural linguistics.* 6. Aufl. Chicago 1963. XVI,
384 S. [1. Aufl. 1951].

26 L. Tesnière: *Eléments de syntaxe structurale.* Préf. de J. Fourquet.
2. Aufl. Paris 1965. XXVI, 670 S. [1. Aufl. 1959].

27 J. D. Apresjan: *Ideen und Methoden der modernen strukturellen Linguistik.* Kurzer Abriß. Hrsg. u. ins Dt. übers. v. B. Haltof u. E. Mai.
Red.: F. Jüttner. München 1971. 303 S. [Russ. Original Moskau
1966].

28 M. Bierwisch: *Strukturalismus.* Geschichte. Probleme und Methoden.
In: Kursbuch 5 (1966) S. 77—152.

29 E. Bach: *An introduction to transformational grammars.* New York/
Chicago 1964. X, 205 S.

30 G. C. Lepschy: *La linguistica strutturale.* Torino 1966. 234 S. — Dt.
v. H. Stammerjohann u. d. T.: *Die strukturale Sprachwissenschaft.*
Eine Einführung. 2. Aufl. München 1969. 248 S.
Mit einem Schlußkapitel über *Die strukturale Sprachwissenschaft in Deutschland* vom Übersetzer.

31 N. Chomsky: *Aspects of the theory of syntax.* Cambridge/Mass.
3. Aufl. 1969. X, 251 S. [1. Aufl. 1965]. — Dt. v. E. Lang [u. a.] u. d.
T.: *Aspekte der Syntax-Theorie.* Frankfurt 1969. 315 S. [auch: Berlin
(Ost) 1970].
Folgenreichstes Werk auf dem Gebiet der generativen Grammatik. Vgl.
auch:

32 N. Chomsky: *Topics in the theory of generative grammar.* 2. Aufl.
Den Haag 1969. 95 S. [1. Aufl. 1966].
Über Chomsky und zugleich eine Einführung in den amerikanischen Struk-
turalismus:

33 J. Lyons: *Noam Chomsky.* London 1970. Dt. v. M. Immler. München 1971.
159 S. = dtv-TB 770.

Semantik / Semasiologie

34 H. Kronasser: *Handbuch der Semasiologie.* Kurze Einführung in die
Geschichte, Problematik u. Terminologie der Bedeutungslehre. 2. [= 1.]
Aufl. Heidelberg 1968. 204 S.

35 St. Ullmann: *The principles of semantics.* 2. Aufl. Glasgow 1959.
348 S. [1. Aufl. 1951]. — Dt. v. S. Koopmann u. d. T.: *Grundzüge
der Semantik.* Die Bedeutung in sprachwissenschaftlicher Sicht. Berlin
1967. X, 348 S.

36 St. Ullmann: *Semantics.* An introduction to the science of meaning.
Oxford 1962. 278 S.

37 J. J. Katz u. J. A. Fodor: *The structure of a semantic theory.* In:
Language 39 (1963) S. 170—210. — Dt. v. G. W. Weber u. d. T.: *Die
Struktur einer semantischen Theorie.* In: *Vorschläge für eine struk-
turale Grammatik des Deutschen* [s. Nr 360] S. 202—268.

38 S. Abraham u. F. Kiefer: *A theory of structural semantics.* Den Haag
1966. 98 S.

39 A. J. Greimas: *Sémantique structurale.* Paris 1966. 262 S. — Dt. v.
J. Ihwe u. d. T.: *Strukturale Semantik.* Braunschweig 1971. XVI,
241 S.

40 U. Weinreich: *Explorations in semantic theory.* In: *Current trends in
linguistics* 3 (1966) S. 395—477 [s. Nr 6]. — Dt. v. L. Lipka u. d. T.:
Erkundungen zur Theorie der Semantik. Tübingen 1970. X, 117 S.
= Konzepte d. Sprach- u. Lit'wiss. 4.

41 S. J. Schmidt: *Bedeutung und Begriff.* Zur Fundierung einer sprach-
philosophischen Semantik. Braunschweig 1969. 176 S. = Wissenschafts-
theorie, Wissenschaft u. Philosophie. 3.

42 U. Stiehl: *Einführung in die allgemeine Semantik.* Bern/München
1970. 137 S. = Dalp-TB. 396.

Sprachinhaltsforschung

43 S. ÖHMANN: *Wortinhalt und Weltbild.* Vergleichende und methodologische Studien zu Bedeutungslehre und Wortfeldtheorie. Stockholm 1951. 194 S.

44 L. WEISGERBER: *Sprachwissenschaftliche Methodenlehre.* In: Dt. Philologie im Aufriß. 2. Aufl. Bd 1 (1957) Sp. 1—38.

Kurze Einführung in die Humboldt-Weisgerbersche Sprachtheorie. — Weiter ausgeführt in:

45 L. WEISGERBER: *Die vier Stufen in der Erforschung der Sprachen.* Düsseldorf 1963. 303 S. = Sprache u. Gemeinschaft 2.

46 H. GIPPER: *Bausteine zur Sprachinhaltsforschung.* Neuere Sprachbetrachtung im Austausch mit Geistes- u. Naturwissenschaft. 2. Aufl. Düsseldorf 1969. 552 S. [1. Aufl. 1963].

Liefert mit kritischem Forschungsüberblick eine Grundlage für das *Bibliographische Handbuch zur Sprachinhaltsforschung* [s. Nr 690]; darin (S. XV—LXXXIV): Einführung in den Gedanken- und Fragenkreis der Sprachinhaltsforschung.

47 H. GIPPER: *Strukturalismus und Sprachinhaltsforschung.* In: Satz u. Wort im heutigen Deutsch. Düsseldorf 1967, S. 392—415.

Sprachphilosophie

48 J. J. KATZ: *The philosophy of language.* New York 1966. XIII, 326 S. — Dt. v. R. KRUSE u. d. T.: *Philosophie der Sprache.* Frankfurt 1969. 290 S.

49 E. HEINTEL: *Sprachphilosophie.* In: Dt. Philologie im Aufriß. 2. Aufl. Bd 1 (1957) Sp. 563—620 [*B*].

50 B. L. WHORF: *Language, thought, and reality.* Ed. by J. B. CAROLL. Cambridge/Mass. 1956. — Dt. v. P. KRAUSSER u. d. T.: *Sprache, Denken, Wirklichkeit.* Beiträge zur Metalinguistik und Sprachphilosophie. Reinbek 1963 u. ö. 157 S. = rde 174.

Sprachpsychologie

51 F. KAINZ: *Psychologie der Sprache.* 5 Bde. Stuttgart 1954—69.

Hauptwerk (mit reichhaltiger Bibliographie). Gegliedert: 1. Grundlagen d. allgem. Sprachpsychologie. 4. Aufl. 1967. XII, 373 S. — 2. Vergleichendgenet. Sprachpsychologie. 2. Aufl. 1960. XII, 743 S. — 3. Physiologische Psychologie d. Sprachvorgänge. 2. Aufl. 1965. VII, 571 S. — 4. Spezielle Sprachpsychologie. 2. Aufl. 1966. VIII, 537 S. — 5, 1. Psychologie der Einzelsprachen. 1965. VIII, 471 S. — 5, 2. Psychologie der Einzelsprachen. 1969. XI, 767 S.

Phonetik / Phonologie

52 W. BRANDENSTEIN: *Einführung in die Phonetik u. Phonologie.* Wien 1950. 104 S. = Arbeiten aus d. Inst. f. allg. u. vergleich. Sprachwiss. 2.

53 M. SCHUBIGER: *Einführung in die Phonetik.* Berlin 1970. 158 S. = SG 1217/1217a.

54 E. SIEVERS: *Grundzüge der Phonetik zur Einführung in das Studium der Lautlehre der indogermanischen Sprachen.* 5. Aufl. Leipzig 1901. XVI, 328 S. [1. Aufl. 1876].

55 O. v. ESSEN: *Allgemeine u. angewandte Phonetik.* 4. Aufl. Berlin 1966. X, 269 S. [1. Aufl. 1953].
Darlegung der experimentellen Phonetik. S. 243—63 B.

56 E. DIETH: *Vademecum der Phonetik.* Phonetische Grundlagen für das wissenschaftl. u. praktische Studium der Sprachen. 2. [= 1.] Aufl. Bern 1968. 452 S. [1. Aufl. 1953].

57 J. LAZICZIUS: *Lehrbuch der Phonetik.* Berlin 1961. 199 S. = Schriften z. Phonetik, Sprachwiss. u. Kommunikationsforschung. 5.

58 N. S. TRUBETZKOY: *Grundzüge der Phonologie.* 4. Aufl. Göttingen 1967. 297 S. [1. Aufl. 1939].
Zusammenfassendes Werk der „Prager" Phonologie.

59 CH. F. HOCKETT: *A manual of phonology.* Baltimore 1955. 246 S.

60 A. MARTINET: *Economie des changements phonétiques.* Traité de phonologie diachronique. 2. Aufl. Bern 1964. 395 S. [1. Aufl. 1955].

61 R. JAKOBSON u. M. HALLE: *Fundamentals of language.* Den Haag 1956. IX, 87 S. — Dt. v. G. F. MEIER u. d. T.: *Grundlagen der Sprache.* Berlin 1960. 74 S. = Schriften z. Phonetik, Sprachwiss. u. Kommunikationsforschung. 1.
Wichtiger Beitrag zur Phonem-Analyse. 1. T.: Phonologie und Phonetik. 2. T.: Zwei Seiten der Sprache und zwei Typen aphatischer Störungen.

62 M. BIERWISCH: *Skizze einer generativen Phonologie.* In: Studia grammatica 6 (Berlin 1967) S. 7—33.

63 G. HEIKE: *Phonologie.* Stuttgart 1972. 78 S. = SM 104.

Klassifikation der Sprachen

64 *Les langues du monde.* Par un groupe de linguistes sous la dir. de A. MEILLET et M. COHEN. Nouv. éd. Paris 1952. XLII, 1294 S. [1. Aufl. 1924].
S. XVII—XLII: Bibliographie mit Forschungsüberblick.

65 F. BODMER: *The loom of language.* A guide to foreign languages for the home student. London 1944. 669 S. — Dt. v. R. KELLER u. d. T.: *Die Sprachen der Welt.* Geschichte, Grammatik, Wortschatz in vergleichender Darstellung. 3. Aufl. Köln 1964. X, 678 S. [1. Aufl. 1955].

78 J. B. HOFMANN u. H. RUBENBAUER: *Wörterbuch der grammatischen u. metrischen Terminologie*. 2. Aufl. Heidelberg 1963. 78 S. [1. Aufl. 1950].

79 *Sprachwissenschaftliches Wörterbuch*. Hrsg. v. J. KNOBLOCH in Verb. m. W. HAVERS [u. a.]. Bd 1, Lfg 1 ff. Heidelberg 1961 ff.

Aufgebaut auf jahrelangen Vorarbeiten, bei denen u. a. die Materialien des Wörterbuches der sprachwissenschaftlichen Terminologie verwertet wurden, das K. BRUGMANN vor 50 Jahren anregte. Geplant 10 Lfgn.

80 M. PEI: *Glossary of linguistic terminology*. New York 1966. XVI, 299 S.

81 G. HELBIG: *Kleines Wörterbuch linguistischer Termini*. Beilage zur Zs. Deutsch als Fremdsprache H. 2, Jg. 6 (Leipzig 1969). 22 S.

82 H. GLINZ: *Linguistische Grundbegriffe und Methodenüberblick*. 3. Aufl. Frankfurt 1971. 146 S. [1. Aufl. 1970]. = Studienbücher z. Ling. u. Lit'wiss. 1.

83 H. J. VERMEER: *Einführung in die linguistische Terminologie*. München 1971. 100 S.

Literaturwissenschaft und Linguistik

Zur Diskussion der Verbindung von Literaturwissenschaft und Linguistik, die die Probleme einer linguistischen Poetik, der mathematisch exakten Erfassung des sprachlichen Kunstwerks, einer strukturellen Stilistik u. a. zum Inhalt hat, seien folgende aktuelle Beiträge genannt:

84 *Style in Language*. Ed. by Th. A. SEBEOK. 2. [= 1.] Aufl. Cambridge/Mass. 1964. 470 S. [1. Aufl. 1960. Paperback 1968].

Beiträge zur Erfassung des literarischen Stils von verschiedenen Ausgangspunkten. Darin u. a.: E. STANKIEWICZ: *Linguistics and the study of poetic languages*. S. 69—81. — J. LOTZ: *Metric typology*. S. 135—148. — R. JAKOBSON: *Linguistics and poetics*. S. 350—377. Bibliographie S. 435-449.

85 *Mathematik und Dichtung*. Versuche zur Frage einer exakten Literaturwissenschaft. Hrsg. v. H. KREUZER und R. GUNZENHÄUSER. 3. verb. Aufl. München 1970. 362 S. [1. Aufl. 1965].

Der Sammelband geht den Möglichkeiten und Grenzen einer ‚exakten‘ Lit'wiss. nach. Beiträge u. a. von: R. JAKOBSON: *Poesie der Grammatik und Grammatik der Poesie*. S. 21—32. — M. BIERWISCH: *Poetik und Linguistik*. S. 49—65. — K. BAUMGÄRTNER: *Formale Erklärung poetischer Texte*. S. 67 bis 84. — W. FUCKS u. J. LAUTER: *Mathematische Analyse des literarischen Stils*. S. 107—122.

86 H. SINGER: *Stilistik und Linguistik*. In: Festgabe f. F. Maurer. Düsseldorf 1968, S. 69—82.

87 K. BAUMGÄRTNER: *Der methodische Stand einer linguistischen Poetik*. In: Jb. f. Internat. Germanistik 1, H. 1 (1969) S. 15—43. — Vgl. dazu

auch die anderen Beiträge zum Thema Lit'wiss. u. Linguistik ebda und die Diskussion ebda, Bd 2, H. 1 (1970) S. 125—160.

88 *Literaturwissenschaft und Linguistik.* Ergebnisse und Perspektiven. Hrsg. v. J. IHWE. 3 Bde in 4 Tln. Frankfurt 1971/72.

Umfangreiche Aufsatzsammlung zu den linguistischen Grundlagen der Literaturwissenschaft.

b) Allgemeine Literaturwissenschaft

Theorie/Methoden

89 O. WALZEL: *Gehalt und Gestalt im Kunstwerk des Dichters.* 2. [= 1.] Aufl. Darmstadt 1957. 411 S. [1. Aufl. 1923]. = Handb. d. Lit'wiss. [s. Nr. 152].

Mit dem Ziel, „in der Gestalt den Ausdruck des Gehaltes, im Gehalt die Voraussetzung der Gestalt zu entdecken", grundlegend für die stil- u. gattungsgeschichtliche Forschung.

90 R. INGARDEN: *Das literarische Kunstwerk.* Mit e. Anhang: *Von den Funktionen der Sprache im Theaterschauspiel.* 3. Aufl. Tübingen 1965. XXIV, 431 S. [1. Aufl. 1931.]

Von HUSSERLS logischen Untersuchungen bestimmt. Dazu: J. STRELKA: GR 53 (1970) S. 237—240.

91 J. PETERSEN: *Die Wissenschaft von der Dichtung.* System u. Methodenlehre d. Literaturwissenschaft. Bd 1. Werk u. Dichtung. [Bd 2 nicht ersch.] 2. Aufl. m. Beitr. aus d. Nachlaß hrsg. v. E. TRUNZ. Berlin 1944. 663 S. [1. Aufl. 1939].

92 W. KAYSER: *Das sprachliche Kunstwerk.* Eine Einführung in die Literaturwissenschaft. 15. Aufl. Bern/München 1971. 460 S. [1. Aufl. 1948].

Bewährte, breit angelegte Einführung in die Arbeitsweisen, mit deren Hilfe sich eine Dichtung als sprachliches Kunstwerk erschließt: Lit'wiss. als Stilanalyse, Strukturforschung, aufschließende Interpretation des dichter. Werkes, nachgewiesen an Gedichten u. größeren Prosastücken. Im Anhang: systematisch gegliederte Bibliographie zu Stilkritik und Poetik.

93 R. WELLEK u. A. WARREN: *Theory of literature.* 3. Aufl. New York 1956. XII, 368 S. [1. Aufl. 1949]. — Dt. v. E. u. M. LOHNER u. d. T.: *Theorie der Literatur.* Bad Homburg v. d. H. 1959. 402 S. — Auch: Berlin 1963. 328 S. = Ullstein-TB 420/21.

Eine den „international wissenschaftlichen Horizont" anstrebende Darstellung mit reichhaltiger Auswahl aus dem internationalen Schrifttum; dazu: H. HAECKEL: ZfdPh 79 (1960) S. 442—46.

94 H. Seidler: *Die Dichtung. Wesen — Form — Dasein.* 2. Aufl. Stuttgart 1965. XI, 714 S. [1. Aufl. 1959] = KTA 283.

Versuch, „eine Einführung in alle Fragen zu geben, die die Dichtung an den denkenden Menschen stellt": namentlich im Hinblick auf die Ästhetik, Stilistik, Lyrik, Didaktik, Epik u. Dramatik. S. 691—706 B.

95 J. Hermand: *Literaturwissenschaft und Kunstwissenschaft.* Methodische Wechselbeziehungen seit 1900. 2. Aufl. Stuttgart 1971. VIII, 77 S. [1. Aufl. 1965]. = SM 41.

96 J. Hermand: *Synthetisches Interpretieren.* Zur Methodik der Literaturwissenschaft. München 1968. 269 S. = Lit. u. Sprache. 27.

Kennzeichnet den ‚Methodenpluralismus‘ seit 1900 und erstrebt im Gegensatz dazu die Integration der Literaturwissenschaft in historische Zusammenhänge.

97 H. R. Jauss: *Literaturgeschichte als Provokation der Literaturwissenschaft.* 2. Aufl. Konstanz 1969. 72 S. [1. Aufl. 1967] = Konstanzer Universitätsreden. 3. — Erweiterte Fassung: Literaturgeschichte als Provokation. Frankfurt 1970. S. 144—207. = es 418.

Entwickelt das Programm einer neuen Methodologie der Literaturwissenschaft, die die angrenzenden Gebiete einbeziehen soll.

98 M. Maren-Grisebach: *Methoden der Literaturwissenschaft.* Bern/ München 1970. 106 S. = Dalp-TB. 397.

Sachliche Information über positivistische, geisteswiss., phänomenologische, existentielle, morphologische und soziologische Methoden mit Beispielen.

99 P. Salm: *Three modes of criticism.* The literary theories of Scherer, Walzel, and Staiger. Cleveland 1968. XIV, 127 S. — Dt. v. M. Lohner u. d. T.: *Drei Richtungen der Literaturwissenschaft.* Scherer — Walzel — Staiger. Tübingen 1970. VIII, 125 S. = Konzepte d. Sprach- u. Lit'wiss. 2.

Vorarbeit zu einer Geschichte der Literaturtheorie.

100 H. Oppel: *Methodenlehre der Literaturwissenschaft.* In: Dt. Philologie im Aufriß. 2. Aufl. Bd 1 (1957) Sp. 39—82 [B].

Einschlägige Artikel [B] im *Reallexikon d. dt. Lit'gesch.* [s. Nr 438]: Interpretation — Literatur u. Ästhetik — Literaturwissenschaft — Poetik.

Vergleichende Literaturwissenschaft/
Komparatistik

101 V. Klemperer: *Weltliteratur und europäische Literatur.* In: Logos 18 (1930) S. 362—418.

102 F. Strich: *Weltliteratur und vergleichende Literaturgeschichte.* In: Philosophie der Literaturwissenschaft, hrsg. v. E. Ermatinger. Berlin 1930. S. 422—441.

103 P. VAN TIEGHEM: *La littérature comparée.* 3. Aufl. Paris 1946. 222 S.
[1. Aufl. 1931].

104 W. MILCH: *Europäische Literaturgeschichte.* Ein Arbeitsprogramm.
Wiesbaden 1949. 47 S. = Schriftenreihe d. Europ. Akad. 4.

105 M.-F. GUYARD: *La littérature comparée.* 3. Aufl. Paris 1961. [1. Aufl.
1951].

106 *Forschungsprobleme der vergleichenden Literaturgeschichte.* Internationale Beiträge zur Tübinger Literarhistoriker-Tagung September
1950. Hrsg. v. K. WAIS. Tübingen 1951. 188 S.; Folge 2. 1958. 199 S.

107 W. P. FRIEDERICH: *Outline of comparative literature from Dante
Alighieri to Eugen O'Neill.* With the collab. of D. H. MALONE.
Chapel Hill 1954. 451 S. = Univ. of North Carolina studies in comp.
lit. 11.

Berücksichtigt auch deutsche Beiträge (von der Renaissance bis zum Symbolismus). Ausführlicher Index. — Dazu die von FRIEDERICH zusammen mit
F. BALDENSPERGER bearbeitete *Bibliography of comparative lit.* [s. Nr 871].

108 *Comparative literature.* Method and perspective. Ed. by N. P. STALLKNECHT and H. FRENZ. Carbondale 1961. XII, 317 S.

109 W. B. FLEISCHMANN: *Das Arbeitsgebiet der Vergleichenden Literaturwissenschaft.* In: Arcadia 1 (1966) S. 221—230.

110 U. WEISSTEIN: *Einführung in die Vergleichende Literaturwissenschaft.*
Stuttgart 1968. VIII, 256 S. = Sprache u. Lit. 50.

Überblick über Geschichte, Stand und Aufgaben der Komparatistik. Bibliographie: S. 198—207. 231—249.

111 C. PICHOIS u. A. M. ROUSSEAU: *La littérature comparée.* Paris 1967.
215 S. — Dt. v. P. A. BLOCH u. d. T.: *Vergleichende Literaturwissenschaft.* Eine Einführung in die Geschichte, die Methoden und Probleme
der Komparatistik. Düsseldorf 1971. 220 S.

Überblick über den Stand der Forschung. Bibliographischer Führer: S. 177
bis 209.

112 P. A. BLOCH: *Zu den Aufgaben einer deutschsprachigen Komparatistik.*
In: WW 21 (1971) S. 73—84.

Über ausländische Einflüsse auf die deutsche Literatur unterrichtet mit
16 Beiträgen [*B*] das Sammelwerk *Dt. Philologie im Aufriß* [s. Nr
169]. Bd 3, Sp. 1—612.

Literaturkritik / Literarische Wertung

113 R. WELLEK: *A history of modern criticism, 1750—1950.* 5 Bde. New
Haven/London 1955—66.

1. The later 18th century. Nachdr. 1966. VII, 358 S. — 2. The romantic age.
Nachdr. 1966. V, 459 S. — 3. The age of transition. 1966. XVI, 389 S. —

4. The later 19th century. 1966. VI, 671 S. — 5. The 20th century [in Vorb.]. — Die ersten beiden Bde dt. v. E. u. M. LOHNER u. d. T.: *Geschichte der Literaturkritik 1750 bis 1830*. Darmstadt 1959. 754 S. [S. 587—715 *B*].

114 R. WELLEK: *Concepts of criticism*. New Haven 1963. XV, 403 S. — Dt. v. E. u. M. LOHNER [u. a.] u. d. T.: *Grundbegriffe der Literaturkritik*. 2. Aufl. Stuttgart 1970. 276 S. [1. Aufl. 1965]. = Sprache u. Lit. 24.

115 N. FRYE: *Anatomy of criticism*. Four essays. Princeton 1957. X, 383 S. — Dt. v. E. LOHNER u. H. CLEWING u. d. T.: *Analyse der Literaturkritik*. Stuttgart 1964. 380 S.

116 M. WEHRLI: *Wert und Unwert in der Dichtung*. Köln u. Olten 1965. 48 S.

117 *The disciplines of criticism*. Essays in literary theory, interpretation, and history. Ed.: P. DEMETZ/TH. GREENE/L. NELSON. New Haven 1968. 616 S.

118 J. STRELKA: *Vergleichende Literaturkritik*. Drei Essays zur Methodologie der Literaturwissenschaft. Bern/München 1970. 111 S.

119 H.-E. HASS: *Das Problem der literarischen Wertung*. In: Studium Generale 12 (1959) S. 727—56. — Separat: 2. Aufl. Darmstadt 1970. IV, 99 S.

120 W. MÜLLER-SEIDEL: *Probleme der literarischen Wertung*. Über die Wissenschaftlichkeit eines unwissenschaftlichen Themas. 2. Aufl. Stuttgart 1969. XXI, 194 S. [1. Aufl. 1965].

121 J. SCHULTE-SASSE: *Literarische Wertung*. Stuttgart 1971. X, 80 S. = SM 98.

Literatursoziologie

122 L. L. SCHÜCKING: *Die Soziologie der literarischen Geschmacksbildung*. 3. Aufl. Bern/München 1961. 112 S. [1. Aufl. in Zss., 2. Aufl. 1931]. = Dalp-TB 354.

123 G. LUKÁCS: *Schriften zur Literatursoziologie*. Ausgew. u. eingel. v. P. LUDZ. 4. Aufl. Neuwied/Berlin 1970. 568 S. [1. Aufl. 1961].

124 A. HAUSER: *Sozialgeschichte der Kunst und Literatur*. 2 Bde. München 1953. — Sonderausgabe: München 1969. XIV, 1119 S.

125 H. N. FÜGEN: *Die Hauptrichtungen der Literatursoziologie und ihre Methoden*. 4. Aufl. Bonn 1970. 224 S. [1. Aufl. 1964].

126 *Wege der Literatursoziologie*. Hrsg. v. H. N. FÜGEN. 2. Aufl. Neuwied/Berlin 1971. 479 S. [1. Aufl. 1968].

Mit Beiträgen von L. GOLDMANN (Zur Soziologie des Romans), TH. W. ADORNO, E. KÖHLER u. a.

127 P. Stöcklein: *Literatursoziologie.* Gesichtspunkte zur augenblicklichen Diskussion. In: Literatur u. Geistesgeschichte. Festgabe f. H. O. Burger. Berlin 1968. S. 406—21.

128 H. A. Glaser/P. Hahn [u. a.]: *Literaturwissenschaft und Sozialwissenschaften.* Grundlagen und Modellanalysen. Stuttgart 1971. 448 S.

129 J. Strelka: *Die gelenkten Musen.* Dichtung und Gesellschaft. Frankfurt/Zürich/Wien 1971. 414 S.

Gattungspoetik

130 E. Staiger: *Grundbegriffe der Poetik.* 8. Aufl. Zürich 1968. 256 S. [1. Aufl. 1946]. — Auch: dtv-TB. 4090. 1971. *(Genres)*

Versuch einer Erläuterung des Dramatischen, des Epischen und des Lyrischen.

131 K. Hamburger: *Die Logik der Dichtung.* 2. Aufl. Stuttgart 1968. 284 S. [1. Aufl. 1957].

Einteilung der poetischen Gattungen in die fiktionale (erzählende und dramatische) und die existentielle (lyrische).

132 F. Sengle: *Vorschläge zur Reform der literarischen Formenlehre.* 2., verb. Aufl. Stuttgart 1969. 52 S. [1. Aufl. u. d. T.: *Die literarische Formenlehre*].

133 W. V. Ruttkowski: *Die literarischen Gattungen.* Reflexionen über eine modifizierte Fundamentalpoetik. Bern/München 1969. 154 S.

134 F. Martini: *Poetik.* In: Dt. Philologie im Aufriß. 2. Aufl. Bd 1 (1957) S. 223—80 *[B]*.

Zu vgl. sind auch die unter Theorie/Methoden [Nr 89—100] genannten grundlegenden Werke.

135 W. Killy: *Wandlungen des lyrischen Bildes.* 6. Aufl. Göttingen 1970. 141 S. [1. Aufl. 1956]. = Kl. Vandenhoeck-Reihe. 22/23.

136 H. Friedrich: *Die Struktur der modernen Lyrik.* Von der Mitte des 19. bis zur Mitte des 20. Jahrhunderts. 11. Aufl. Reinbek 1970. 319 S. [1. Aufl. 1956]. = rde 25—26 a.

137 P. Szondi: *Theorie des modernen Dramas.* 4. Aufl. Frankfurt 1967. 169 S. = es 27.

138 M. Dietrich: *Das moderne Drama.* Strömungen, Gestalten, Motive. 2. Aufl. Stuttgart 1963. 714 S. [1. Aufl. 1961]. = KTA 220.

139 E. Lämmert: *Bauformen des Erzählens.* 4. Aufl. Stuttgart 1970. 301 S. [1. Aufl. 1955].

140 F. K. Stanzel: *Typische Formen des Romans.* 5. Aufl. Göttingen 1970. 77 S. [1. Aufl. 1964]. = Kl. Vandenhoeck-Reihe. 187.

141 L. GOLDMANN: *Pour une sociologie du roman.* Paris 1965. 242 S. —
Dt. v. L. GOLDMANN u. I. FLEISCHHAUER u. d. T.: *Soziologie des
Romans.* Neuwied 1970. 285 S.

142 B. BERGER: *Der Essay.* Form u. Geschichte. Bern 1963. 283 S. = Slg
Dalp. 95.

143 A. JOLLES: *Einfache Formen.* Legende, Sage, Mythe, Rätsel, Spruch,
Kasus, Memorabile, Märchen, Witz. 4. Aufl. Darmstadt 1968. VI,
272 S. [1. Aufl. 1930].

Rhetorik/rhetor. Begriffe

144 E. R. CURTIUS: *Europäische Literatur und lateinisches Mittelalter.*
7. (= 1.) Aufl. Bern 1969. 608 S. [1. Aufl. 1948].

„Orientierung am Lehrgebäude der Rhetorik" als methodisch zuverlässiger
Weg, um — äußerst materialreich und vielseitig — den Zusammenhang
zwischen antiker, mittelalterlicher-mittellateinischer u. europäischer Literatur aufzuzeigen. — Dazu E. AUERBACH: Romanische Forschungen 62
(1950) S. 237—245.

145 H. LAUSBERG: *Elemente der literarischen Rhetorik.* Eine Einführung
für Studierende der klassischen, romanischen, englischen und deutschen
Philologie. 4. Aufl. München 1971. 170 S. [1. Aufl. 1949].

146 H. LAUSBERG: *Handbuch der literarischen Rhetorik.* Eine Grundlegung der Literaturwissenschaft. [Nebst] Registerbd. München 1960.
957 S.

Stellt sich vor als „eine auf das Mittelalter und die Neuzeit hin geöffnete
Darstellung der antiken Rhetorik". Dazu W. SCHMID: Archiv 200 (1964)
S. 451—62.

147 H. PONGS: *Das Bild in der Dichtung.* 3 Bde [Bd 1 u. 2 = 3. Abdr.].
Marburg 1965—69. [Bd 1 u. 2 1. Aufl. 1927—39].

1. Versuch einer Morphologie der metaphorischen Formen. 549 S. — 2. Vor-
untersuchungen zum Symbol. 752 S. — 3. Der symbolische Kosmos der Dichtung. 822 S.

Vgl. auch unter Stilistik Nr 430—437.

Stoffgeschichte/Motive

Überblick über die Entwicklung und Methode der literarischen Stoff-
und Motivgeschichte geben die folgenden Arbeiten:

148 E. FRENZEL: *Stoff- und Motivgeschichte.* In: Dt. Philologie im Aufriß.
2. Aufl. Bd 1 (1957) Sp. 281—332 [*B*].

149 E. FRENZEL: *Stoff-, Motiv- und Symbolforschung.* 3. Aufl. 1970. VII,
116 S. [1. Aufl. 1963]. = SM 28.

1. Darstellungen zur allgemeinen Sprach- und Literaturwissenschaft

150 E. Frenzel: *Stoff- und Motivgeschichte*. Berlin 1966. 172 S. = GdG 3.

151 E. Frenzel: *Stoffe der Weltliteratur*. Ein Lexikon dichtungsgeschicht-licher Längsschnitte. 3. Aufl. Stuttgart 1970. XVI, 785 S. = KTA 300.

Darstellungen zur Weltliteratur

152 *Handbuch der Literaturwissenschaft*. Hrsg. v. O. Walzel. [Bde nicht gezählt] Potsdam 1923 ff.; anastat. Neudr. Darmstadt 1957 ff.

Nach dem einleitenden Bd v. O. Walzel: *Gehalt u. Gestalt im Kunstwerk des Dichters* [s. Nr 89] folgt ein Nebeneinander von Darstellungen der Nationalliteraturen, wobei A. Heusler [s. Nr 501], J. Schwietering [s. Nr 503], G. Müller [s. Nr 533] u. O. Walzel [s. Nr 555] den Bereich der deutschen Literatur erfassen. — Geplante Neuausgabe:

153 *Handbuch der Literaturwissenschaft*. Neue Ausgabe. Hrsg. v. K. v. See. Frankfurt 1971 ff.

154 H. W. Eppelsheimer: *Handbuch der Weltliteratur von den Anfängen bis zur Gegenwart*. 3. Aufl. Frankfurt 1960. XIV, 808 S. [1. Aufl. 1937].

Übersichtlicher Grundriß der Entwicklungsstufen mit knapp wertenden Darlegungen als Rahmen für den bibliographischen Nachweis über repräsentative Dichter u. Denker. Dazu Anhang I: Schriftennachweis zur allgemeinen Literaturwissenschaft u. zur Literaturgeschichte einzelner Völker u. Völkergruppen (S. 722—62); Anh. II: Schriftennachweis zu einzelnen Formen, Gattungen, Fragen u. Stoffkreisen der Literatur (S. 763—91).

155 H. W. Eppelsheimer: *Geschichte der europäischen Weltliteratur*. Bd I: Von Homer bis Montaigne. Frankfurt 1970. XXIV, 306 S.

156 ⟨*Nationalliteraturen*⟩. *Das Fischer Lexikon. Literatur I*. Hrsg. v. W.-H. Friedrich u. W. Killy. Frankfurt 1964 u. ö. 341 S. = FL 34.

Mit Bibliographie S. 310—321. Vgl. Nr 167.

Stoffe der Weltliteratur: s. Nr 151.

Literaturlexika

157 H. Pongs: *Das kleine Lexikon der Weltliteratur*. 6. erw. Aufl. Stuttgart 1967. 1986 Sp. [1. Aufl. 1954].

158 *Die Weltliteratur*. Biographisches, literarhistorisches und bibliographisches Lexikon in Übersichten und Stichwörtern. Hrsg. v. E. Frauwallner, H. Giebisch u. E. Heinzel. 3 Bde. Wien 1951—54. 2119 S. Erg. Bde: 1. A—F. 1968. 196 S. — 2. G—O. 1970. S. 197—467.

Zwischen den Autorenartikeln wegweisende Übersichten: Deutsche Lit. (Bd 1, S. 368—76), Österreichische Lit. (Bd 3, S. 1285—98), Schweizerische Lit. (Bd 3, S. 1589—93) u. a. Literaturhistorische Würdigungen wie Bibliographica verdienen Beachtung.

159 *Lexikon der Weltliteratur im 20. Jahrhundert.* 2 Bde. 3. Aufl. Freiburg i. Br. 1965—66. [1. Aufl. 1960—61].

Bd 1. ⟨A—J.⟩ 1965; Bd 2. ⟨K—Z.⟩ 1966. Neben den Autorenartikeln u. Übersichten über die Nationalliteraturen auch Beiträge zu Stilrichtungen (Dadaismus u. a.), Gattungen (Drama u. a.) u. Stilformen (Groteske u. a.); mit unterschiedlichem Literaturnachweis.

160 *Meyers Handbuch über die Literatur.* Ein Lexikon der Dichter und Schriftsteller aller Literaturen. Red.: I. ADAM u. G. PREUSS. 2. neubearb. Aufl. Mannheim/Wien/Zürich 1970. 988 S.

161 *Kleines literarisches Lexikon.* 4. neubearb. Aufl. In Fortf. d. v. W. KAYSER besorgten 2. u. 3. Aufl. hrsg. v. H. RÜDIGER und E. KOPPEN. 3 Bde. Bern 1968 ff. [1. Aufl., 2 Bde 1947]. = Slg Dalp. 15/17.

1. Autoren I. Von den Anfängen bis zum 19. Jahrhundert. 1969. 840 S. — 2. Autoren II. 20. Jh. 1. Teil: A—K. 1971. 450 S. — 2. Autoren II. 20. Jh. 2. Teil: L—Z. In Vorber. — 3. Sachbegriffe. 1968. 458 S.

162 *Lexikon der Weltliteratur.* Unter Mitarb. zahlreicher Fachgelehrter hrsg. v. G. v. WILPERT. 2 Bde. Stuttgart 1963—68.

1. Autoren. Biographisch-bibliographisches Handwörterbuch nach Autoren und anonymen Werken. 1963. 1471 S. — Auch als dtv-TB 3085—88. — 2. Werke. Die Hauptwerke der Weltliteratur in Charakteristiken und Kurzinterpretationen. 1968. XV, 1254 S.

Umfassendes Werklexikon auf der Grundlage des *Dizionario letterario Bompiani delle opere e dei personaggi di tutti i tempi e di tutte le letterature,* hrsg v. V. BOMPIANI (9 Bde. Mailand 1947—52; 1963/66), und der Neufassung von BOMPIANI/LAFFONT: *Dictionnaire des œuvres de tous les temps et de tous les pays* (5 Bde. Paris 1952/54; 5. Aufl. 1968/69):

163 *Kindlers Literaturlexikon.* Wiss. Vorbereitung: W. v. EINSIEDEL. Bd 1 ff. Zürich 1965 ff.

Ausführliche Inhaltserfassung literarischer Werke in alphabetischer Reihenfolge. Bisher 6 Bde (1971). — Ab 1970 erscheint eine 12bändige Sonderausgabe.

Sachwörterbücher/Terminologie

164 G. v. WILPERT: *Sachwörterbuch der Literatur.* 5. erw. Aufl. 1969. VIII, 865 S. [1. Aufl. 1955]. = KTA 231.

Mit rund 4200 Stichwörtern zuverlässige Einführung in die Begriffssprache der Lit'wiss. Reichhaltige bibliographische Abschnitte.

165 J. T. SHIPLEY: *Dictionary of world literary terms.* New ed. London 1970/71. 480 S. — Früher u. d. T.: *Dictionary of world literature. Criticism, forms, technique.* [1. Aufl. 1943].

166 W. V. RUTTKOWSKI u. R. BLAKE: *Literaturwörterbuch — Glossary of literary terms — Glossaire de termes littéraires.* Bern/München 1969. 68 S.

167 ⟨*Sachbegriffe*⟩. *Das Fischer Lexikon. Literatur II.* 2 Tle. Hrsg. v.
W.-H. FRIEDRICH u. W. KILLY. Frankfurt 1965 u. ö. 718 S. = FL
35/1,2.
Gibt in 47 ausführlichen Sachartikeln Auskunft über Begriffe, Epochen, Stile
u. a. In T. 2, 2 Anh.: Bibliographie (S. 640—70); Register. — Vgl. Nr 156.

2. Darstellungen zur deutschen Sprach- und Literaturwissenschaft

Vgl. II/2 (Abgeschlossene Fachbibliographien), III/2 (Periodische Fachbibliographien).

a) Deutsche Sprach- und Literaturwissenschaft in ihrer Gesamtheit

Die zur Zeit der Frühromantik von sammelnden Liebhabern betriebene germanische Altertumskunde erstarkte zu einer philologischen Wissenschaft, als J. GRIMM mit der Veröffentlichung des ersten Teiles seiner *Deutschen Grammatik* (1819) das wissenschaftliche Studium der germanischen Sprachen einleitete und K. LACHMANN in seinen bahnbrechenden kritischen Editionen ('Iwein'- und Waltherausgabe 1827; Wolframausgabe 1833) die exakte Methode der klassischen Textphilologie für die Erforschung altdeutscher Denkmäler nutzbar machte.

Handbücher

Über die im Laufe des 19. Jahrhunderts geleistete Arbeit gibt als Sammelwerk bestes Zeugnis:

168 *Grundriß der germanischen Philologie.* Unter Mitw. zahlreicher Fachgelehrter hrsg. v. H. PAUL. 2. Aufl. 3 Bde. Straßburg 1900—09.
[1. Aufl. 1891].
Bd 1: 1. Begriff u. Aufgabe d. germ. Philologie. 2. Geschichte d. germ. Phil.
3. Methodenlehre. 4. Schriftenkunde [2 Beitr.]. 5. Sprachgeschichte [12 Beitr.].
1901. 1621 S. — Bd 2, 1: 6. Literaturgeschichte [13 Beitr.]. 1901—09. 1297 S.
— Bd 2, 2: 7. Metrik [4 Beitr.]. 1905. 259 S. — Bd 3: 8. Wirtschaft, 9. Recht.
10. Kriegswesen. 11. Mythologie. 12. Sitte [2 Beitr.]. 13. Kunst [2 Beitr.].
14. Heldensage. 15. Ethnographie d. germ. Stämme. 1900. 995 S.

Die seit 1911 erscheinende 3., völlig neubearbeitete Auflage ist in eine zwanglose Folge von Monographien aufgelöst; sie läßt die Geschlossenheit und klare Zielsetzung des ursprünglichen Unternehmens vermissen. Vgl. Nr 183, 209, 286, 444, 457, 589, 626.

Nachdem einzelne Kulturzweige frühzeitig selbständig organisierten Wissenschaften zugefallen waren (namentlich die politische Geschichte, Jurisprudenz und Kunstgeschichte), hat sich aus dem Umkreis der germanischen Philologie weiterhin die Englische Philologie (Anglistik) als eigene Disziplin herausgelöst, später auch die Niederländische und

Nordische Philologie, so daß — unter Einengung des Gebietsumfanges — als Germanistik die Deutsche Philologie verblieben ist, deren Begriff und Inhalt in jüngster Zeit sehr umstritten ist (vgl. Nr 174, 174a). Für unsere Zeit maßgebendes Standardwerk der deutschen Philologie, das einen zusammenfassenden Rückblick und zugleich methodische Anweisungen für die künftige Forschung gibt:

169 *Deutsche Philologie im Aufriß.* Unter Mitarb. zahlreicher Fachgelehrter hrsg. v. W. STAMMLER. 3 Bde. 2. Aufl. Berlin 1957—62 [1. Aufl. 1952—57. Reg. v. G. SCHADE. 1959]; unveränd. Nachdr. 1966 ff. — Register-Bd v. L. M. LECHNER/L. TSCHAKERT/T. ZIMMER. 1969.

Bd 1. 1957. 2000 Sp.; Bd 2. 1960. 2624 Sp.; Bd 3. 1962. 3050 Sp. Gegliedert in 5 Abteilungen mit zahlreichen Beiträgen, denen jeweils wichtigstes Schrifttum beigegeben ist: Abt. I (= Bd 1, Sp. 1—562): Methodenlehre [8 Beitr., s. Nr 44, 100, 134, 148, 175 u. a.]. — Abt. II (= Bd 1, Sp. 563—2000): Sprachgeschichte u. Mundarten [12 Beitr., s. Nr 49, 191/94, 391/93 u. a.]. — Abt. III. A (= Bd 2): Literaturgeschichte in Längsschnitten [19 Beitr., s. Nr 394/96, 524, 528, 580/82, 596/603, 624/25]. B (= Bd 3, Sp. 1—612): Ausländische Einflüsse [16 Beitr.]. C (= Bd 3, Sp. 613—1398): Sprachkunst in Wirkung u. Austausch [7 Beitr.]. D (= Bd 3, Sp. 1399—1454): Der Dichter hat das Wort [4 Beitr.]. — Abt. IV (= Bd 3, Sp. 1455—2546): Kulturkunde u. Religionsgeschichte [11 Beitr., s. Nr 466]. — Abt. V (= Bd 3, Sp. 2547 bis 3050): Volkskunde [10 Beitr.].

Neben diesen beiden großen Gemeinschaftsunternehmen, die um 1900 und 1950 hervorgetreten sind, als Einzelleistung:

169a F. STROH: *Handbuch der germanischen Philologie.* Berlin 1952. 820 S.

Methoden, Ergebnisse u. Hilfsmittel der Forschung; ungleichmäßig bearbeitet.

An die Konzeption des PAULschen Grundrisses [s. Nr 168] lehnt sich das neueste Sammelwerk an (jedoch nur bis 1500 begrenzt):

170 *Kurzer Grundriß der germanischen Philologie bis 1500.* Hrsg. v. L. E. SCHMITT. Bd 1 ff. Berlin 1970 ff.

1. Sprachgeschichte. X, 440 S. 1970. — 2. Literaturgeschichte. VIII, 665 S. 1971. — 3. Sach- u. Kulturgeschichte. Register. In Vorb. — Vgl. Nr 195/97, 467, 510/23.

Einführungen/Diskussion

171 F. V. D. LEYEN: *Deutsche Philologie. Eine Einführung in ihr Studium.* Stuttgart 1952. 244 S.

Die neuere Literaturgeschichte ist unberücksichtigt.

172 R. NEWALD: *Einführung in die Wissenschaft der deutschen Sprache u. Literatur.* 2. Aufl. Lahr 1949. 227 S. [1. Aufl. 1947].

173 K. O. CONRADY: *Einführung in die Neuere deutsche Literaturwissenschaft.* Reinbek b. Hamburg 1966; u. ö. 246 S. = rde 252/253.

174 *Ansichten einer künftigen Germanistik.* Hrsg. v. J. KOLBE. 5. Aufl.
1971. 224 S. [1. Aufl. 1968]. = Reihe Hanser. 29.
Weniger eine Einführung als eine Diskussion um Gegenstände, Sinn und Ziel
der Germanistik. — Eine Bibliographie zur Diskussion der letzten Jahre
um die Germanistik, die vor allem auch Zeitungsartikel und ungedrucktes
Material verzeichnet, bietet die

174a *Topographie der Germanistik.* Standortbestimmungen. 1966—1971.
Eine Bibliographie von G. HERFURTH/J. HENNIG/L. HUTH. Mit einem
Vorwort v. W. BACHOFER. Berlin 1971. 143 S.

Geschichte

175 J. DÜNNINGER: *Geschichte der deutschen Philologie.* In: Dt. Philologie im Aufriß. 2. Aufl. Bd 1 (1957) Sp. 83—222.

176 F. NEUMANN: *Studien zur Geschichte der deutschen Philologie.* Aus
der Sicht eines alten Germanisten. Berlin 1971. 155 S.

b) Deutsche Sprachwissenschaft und Linguistik

Ein ausführliches, sämtliche Forschungsrichtungen der deutschen
Sprachwissenschaft umfassendes Handbuch liegt nicht vor. Um so
mehr verdienen die einführenden und grundlegenden Einzeldarstellungen Beachtung, die zumeist mit reichen Literaturangaben weiterführen.
Den Bereich der Sprachgeschichte und Mundarten erfassen mit mehreren Beiträgen die Sammelwerke *Deutsche Philologie* im Aufriß, Abt. II [s. Nr 169]
und der *Kurze Grundriß der germ. Philologie bis 1500,* Bd 1 [s. Nr 170].
Wegweisende Darstellung der einzelnen Forschungsgebiete in großen Zusammenhängen:

177 E. SCHWARZ: *Deutsche und germanische Philologie.* Heidelberg 1951.
VII, 248 S.
Systematisch gegliedert: 19 Kapitel mit insgesamt 68 Abschnitten. Gedacht
als Studienführer, doch für Anfänger weniger geeignet.

Deutsche Sprache im allgemeinen

178 O. BEHAGHEL: *Die deutsche Sprache.* 14. Aufl. mit Hinweisen u. Anmerkungen v. F. MAURER. Halle 1967. 313 S. [1. Aufl. 1886].
Repräsentatives Werk der junggrammatischen Germanistik.

179 F. KLUGE: *Unser Deutsch. Einführung in die Muttersprache.* 6. Aufl.
v. L. MACKENSEN. Heidelberg 1958. 158 S. [1. Aufl. 1907].

180 R. PRIEBSCH / W. E. COLLINSON: *The German language.* 4. Aufl. London 1958. XX, 496 S. [1. Aufl. 1934].

181 J. L. WEISGERBER: *Von den Kräften der deutschen Sprache.* 4 Bde.
2. Aufl. Düsseldorf 1953—59 [1. Aufl. 1949—50].
1. Die Sprache unter den Kräften des menschlichen Daseins. 1954. 50 S. —
2. Vom Weltbild der dt. Sprache. T. 1. Die inhaltbezogene Grammatik.
1953. 267 S.; T. 2. Die sprachliche Erschließung der Welt. 1954. 284 S. —
3. Die Muttersprache im Aufbau unserer Kultur. 1957. 308 S. — 4. Die
geschichtliche Kraft der dt. Sprache. 1959. 312 S. — 3. Aufl. (seit 1962) mit
veränderten Einzelbänden: 1. Grundzüge der inhaltbezogenen Grammatik
[anstelle von Bd 1 u. Bd 2, T. 1]. 432 S. — 2. Die sprachliche Gestaltung
der Welt [anstelle von Bd 2, T. 2]. 455 S.

182 *Kleine Enzyklopädie. Die deutsche Sprache.* Hrsg. v. E. AGRICOLA,
W. FLEISCHER [u. a.]. 2 Bde. Leipzig 1969. 1174 S.

Gibt auf der Grundlage der neuesten und allgemein anerkannter Forschungsergebnisse „eine umfassende Orientierung über das gesamte Gebiet der Wissenschaft von der deutschen Sprache". Gedacht als Nachschlagewerk für breite
Kreise.

Sprachgeschichte

183 O. BEHAGHEL: *Geschichte der deutschen Sprache.* 5. Aufl. Berlin 1928.
XXIX, 588 S. [1. Aufl. 1898]. = Grundr. d. germ. Phil. [Neue
Bearb.] 3.

184 H. HIRT: *Geschichte der deutschen Sprache.* 2. Aufl. München 1925.
299 S. [1. Aufl. 1919]. Nachdruck München 1968.

185 A. BACH: *Geschichte der deutschen Sprache.* 9. Aufl. Heidelberg 1971.
536 S. [1. Aufl. 1938].

Den derzeitigen Forschungsstand ausführlich kennzeichnende Darstellung mit
eingehendem Literaturnachweis zu einzelnen Problemen.

186 H. EGGERS: *Deutsche Sprachgeschichte.* Bd 1 ff. Reinbek b. Hamburg
1963 ff. = rde 185/86. 191/92. 270/71.
Bisher: 1. Das Althochdeutsche. 1963 u. ö. 299 S.; 2. Das Mittelhochdeutsche.
1965 u. ö. 267 S.; 3. Das Frühneuhochdeutsche. 1969. 252 S.

187 H. MOSER: *Deutsche Sprachgeschichte.* Mit e. Einf. in die Fragen der
Sprachbetrachtung. 6. Aufl. Tübingen 1969. 228 S. [1. Aufl. 1950].

188 H. MOSER: *Annalen der deutschen Sprache von den Anfängen bis zur Gegenwart.* 3. Aufl. Stuttgart 1968. IX, 80 S. [1. Aufl. 1961]. = SM 5.

189 F. TSCHIRCH: *Geschichte der deutschen Sprache.* 2 Bde. Berlin 1967—69.
[Bd 1: 2. Aufl. 1971]. = GdG 5 u. 9.
1. Die Entfaltung der deutschen Sprachgestalt in der Vor- und Frühzeit.
194 S. — 2. Entwicklung und Wandlungen der deutschen Sprachgestalt vom
Hochmittelalter bis zur Gegenwart. 290 S.

190 P. v. POLENZ: *Geschichte der deutschen Sprache.* 7. völlig neubearb.
Aufl. der früheren Darstellungen von H. SPERBER. Berlin 1970. 219 S.
[1. Aufl. 1926]. = SG 915/915 a.
In die neuere Forschungslage (mit wichtigem Schrifttumsnachweis) einführende Beiträge im Sammelwerk *Dt. Philologie im Aufriß* [s. Nr
169], Abt. II:

191 H. MOSER: *Deutsche Sprachgeschichte der älteren Zeit.* Bd 1 (1957)
192 Sp. 621—854. — A. SCHIROKAUER (†) u. W. STAMMLER: *Frühneu-*
193 *hochdeutsch.* Sp. 855—930. — A. LANGEN: *Deutsche Sprachgeschichte*
194 *vom Barock bis zur Gegenwart.* Sp. 931—1396. — F. THIERFELDER:
Deutsche Sprache im Ausland. Sp. 1397—1480.
Den jüngsten Forschungsstand bringen die Beiträge in Bd 1 des *Kurzen Grundrisses der germ. Philologie bis 1500* [s. Nr 170]:

195 ST. SONDEREGGER: *Althochdeutsch.* S. 288—346. — G. SCHIEB: *Mit-*
196 *telhochdeutsch.* S. 347—385. — J. ERBEN: *Frühneuhochdeutsch.* S. 386
197 bis 440.

Deutsch in seiner Gesamtentwicklung

Lautlehre

198 C. KARSTIEN: *Historische deutsche Grammatik.* Bd 1. Geschichtl.
Einl. Lautlehre. Heidelberg 1939. XLIV, 200 S. [Mehr nicht ersch.]

199 R. v. KIENLE: *Historische Laut- und Formenlehre des Deutschen.*
2. Aufl. Tübingen 1969. X, 330 S. [1. Aufl. 1960].

200 B. HORACEK: *Kleine historische Lautlehre des Deutschen.* 2. Aufl.
Wien/Stuttgart 1966. 110 S.

201 H. PENZL: *Geschichtliche deutsche Lautlehre.* München 1969. 114 S.

202 W. HERRLITZ: *Historische Phonologie des Deutschen.* Teil I: Vokalismus. Tübingen 1970. IX, 110 S. = German. Arbeitshefte. 3.
Einführung in strukturalistische Methoden.

Grammatik

203 W. WILMANNS: *Deutsche Grammatik.* Gotisch, Alt-, Mittel- u. Neuhochdeutsch. 3 Abt. Straßburg 1899—1911; Nachdr. 1966.
1. Lautlehre. 3. Aufl. 1911. XXI, 482 S. — 2. Wortbildung. 2. Aufl. 1899.
XVI, 671 S. — 3, 1. Flexion. Verbum. 1906. X, S. 1—315. — 3, 2. Flexion.
Nomen u. Pronomen. 1909. VIII, S. 317—722. — Wie J. GRIMMS Grammatik (1819/37) unvollendet.

204 O. BEHAGEL: *Deutsche Syntax.* Eine geschichtliche Darstellung. 4 Bde.
Heidelberg 1923—32.

1. Die Wortklassen u. Wortformen. A. Nomen. Pronomen 1923. XXXI, 740 S. — 2. Die Wortklassen u. Wortformen. B. Adverbium. C. Verbum. 1924. XII, 444 S. — 3. Die Satzgebilde. 1928. XII, 823 S. — 4. Wortstellung. Periodenbau. 1932. XX, 322 S. — Besonders wichtig für das Studium der mhd. u. frühnhd. Syntax; mit reichhaltigem Schrifttumsnachweis.

Wortbildung

205 W. HENZEN: *Deutsche Wortbildung.* 3. Aufl. Tübingen 1965. X, 314 S. [1. Aufl 1947].
Vgl. auch Nr 209.

Wortforschung

206 A. SCHIRMER: *Deutsche Wortkunde.* Kulturgeschichte des deutschen Wortschatzes. 6. Aufl. v. W. MITZKA. Berlin 1969. 137 S. [1. Aufl. 1926]. = SG 929.

207 F. DORNSEIFF: *Bezeichnungswandel unseres Wortschatzes.* Ein Blick in das Seelenleben des Sprechenden. 2. Aufl. Lahr 1966. XII, 226 S. [1. Aufl. 1955].

Neubearb. [= 7. Aufl.] der 5. Aufl. v. A. WAAG: *Bedeutungsentwicklung unseres Wortschatzes, ein Blick in das Seelenleben der Wörter* (1925). Auf Grund von H. PAULS *Deutschem Wörterbuch* [s. Nr 251/252] in den Haupterscheinungen dargestellt.

208 J. TRIER: *Der deutsche Wortschatz im Sinnbezirk des Verstandes.* Die Geschichte eines sprachlichen Feldes. Bd 1: Von den Anfängen bis zum Beginn des 13. Jh.s. Heidelberg 1931. 347 S.

Grundlegendes Werk der Wortfeldtheorie. Weitere Bände nicht erschienen.

209 *Deutsche Wortgeschichte.* Hrsg. v. F. MAURER u. F. STROH. 2. Aufl. 2 Bde [nebst] Reg.-Bd v. H. RUPP. Berlin 1959. 492; 613; 186 S. [1. Aufl. 1943]. = Grundr. d. germ. Phil. [Neue Bearb.] 17.

Versuch, „die Ergebnisse der dt. Wortforschung zusammenzufassen, Grundlinien der dt. Wortgeschichte zu zeichnen und künftiger Forschung Aufgaben kenntlich zu machen". Gegliedert (mit 14 Beiträgen) nach den großen Zeiträumen der dt. Wort-„Geschichte": von den indogermanischen Ursprüngen bis zum Ausgang des Mittelalters, von den humanistischen Strömungen über Barock, 18. Jahrh., Klassik u. Romantik bis zur neuesten Zeit. Dazu W. SCHRÖDER: AfdA 74 (1963) S. 6—14.

210 B. SCHAEDER: *Die Sprachinhaltsforschung im deutschen Sprachraum.* Wortschatz- und Grammatiktheorie. In: Studium Generale 22 (1969) S. 294—309.

211 O. REICHMANN: *Deutsche Wortforschung.* Stuttgart 1969. 102 S. = SM 82.

212 DUDEN. *Bedeutungswörterbuch.* 24 000 Wörter mit ihren Grundbedeutungen. Bearb. v. P. GREBE [u. a.]. Mannheim 1970. 815 S. = Der Große Duden. 10.

Wörterbücher

Gemeingermanisch

213 A. TORP u. H. FALK: *Wortschatz der germanischen Spracheinheit.* 4. Aufl. Göttingen 1909. 573 S. [1. Aufl. 1860]. = A. FICK: Vergleichendes Wörterbuch der indogermanischen Sprachen. 3.

Gotisch

214 W. STREITBERG: *Gotisch-griechisch-deutsches Wörterbuch.* 2. Aufl. Heidelberg 1928; Nachdr. 1960. XII, 180 S. [1. Aufl. 1910]. = Die gotische Bibel, hrsg. v. W. STREITBERG. T. 2.

215 S. FEIST: *Vergleichendes Wörterbuch der gotischen Sprache mit Einschluß des Krimgotischen u. sonstiger zerstreuter Überreste des Gotischen.* 3. Aufl. Leiden 1939; Nachdr. 1961. XXVIII, 710 S. [1. Aufl. 1909].

216 F. HOLTHAUSEN: *Gotisches etymologisches Wörterbuch.* Mit Einschluß der Eigennamen u. der gotischen Lehnwörter im Romanischen. Heidelberg 1934. XXIV, 133 S.

Altnordisch

217 R. CLEASBY/G. VIGFÚSSON: *An Icelandic-English dictionary.* Oxford 1874; Nachdruck 1957.

218 J. FRITZNER: *Ordbog over det gamle norske sprog.* 3 Bde. 2. Aufl. Kristiania 1886—96 [1. Aufl. 1874]; Nachdr. Oslo 1954.

219 W. BAETKE: *Wörterbuch zur altnordischen Prosaliteratur.* 2 Bde. Berlin 1965—68.

220 1. A—L. 1965. — 2. M—Ø. 1968. — Ersetzt das vor über 100 Jahren von TH. MÖBIUS bearbeitete *Altnordische Glossar* (Leipzig 1866; Nachdr. Darmstadt 1963); Nachschlagewerk für die Studienlektüre (unter Verzicht auf etymologische Herleitungen und Stellenangaben). Dazu:

221 R. HELLER: *Ein neues altnordisch-deutsches Wörterbuch.* In: Beitr. 86 (Halle 1964) S. 1—84.

222 F. HOLTHAUSEN: *Vergleichendes u. etymologisches Wörterbuch des Altwestnordischen, Altnorwegisch-Isländischen, einschl. der Lehn- u. Fremdwörter sowie der Eigennamen.* Göttingen 1948. XX, 368 S.

223 J. DE VRIES: *Altnordisches etymologisches Wörterbuch.* 2. Aufl. Leiden 1962. LIX, 690 S. [1. Aufl. 1960].

Altenglisch

224 J. BOSWORTH: *An Anglo-Saxon dictionary.* Hrsg. v. T. N. TOLLER.
[Nebst] Suppl. Oxford 1882—1921; Nachdr. 1954—55. 1302; 768 S.

225 C. W. M. GREIN: *Sprachschatz der angelsächsischen Dichter.* Unter
Mitw. v. F. HOLTHAUSEN neu hrsg. v. J. J. KÖHLER. Heidelberg 1912.
897 S.

226 F. HOLTHAUSEN: *Altenglisches etymologisches Wörterbuch.* 2. Aufl.
Heidelberg 1963. XXXVI, 428 S. [1. Aufl. 1934].

Althochdeutsch

431.01
G 75

227 E. G. GRAFF: *Althochdeutscher Sprachschatz oder Wörterbuch der althochdeutschen Sprache.* 6 Tle [nebst] Index von H. F. MASSMANN.
Berlin 1834—46; Nachdr. Hildesheim 1963.

Unentbehrlich, solange das Ahd. Wörterbuch [s. Nr. 231] nicht abgeschlossen
ist.

228 E. STEINMEYER u. E. SIEVERS: *Die althochdeutschen Glossen.* 5 Bde.
Berlin 1879—1922; Nachdr. Dublin/Zürich 1968—69. — Dazu:

229 H. THOMA: *Althochdeutsche Glossen.* In: Reallex. d. dt. Lit'gesch. 2. Aufl.
Bd 1 (1958) S. 579—89 [*B*] [s. Nr 438]; auch HBG (1959) S. 187—218
Anm.

230 *Althochdeutsches Glossenwörterbuch.* Zsgest. u. hrsg. v. T. STARCK u.
J. C. WELLS. 1. Lfg. Heidelberg 1972.

Verzeichnis der ahd. Wörter der Glossensammlung von STEINMEYER/SIEVERS
[s. Nr 228] in alphabetischer Folge, mit nhd. Bedeutungen und vollständigen Stellenverweisen. Notwendiges Hilfsmittel, solange das Ahd. Wörterbuch [s. Nr. 231] nicht abgeschlossen ist.

231 *Althochdeutsches Wörterbuch.* Auf Grund der v. E. v. STEINMEYER
hinterlassenen Sammlungen im Auftr. d. Sächs. Akad. d. Wiss. zu
Leipzig bearb. u. hrsg. v. E. KARG-GASTERSTÄDT u. TH. FRINGS, fortgef. v. R. GROSSE. Lfg. 1 ff. Berlin 1952 ff.

Bisher erschienen: Bd 1. A—B. 1586 Sp. 1968. — Bd 2. Lfg 1. 1970. Erfaßt
den gesamten, in ahd. Texten und Glossaren überlieferten Wortschatz mit
dem Hauptgewicht auf dem Bedeutungsteil; zitiert u. interpretiert beim
einzelnen Stichwort sämtliche Stellen mit Hinweisen auf andere germ. Sprachen sowie jüngere dt. Sprachstufen; Verzeichnis d. belegten Formen u.
kurze Zusammenfassung im Hinblick auf die wortgeographische Auswertung.

232 R. SCHÜTZEICHEL: *Althochdeutsches Wörterbuch.* Tübingen 1969.
XXVI, 250 S.

Umfaßt den Wortschatz der ahd. literar. Denkmäler bis Notker vollständig;
die ahd. Wörter in Annalen, Viten, Urkunden usw. sowie die Glossen sollen
in einem Ergänzungsband verzeichnet werden.

2. Darstellungen zur deutschen Sprach- und Literaturwissenschaft

Altsächsisch

233 F. Holthausen: *Altsächsisches Wörterbuch.* 2. [= 1.] Aufl. Köln 1967. VIII, 95 S. [1. Aufl. 1954].

234 E. H. Sehrt: *Vollständiges Wörterbuch zum Heliand u. zur altsächsischen Genesis.* 2. Aufl. Göttingen 1966. VIII, 752 S. [1. Aufl. 1925].

Altfriesisch

235 F. Holthausen: *Altfriesisches Wörterbuch.* Heidelberg 1925. 152 S.

Mittellateinisch

236 *Mittellateinisches Wörterbuch bis zum ausgehenden 13. Jahrhundert.* In Gemeinschaft m. d. Akad. d. Wiss. zu Göttingen, Heidelberg, Leipzig, Mainz, Wien u. d. Schweiz. Geisteswiss. Gesell. hrsg. v. d. Bayer. Akad. d. Wiss. u. d. Dt. Akad. d. Wiss. zu Berlin. [Geplant 4 Bde]. München 1959 ff.
Bisher: Bd 1. A—B. 1967. XI, 820 S. — Bd 2. in Lfgn.

Mittelhochdeutsch

237 G. F. Benecke, W. Müller u. F. Zarncke: *Mittelhochdeutsches Wörterbuch.* 3 Bde. Leipzig 1854—66; Nachdr. Hildesheim 1963.
Berücksichtigt vornehmlich poetische Denkmäler; mit den reichen Belegen noch heute wertvoll. — Dazu als Supplement (Verwertung von Prosadenkmälern des 15. Jahrh.) und alphabetischer Index:

238 M. Lexer: *Mittelhochdeutsches Handwörterbuch.* 3 Bde. Leipzig. 1872—78; Nachdr. Stuttgart 1965. 1970.

239 M. Lexer: *Mittelhochdeutsches Taschenwörterbuch.* 33. Aufl. [nebst] Nachträge unter Mithilfe v. W. Bachofer u. R. Leppin v. U. Pretzel. Stuttgart 1969. VIII, 415 S. [1. Aufl. 1879; 29. Aufl. 1959: Nachtr. 67 S.]. — 32. Aufl. Leipzig 1966. VIII, 415 S.
Gegenüber den früheren unveränderten Nachdrucken bietet der seit 1959 beigefügte Anhang mit über 8500 Neunennungen wesentliche Erweiterungen der Bedeutungsangaben. Dazu M. Lemmer: AfdA 73 (1960) S. 120—24.
Zu einem in Hamburg geplanten großen Mittelhochdeutschen Wörterbuch unter Einschluß des Frühmhd. vgl.:

240 H. L. Vogt: *Das mittelhochdeutsche Wörterbuch.* Editionsgrundsätze und Probeartikel. In: ZfdPh 80 (1961) S. 253—72.

241 *Corpus der altdeutschen Originalurkunden bis zum Jahre 1300.* Begr. v. F. Wilhelm, fortgef. v. R. Newald, hrsg. v. H. de Boor u. D. Haacke. 4 Bde. Lahr 1932—63.

Bd 1. 1200—1282 [Nr 1—564]. 1932; Bd 2. 1283—1292 [Nr 565—1657].
1943; Bd 3. 1293—1296 [Nr 1658—2559] 1957; Bd 4. 1297—Ende d. 13.
Jh.s [Nr 2560—3598], 1963. — Dazu: Abkürzungs- u. Literaturverzeichnis
(1957); Regesten zu den Bdn 1—4 (1963); Nachtragsband (seit 1963 in Lfgn).

Mittelniederdeutsch

242 K. Schiller u. A. Lübben: *Mittelniederdeutsches Wörterbuch*. 6 Bde.
Bremen 1875—82; Nachdr. Münster/Wiesbaden 1969.

243 A. Lübben: *Mittelniederdeutsches Handwörterbuch*. Leipzig 1888;
Nachdr. Darmstadt 1965. X, 559 S.

Wird ersetzt durch:

244 *Mittelniederdeutsches Handwörterbuch*. Begr. v. A. Lasch u. C.
Borchling, hrsg. v. G. Cordes. Bd 1, Lfg 1 ff. Neumünster 1926 ff.

Bisher: Bd 1. ⟨A—F/V.⟩ 1928/56; Bd 2, Lfg 1/5. ⟨gâ — körlik.⟩ 1933/65;
Bd 3, Lfg. 1/4 ⟨Sâbâot — stôten.⟩ 1959/68.

Mittelniederländisch

245 E. Verwijs u. J. Verdam: *Middelnederlandsch woordenboek*. Fortges. v. F. A. Stoett. 9 Bde. 's Gravenhage 1885—1929.

Etymologisch bedeutsam, über das Mittelniederländische hinausgehend. Seit
1941 Ergänzungsbände (Textkritik u. ä.).

Frühneuhochdeutsch

433.02
G 355

246 A. Götze: *Frühneuhochdeutsches Glossar*. 7. Aufl. Berlin 1967. XII,
240 S. [1. Aufl. 1912]. = Kl. Texte f. Vorlesungen u. Übungen. 101.

Auch in unveränderter Neuauflage (ohne Belege) wichtig, da wir ein einschlägiges Wörterbuch noch immer nicht besitzen. Als Ersatz dienen die
Wörterbuch zur nhd. Schriftsprache, besonders Nr 247.

Neuhochdeutsch

247 J. Grimm u. W. Grimm: *Deutsches Wörterbuch*. Hrsg. v. d. Dt. Akad.
d. Wiss. zu Berlin. 16 (= 32) Bde. Leipzig 1854—1960.

Das umfassendste nhd. Wörterbuch, mit ausführlichen Stellenzitaten aus
dem 16.—19. Jahrh. Langwierige Bearbeitung: nach dem Tode von Wilhelm
Grimm († 1853) u. Jacob Grimm († 1863) weitergeführt von K. Weigand
u. R. Hildebrand, später von M. Heyne u. M. Lexer, 1908 von der
Preußischen Akademie der Wissenschaften übernommen, tatkräftig von
A. Hübner u. Th. Frings gefördert; nach Überwindung der Kriegsnöte 1960
mit den letzten der 380 Lieferungen — zu Bd 14, Abt. 1, T. 2 — abgeschlossen. — Zur Geschichte: W. Schoof: WW 11 (1961) S. 82—88. — H.-F.
Rosenfeld: AdfA 80 (1968) S. 97—102.

Seit 1962 Neufassung der ersten Bände (mit den Buchstaben A—F) durch
die beiden Forschungsstellen in Ost-Berlin und Göttingen:

248 J. Grimm u. W. Grimm: *Deutsches Wörterbuch.* Neubearbeitung. Hrsg. von d. Dt. Akad. d. Wiss. zu Berlin in Zusammenarbeit mit d. Akad. d. Wiss. zu Göttingen. Lfg 1 ff. Leipzig 1965 ff. — Dazu:

249 J. Bahr: *Zur Neubearbeitung des Deutschen Wörterbuches.* In: ZfdW 18 (1962) S. 141—50.
Ergänzung:

250 *Quellenverzeichnis zum Deutschen Wörterbuch von Jacob und Wilhelm Grimm.* Hrsg. v. d. Dt. Akad. d. Wiss. zu Berlin in Zusammenarbeit mit der Akad. d. Wiss. zu Göttingen. Lfg 1 ff. Leipzig 1966 ff.

251 H. Paul: *Deutsches Wörterbuch.* 8. Aufl. v. A. Schirmer. Halle 1964. VII, 784 S. [1. Aufl. 1897].
Hauptziel die Bedeutungsgeschichte, namentlich im Hinblick auf den Wortschatz der klassischen Literaturperiode. — Parallellaufend:

252 H. Paul: *Deutsches Wörterbuch.* 5. Aufl., völlig neubearb. v. W. Betz. Tübingen 1966. X, 841 S. — 6. [= 5.] Aufl. = Studienausg. 1968.
Bei der Neubearbeitung ist Goethes Sprache besonders beachtet, zugleich auch die Entwicklung bis zur Gegenwart mit berücksichtigt. — Dazu W. Fleischhauer: JEGPh 60 (1961) S. 357—60; U. Horn: Beitr. 90 (Tüb. 1968) S. 390—41.

253 Trübners *Deutsches Wörterbuch.* Begr. v. A. Götze, hrsg. v. W. Mitzka. 8 Bde. Berlin 1939—57 [Bd 1—5: Nachdr. 1954].
Verzeichnet zur Wortgeschichte jeweils die wichtigsten Belege mit Literaturangaben; nicht immer gleichwertig.

254 K. Spalding: *An historical dictionary of German figurative usage.* Lfg 1 ff. Oxford 1952 ff.
Bisher: Bd 1: A—Dick. 1959. — 2: Dickicht—Gehen. 1967. — 3: Lfgn. 1970 ff.

255 *Wörterbuch der deutschen Gegenwartssprache.* Hrsg. v. R. Klappenbach u. W. Steinitz. Lfg 1 ff. Berlin 1961 ff. [Bd 1: 3. Aufl. 1967].
Hrsg. v. Institut f. dt. Sprache u. Lit. (Dt. Akad. d. Wiss. zu Berlin). — Ein Bedeutungswörterbuch (mit stilistischer Analyse des Wortschatzes), das die geschriebene und die nicht mundartlich gefärbte gesprochene Sprache unseres Jahrhunderts erfaßt, aber auch Werke seit der klassischen Zeit, soweit es sich dabei um heute noch gelesene Literatur handelt. Bisher: 1: A—deutsch. 1964. — 2. Deutsch—Glauben. 1967. — 3: Glauben—Lyzeum. 1969. — 4: bis 1971 4 Lfgn. Dazu H. Moser: DLZ 82 (1961) Sp. 1096—1100.

256 H. Küpper: *Wörterbuch der deutschen Umgangssprache.* 6 Bde. Hamburg 1955—67; Bd 6. Düsseldorf 1970.

257 E. Mater: *Rückläufiges Wörterbuch der deutschen Gegenwartssprache.* 3. Aufl. Leipzig 1971. 695 S. [1. Aufl. 1965].
Enthält etwa 138 000 vom Wortende her alphabetisierte Stichwörter der deutschen Sprache der Gegenwart.

257a *Wörter und Wendungen.* Wörterbuch zum deutschen Sprachgebrauch.
Hrsg. v. E. Agricola unter Mitwirk. v. H. Görner u. R. Küfner.
4. Aufl. Leipzig 1970. XXXII, 792 S. [1. Aufl. 1962].

Etymologische Wörterbücher

(margin note: Hum PF 3580 .K5 1963)

258 F. Kluge: *Etymologisches Wörterbuch der deutschen Sprache.* 20. Aufl.
v. W. Mitzka. Berlin 1967. XVI, 917 S. [1. Aufl. 1881/83].
Eine fruchtbare Verbindung von Etymologie u. Wortgeschichte in kurzen,
aber reichhaltigen Artikeln; in der Neubearbeitung durch sprachgeogra-
phische Hinweise ergänzt. Dazu H. Stopp: ZfdPh 88 (1969) S. 464—69.

259 Duden. *Etymologie. Herkunftswörterbuch der deutschen Sprache.*
Bearb. v. d. Dudenred. unter Leitung v. P. Grebe. Mannheim 1963.
816 S. = Der Große Duden. 7.
In Fortführung von K. Duden: *Etymologie der neuhochdeutschen Sprache*
(1893); achtet besonders auf die Begriffsbildung, Bedeutungsentwicklung u.
Verknüpfung der Wortgeschichte mit der Kultur- u. Geistesgeschichte.

Fremdwörterbücher

260 H. Schulz: *Deutsches Fremdwörterbuch.* Fortgef. v. O. Basler.
3 Bde. Straßburg, Berlin 1913 ff.
Bd 1. ⟨A—K.⟩ 1913; Bd 2. ⟨L—P.⟩ 1942; Bd 3. ⟨Q—Z.⟩ In Bearb.
Bietet Bedeutungsentwicklung u. Geschichte der Fremdwörter.

261 Duden. *Fremdwörterbuch.* Bearb. v. K.-H. Ahlheim. 2., erw. Aufl.
Mannheim 1966. 771 S. [1. Aufl. 1960]. = Der Große Duden. 5.

262 *Fremdwörterbuch.* Bearb. durch ein Kollektiv. Gesamtleit.: H. Klien.
9. Aufl. Leipzig 1965. 776 S. [1. Aufl. 1959].

Synonymwörterbücher

263 H. Wehrle: *Deutscher Wortschatz. Ein Wegweiser zum treffenden
Ausdruck.* 13. (= 12.) Aufl. v. H. Eggers. Stuttgart 1967. XXXI,
821 S. [1. Aufl. 1881; 12., neubearb. Aufl. 1961]. — Auch Fischer-TB.
953/54.
Mit systematisch geordneten Begriffsgruppen. Dazu (im Vergleich zu Nr 264):
P. v. Polenz: ZMF 31 (1964) S. 257—60.

264 F. Dornseiff: *Der deutsche Wortschatz nach Sachgruppen.* 7. [= 5.]
Aufl. Berlin 1970. 922 S. [1. Aufl. 1934].
Synonymische Wortschatzdarstellung in 20 Gruppen, wobei den Zugang ein
alphabetisches Generalregister (S. 525—922) erleichtert.

265 K. Peltzer: *Das treffende Wort.* Wörterbuch sinnverwandter Aus-
drücke. 8. Aufl. München 1964. 640 S. [1. Aufl. 1955].

266 DUDEN. *Vergleichendes Synonymwörterbuch.* Sinnverwandte Wörter und Wendungen. Bearb. v. P. GREBE und WOLFG. MÜLLER. Mannheim 1964. 792 S. = Der Große Duden. 8.
Anordnung der Synonymgruppe alphabetisch (nach dem allgemeinsten Wort einer jeden Gruppe).

Rechtschreibung

267 DUDEN. *Rechtschreibung der deutschen Sprache und der Fremdwörter.* 16. Aufl. Jubiläumsausg. Völlig neu bearb. v. d. Dudenred. unter Leit. v. P. GREBE. Mannheim 1967. 800 S. [1. Aufl. 1880]. = Der Große Duden. 1.

268 DER GROSSE DUDEN. *Wörterbuch und Leitfaden der deutschen Rechtschreibung.* Hrsg. v. H. KLIEN. 6. Nachdruck der 16. Aufl. Leipzig 1971. XXIX, 733 S.

Namenforschung

269 A. BACH: *Deutsche Namenkunde.* 3 Bde. Heidelberg 1952—56 [Bd 1: 1. Aufl. 1943].
1. Die dt. Personennamen. 2 Tle. 2. Aufl. 1952—53. XX, 331; XII, 296 S. [Bd 1, 1 S. 16—22 B]. — 2. Die dt. Ortsnamen. 2 Tle. 1953—54. XX, 451; XXIII, 615 S. [Bd 2, 1 S. 28—33 B]. — 3. Sachweiser u. Namenregister. Bearb. v. D. BERGER. 1956. 457 S. — Als Zusammenfassung der Forschungsergebnisse vieler Generationen bestes u. ausführlichstes Handbuch für Methodenlehre u. Bibliographie der dt. Namenforschung.

270 E. SCHWARZ: *Deutsche Namenforschung.* 2 Bde. Göttingen 1949—50.
1. Ruf- u. Familiennamen. 1949. 228 S. [S. 10—13, 209—10 B]. — 2. Orts- u. Flurnamen. 1950. 322 S. [S. 9—11, 251—58, 301—04 B].

271 E. SCHWARZ: *Orts- und Personennamen.* In: Dt. Philologie im Aufriß. 2. Aufl. Bd 2 (1957) Sp. 1523—98 [B].

272 E. FÖRSTEMANN: *Altdeutsches Namenbuch.* 2 Bde. 2./3. Aufl. Nordhausen [Bonn] 1900—16 [1. Aufl. 1856—59]; Nachdr. München/Hildesheim 1967.
1. Personennamen. 2. Aufl. 1900. [Reg.: Nhd. Familiennamen Sp. 1679 bis 1700.] — 2. Orts- u. sonstige geographische Namen. 3., um 100 Jahre ⟨1100—1200⟩ erw. Aufl. hrsg. v. H. JELLINGHAUS. 2 Tle. [nebst] Reg. Bonn 1913—16. [Bd 2, 1 Sp. 1—12; Bd 2, 2 Sp. 1591—94 B; Reg. Sp. 1595—1942.] — Dokumentationswerk für die Namenüberlieferung von den Anfängen bis etwa 1200; noch immer unentbehrlich. Dazu:

273 H. KAUFMANN: *Ergänzungband zu E. Förstemanns Personennamen.* München 1968. VIII, 437 S.

274 A. Socin: *Mittelhochdeutsches Namenbuch nach oberrheinischen Quellen des 12. u. 13. Jahrhunderts.* Basel 1903. XVI, 787 S.; Nachdr. Hildesheim 1966.

Auswahl entsprechend den alten Namen der Quellen. — Neuerdings für die Rheinlande:

275 M. Gysseling: *Toponymisch woordenboek van Belgie, Nederland, Luxemburg, Noord-Frankrijk en West-Duitsland ⟨voor 1226⟩.* 2 Tle. o. O. 1960.

278 M. Gottschald: *Deutsche Namenkunde.* Unsere Familiennamen nach ihrer Entstehung u. Bedeutung. 4. Aufl. m. Nachwort u. bibliograph. Nachtrag v. R. Schützeichel. Berlin 1971. 646 S. [1. Aufl. 1932].

279 M. Gottschald: *Die deutschen Personennamen.* 2. Aufl. Berlin 1955. 151 S. [1. Aufl. 1940]. = SG 422.

280 J. K. Brechenmacher: *Etymologisches Wörterbuch der deutschen Familiennamen.* 2 Bde. 2. Aufl. Glücksburg, [sp.] Limburg 1957—63.

Behandelt Herkunft u. Bedeutung der Namen mit urkundlichen Zeugnissen. 1. Aufl. u. d. T.: *Dt. Sippennamen.* 5 Bde. 1936.

Historische Grammatiken / Texte

Urgermanisch

281 H. Krahe: *Germanische Sprachwissenschaft.* 3 Bde. 7. Aufl. [Bd 1—2] von W. Meid. Berlin 1969. [Bd 1—2: 1. Aufl. 1942]. = SG 238, 780, 1218/1218b.

1. Einleitung u. Lautlehre. 148 S. — 2. Formenlehre. 155 S. — 3. W. Meid: Wortbildungslehre. 270 S.

282 H. Hirt: *Handbuch des Urgermanischen.* 3 Tle. Heidelberg 1931—34.

1. Laut- u. Akzentlehre. 1931. VIII, 168 S. — 2. Stammbildungs- u. Flexionslehre. 1932. VII, 200 S. — 3. Abriß der Syntax. 1934. XII, 231 S.

283 W. Streitberg: *Urgermanische Grammatik.* Einf. in d. vergleich. Studium d. altgerm. Dialekte. 3., unveränd. Aufl. Heidelberg 1963. XX, 372 S. [1. Aufl. 1896].

284 E. Prokosch: *A comparative Germanic grammar.* Philadelphia 1939. 353 S.

285 F. Kluge: *Nominale Stammbildungslehre der altgermanischen Dialekte.* 3. Aufl. v. L. Sütterlin u. E. Ochs. Halle 1926. XI, 155 S. [1. Aufl. 1886].

286 F. Kluge: *Urgermanisch.* Vorgesch. d. altgerm. Dialekte. 3. Aufl. Straßburg 1913. 289 S. [1. Aufl. 1889]. = Grundr. d. germ. Phil. [Neue Bearb.] 2.

2. Darstellungen zur deutschen Sprach- und Literaturwissenschaft

Gotisch

287 W. BRAUNE: *Gotische Grammatik*. Mit Lesestücken u. Wörterverzeichnis. 17. Aufl., neu bearb. v. E. A. EBBINGHAUS. Tübingen 1966. XII, 200 S. [1. Aufl. 1880].

288 W. KRAUSE: *Handbuch des Gotischen*. 3., neubearb. Aufl. München 1968. XX, 320 S. [1. Aufl. 1953].

289 H. KRAHE: *Historische Laut- und Formenlehre des Gotischen*. Zugl. e. Einführung in die germanische Sprachwissenschaft. 2. Aufl. v. E. SEEBOLD. Heidelberg 1967. 151 S. [1. Aufl. 1948].

290 H. HEMPEL: *Gotisches Elementarbuch*. Grammatik, Texte mit Übersetzung und Erläuterungen. 4. Aufl. Berlin 1966. 169 S. [1. Aufl. 1937]. = SG 79/79a.

291 E. STUTZ: *Gotische Literaturdenkmäler*. Stuttgart 1966. VIII, 91 S. = SM 48.

Altnordisch

292 A. NOREEN: *Altnordische Grammatik. 1. Altisländische u. altnorwegische Grammatik* ⟨Laut- u. Flexionslehre⟩ unter Berücks. d. Urnord. 5. Aufl. Tübingen 1970. XIV, 466 S. [1. Aufl. Halle 1884].

293 A. NOREEN: *Altnordische Grammatik. 2. Altschwedische Grammatik* m. Einschluß d. Altgutnischen. Halle 1897—1904. 624 S.
Noch immer die wichtigsten, stoffreichsten altnordischen Grammatiken.

294 W. KRAUSE: *Abriß der altwestnordischen Grammatik*. Halle 1948. 124 S.

295 S. GUTENBRUNNER: *Historische Laut- u. Formenlehre des Altisländischen*. Zugleich e. Einf. in das Urnordische. Heidelberg 1951. XII, 172 S.

296 A. HEUSLER: *Altisländisches Elementarbuch*. 7. Aufl. Heidelberg 1968. XVI, 240 S. [1. Aufl. 1913].

297 F. RANKE: *Altnordisches Elementarbuch*. Einführung, Grammatik, Texte m. Übers. u. Wörterbuch. 3., völlig umgearb. Aufl. v. D. HOFMANN. Berlin 1967. 205 S. [1. Aufl. 1937]. = SG 1115/1115b.

298 W. H. WOLF-ROTTKAY: *Altnordisch-isländisches Lesebuch*. München 1968. 176 S.

Altenglisch

299 K. BRUNNER: *Altenglische Grammatik*. Nach d. angelsächs. Grammatik v. E. SIEVERS [1882] neu bearb. [1942]. 3. Aufl. Tübingen 1965. XI, 436 S.

300 E. Sievers: *Abriß der altenglischen (angelsächsischen) Grammatik.* Neu bearb. v. K. Brunner [1941]. 16. Aufl. Tübingen 1963. 90 S. [1. Aufl. 1895].

301 A. Campbell: *Old English grammar.* Oxford 1959. XIV, 423 S.

302 M. Förster: *Altenglisches Lesebuch für Anfänger.* 5. Aufl. Heidelberg 1949. 75 S. [1. Aufl. 1913].

303 M. Lehnert: *Altenglisches Elementarbuch.* Einf., Grammatik, Texte m. Übers. u. Wörterbuch. 7. Aufl. Berlin 1969. 179 S. [1. Aufl. 1939]. = SG 1125.

Althochdeutsch

304 W. Braune: *Althochdeutsche Grammatik.* Fortgef. v. K. Helm. 12. Aufl. v. W. Mitzka. Tübingen 1967. XII, 349 S. [1. Aufl. 1886].
Beste, rein beschreibende ahd. Grammatik für Vorgeschrittene. Mit reichen Literaturverweisen zur neueren Forschung, auch zur frühdeutschen Sprachgeschichte. Dazu St. Sonderegger: AfdA 71 (1958/59) S. 145—57.

305 G. Baesecke: *Einführung in das Althochdeutsche.* Laut- u. Flexionslehre. München 1918. 285 S.
Keine ‚Einführung‘ im eigentlichen Sinne; ahd. u. mhd. Kenntnisse werden vorausgesetzt.

306 J. Schatz: *Althochdeutsche Grammatik.* Göttingen 1927. 352 S.

307 W. Braune: *Abriß der althochdeutschen Grammatik mit Berücksichtigung des Altsächsischen.* 13. Aufl. v. E. A. Ebbinghaus. Tübingen 1970. 68 S. [1. Aufl. 1891].
Knappe, übersichtliche Einführung (über das Ahd. u. As. hinaus bis zum Got.) für den Anfänger.

308 J. Schatz: *Altbairische Grammatik.* Göttingen 1907. 183 S.

309 J. Franck: *Altfränkische Grammatik.* Laut- u. Flexionslehre. 2. Aufl. mit Nachträgen u. Lit.verz. v. R. Schützeichel. Göttingen 1971. 336 S. [1. Aufl. 1909].

310 W. Braune: *Althochdeutsches Lesebuch (mit Wörterbuch).* Fortgef. v. K. Helm. 15. Aufl. v. E. A. Ebbinghaus. Tübingen 1969. VIII, 259 S. [1. Aufl. 1875].

311 *Schrifttafeln zum althochdeutschen Lesebuch.* Hrsg. u. erl. v. H. Fischer. Tübingen 1966. III, 26 S. Text u. 24 S. Abb.

312 H. Naumann: *Althochdeutsches Elementarbuch.* Grammatik u. Texte. 4. Aufl. v. W. Betz. Berlin 1967. 183 S. [1. Aufl. 1937]. = SG 1111/1111a.

313 H. Mettke: *Altdeutsche Texte.* Leipzig 1970. 487 S.

2. Darstellungen zur deutschen Sprach- und Literaturwissenschaft

Altsächsisch

314 J. H. Gallée: *Altsächsische Grammatik.* 1. Hälfte. Laut- u. Formenlehre. 2. Aufl. Eingel. u. mit Reg. vers. v. J. Lochner. Halle 1910.
XI, 352 S. [1. Aufl. 1891]

315 F. Holthausen: *Altsächsisches Elementarbuch.* 2. Aufl. Heidelberg
1921. XV, 240 S. [1. Aufl. 1900].
Vgl. auch Nr 307.

Altfriesisch

316 W. Steller: *Abriß der altfriesischen Grammatik.* Mit Berücks. der
westgermanischen Dialekte des Altenglischen, Altsächsischen u. Althochdeutschen. Mit Lesestücken u. Wortverzeichnis. Halle 1928. XIV,
184 S.

317 B. Sjölin: *Einführung in das Friesische.* Stuttgart 1969. VIII, 76 S.
= SM 86.

Mittelhochdeutsch

318 H. Paul: *Mittelhochdeutsche Grammatik.* 20. Aufl. v. H. Moser u.
I. Schröbler. Tübingen 1969. XL, 502 S. [1. Aufl. 1881].
In den neueren Aufl. wesentlich die Mundartforschung berücksichtigt. Mit
der 20. Aufl., die den gegenwärtigen Bedürfnissen des Studiums Rechnung
trägt, sind auch Hinweise auf neuere Methoden der Sprachforschung gege-
ben. Die Satzlehre von O. Behagel (1939) ist durch eine völlig neu konzi-
pierte Syntax von I. Schröbler ersetzt.

319 O. Mausser: *Mittelhochdeutsche Grammatik auf vergleichender
Grundlage.* Mit bes. Berücks. d. Althochdeutschen, Urgermanischen,
Urwestgermanischen, Urindogermanischen u. d. Mundarten. 3 Tle.
München 1932—33. Neudruck Wiesbaden 1971.
1. Dialektgrammatik. 1932. 158 S. — 2. Hist. Lautlehre. 1932. S. 159—482.
— 3. Laut- u. Formenlehre nebst Syntax. 1933. S. 483—1374. — Ausführ-
lichste mhd. Grammatik.

320 K. Weinhold: *Mittelhochdeutsche Grammatik.* Nachdr. d. 2. Aufl.
von 1883. Paderborn 1967. 604 S.

321 K. Weinhold: *Kleine mittelhochdeutsche Grammatik.* Fortgef. v.
G. Ehrismann, neubearb. v. H. Moser. 15. Aufl. Wien 1968. VIII,
176 S. [1. Aufl. 1881].

322 J. Zupitza: *Einführung in das Studium des Mittelhochdeutschen.* Ein
Lehr- u. Lernbuch für die Studierenden d. dt. Philologie u. zum
Selbstunterricht. Fortgef. v. F. Nobiling, neu bearb. v. F. Tschirch.
3. Aufl. Jena 1963. XIII, 197 S. [1. Aufl. 1868; 15. Aufl. 1942. Neubearb. 1951].

323 K. Helm: *Abriß der mittelhochdeutschen Grammatik.* 3. Aufl. v. E. A. Ebbinghaus. Tübingen 1966. VIII, 60 S. [1. Aufl. 1951].

324 H. de Boor u. R. Wisniewski: *Mittelhochdeutsche Grammatik.* 6. Aufl. Berlin 1969. 150 S. [1. Aufl. 1956]. = SG 1108.

325 H. Mettke: *Mittelhochdeutsche Grammatik.* 3. Aufl. Halle 1970. 272 S. [1. Aufl. 1964].

326 E. Oksaar: *Mittelhochdeutsch.* Texte, Kommentare, Sprachkunde, Wörterbuch. Stockholm 1965. 546 S.

327 V. Michels: *Mittelhochdeutsches Elementarbuch.* 3./4. Aufl. Heidelberg 1921. 343 S. [1. Aufl. 1900].

328 C. Wesle u. H. Stolte: *Mittelhochdeutsches Lesebuch.* 2. Aufl. Gotha 1952. 211 S. [1. Aufl. 1949].

329 F. Saran: *Das Übersetzen aus dem Mittelhochdeutschen.* 5. Aufl. v. B. Nagel. Tübingen 1967. XVII, 219 S. [1. Aufl. 1930].

Mittelniederdeutsch

330 A. Lasch: *Mittelniederdeutsche Grammatik.* Halle 1914. XI, 286 S.

331 Chr. Sarauw: *Niederdeutsche Forschungen.* 2 Bde. København 1921—24.

1. Vergleichende Lautlehre der nd. Mundarten im Stammlande. 1921. 432 S. — 2. Die Flexionen der mnd. Sprache. 1924. 284 S.

332 W. Stammler: *Mittelniederdeutsches Lesebuch.* Hamburg 1921. 148 S. S. 133—47 *B;* ergänzt in: GRM 13 (1925) S. 423—50.

Mittelniederländisch

333 M. Schönfeld: *Historische grammatica van het Nederlands.* Schets van de klankleer, vormleer en woordforming. 7. druk v. A. van Loey. Zutphen 1964. LV, 367 S. [1. Aufl. 1921].

334 J. Franck: *Mittelniederländische Grammatik.* Mit Lesestücken u. Glossar. 2. neubearb. Aufl. Arnhem 1967. XI, 295 S. [1. Aufl. 1883].

Frühneuhochdeutsch

335 V. Moser: *Frühneuhochdeutsche Grammatik.* Bd 1, T. 1 u. 3. Heidelberg 1929—51. [Mehr nicht ersch.]

1. Lautlehre. T. 1. Orthographie, Betonung, Stammsilbenvokale. 1929. XLV, 215 S. [S. XVIII—XLIII *B*]; T. 3. Konsonanten. 2. Hälfte. 1951. XX, 332 S. [S. 289—97 *B*]. — Infolge des Todes des Verfassers († 1951) fehlt das wichtige Mittelstück dieser auch für das Spätmittelhochdeutsche unentbehrlichen Grammatik. Dazu A. Schirokauer: AfdA 66 (1952/53) S. 132—40.

336 H. Moser u. H. Stopp: *Grammatik des Frühneuhochdeutschen.* Beiträge zur Laut- u. Formenlehre. Bd I/1: *Vokalismus der Nebensilben I.* Bearb. v. K. O. Sauerbeck. Heidelberg 1970. XIV, 364 S.

Fortsetzung der unvollständigen Grammatik von V. Moser [Nr 335] nach deren Anlage.

337 K. Brooke: *An introduction to Early New High German.* Oxford 1955. LXVIII, 155 S.

338 A. Götze: *Frühneuhochdeutsches Lesebuch.* 5. Aufl. v. H. Volz. Göttingen 1968. IV, 172 S. [1. Aufl. 1920].

339 G. Kettmann: *Frühneuhochdeutsche Texte.* Leipzig 1971. 304 S.

Neuhochdeutsche Grammatik

340 H. Paul: *Deutsche Grammatik.* 5 Bde. 4./6. Aufl. Halle 1959. [1. Aufl. 1916—20].

1. Geschichtl. Einleitung. Lautlehre. XIX, 378 S. — 2. Flexionslehre. 352 S. — 3/4. Syntax. 464, 432 S. — 5. Wortbildungslehre. VI, 142 S. — Wie Pauls *Prinzipien der Sprachgeschichte* [s. Nr 8] repräsentatives Werk der Junggrammatik, das über das Altdeutsche in die Literatursprache des 18. Jahrhunderts einführt.

341 H. Stolte: *Kurze deutsche Grammatik.* Auf Grund der fünfbändigen deutschen Grammatik von H. Paul. 3. Aufl. Tübingen 1962. 522 S. [1. Aufl. 1949].

Knappe, klare Zusammenfassung; doch empfiehlt es sich, den einleitenden Teil (über die geschichtlichen Grundlagen) in der meisterlichen Darstellung von H. Paul nachzulesen.

342 G. O. Curme: *A grammar of the German language.* 3. Aufl. New York 1952. XII, 623 S. [1. Aufl. 1905].

343 J. van Dam: *Handbuch der deutschen Sprache.* 2 Bde. 4./5. Aufl. Groningen 1961—63. 268; 489 S. [1. Aufl. 1937—40].

344 J. Fourquet: *Grammaire de l'allemand.* Neuausg. Paris 1970. 292 S. [1. Aufl. 1952].

345 P. Jørgensen: *Tysk grammatik.* 3 Bde. 2. Aufl. København 1962—64. 254; 197; 229 S. [1. Aufl., 2 Bde, 1953—59]. — Engl. v. G. Kolisko u. F. P. Pickering u. d. T.: *German grammar.* 2 Bde. 2. Aufl. New York 1963. 246; 186 S. [1. Aufl. 1959].

346 I. Dal: *Kurze deutsche Syntax auf historischer Grundlage.* 3. Aufl. Tübingen 1966. IX, 228 S. [1. Aufl. 1952].

347 *Das Ringen um eine neue deutsche Grammatik.* Aufsätze aus drei Jahrzehnten ⟨1929—1959⟩. Hrsg. v. H. Moser. Darmstadt 1962. VII, 526 S. = Wege der Forschung. 25.

435
C93
1953

348 W. JUNG: *Grammatik der deutschen Sprache.* 4. Aufl. Leipzig 1971. XVI, 518 S. [1. Aufl. 1953].

349 DUDEN. *Grammatik der deutschen Gegenwartssprache.* Neu bearb. v. P. GREBE. 2. Aufl. Mannheim 1966. 774 S. [1. Aufl. 1959]. = Der Große Duden. 4.

350 H. GLINZ: *Die innere Form des Deutschen. Eine neue deutsche Grammatik.* 5. Aufl. Bern 1968. 505 S.; 16 S. Beil. [1. Aufl. 1952].

351 H. GLINZ: *Der deutsche Satz.* Wortarten u. Satzglieder wissenschaftlich gefaßt u. dichterisch gedeutet. 6. Aufl. Düsseldorf 1970. 208 S. [1. Aufl. 1957].

352 H. GLINZ: *Deutsche Syntax.* 3. erg. Aufl. Stuttgart 1970. XII, 124 S. [1. Aufl. 1965]. = SM 43.

353 H. RENICKE: *Grundlegung der neuhochdeutschen Grammatik.* Zeitlichkeit — Wort und Satz. 2. Aufl. Berlin 1966. 186 S. [1. Aufl. 1961].

354 W. SCHMIDT: *Grundfragen der deutschen Grammatik.* Eine Einführung in die funktionale Sprachlehre. Berlin 1965. 323 S.

355 J. ERBEN: *Abriß der deutschen Grammatik.* 10. Aufl. Berlin 1967. XIII, 316 S. [1. Aufl. 1958].

356 J. ERBEN: *Deutsche Grammatik.* Ein Leitfaden. Frankfurt/Hamburg 1969. 191 S. = Fischer-TB. 6051.

357 W. ADMONI: *Der deutsche Sprachbau.* 3. Aufl. München 1970. X, 322 S. [1. Aufl. Moskau/Leningrad 1960].

358 H. BRINKMANN: *Die deutsche Sprache.* Gestalt und Leistung. 2. umgearb. Aufl. Düsseldorf 1971. XXXI, 939 S. [1. Aufl. 1963]. = Sprache u. Gemeinschaft. 1.

Linguistik des Deutschen

Mit der Aufnahme der — vor allem strukturalistischen — Linguistik als Lehrfach an den meisten deutschen Universitäten ist der Bedarf an deutschsprachigen und auf die deutsche Sprache als Gegenstand bezogenen Einführungen gewachsen. Neben den zahlreichen Übersetzungen allgemeiner Darstellungen erschienen in den letzten Jahren mehr oder weniger eigenständige Versuche, von denen die wichtigsten aufgeführt werden. Ihre didaktisch-wissenschaftliche Erprobung und Bewährung steht noch aus, die Liste ist vorläufig. Eine fundierte Gesamtdarstellung gibt es bisher nicht. Wir bringen zunächst Titel zu Stand, Aufgaben und Methoden und danach einführende Darstellungen.

Stand, Aufgaben, Methoden

359 H. GLINZ: *Sprachwissenschaft heute.* Aufgaben und Möglichkeiten. 2. erw. Aufl. Stuttgart 1971. 124 S. [1. Aufl. 1967]. = Texte Metzler. 4.

360 *Vorschläge für eine strukturale Grammatik des Deutschen.* Hrsg. v.
H. STEGER. Darmstadt 1970. 585 S. = Wege der Forschung. 146.

361 *Thesen über die theoretischen Grundlagen einer wissenschaftlichen
Grammatik.* In: Studia grammatica 1. 5. Aufl. Berlin 1967. S. 9—30.
[1. Aufl. 1962].

362 P. v. POLENZ: *Gibt es eine germanistische Linguistik?* In: Ansichten
einer künftigen Germanistik. München 1971, S. 153—171 [s. Nr 174].
Zum Verhältnis von Diachronie und Synchronie vgl. den Sammelband:

363 *Sprache. Gegenwart und Geschichte.* Probleme der Synchronie und
Diachronie. Düsseldorf 1969. 250 S. = Sprache d. Gegenwart 5. Jb. d.
Inst. f. dt. Sprache. Düsseldorf 1968.

364 R. KING: *Historical linguistics and generative grammar.* Englewood
Cliffs 1969. — Dt. v. S. STELZER u. d. T.: *Generative Grammatik und
historische Linguistik.* Frankfurt 1971. 250 S. = Schwerpunkte Linguistik u. Kommunikationswiss. 5.

365 H. D. ERLINGER: *Sprachwissenschaft und Schulgrammatik.* Strukturen
und Ergebnisse von 1900 bis zur Gegenwart. Düsseldorf 1969. 295 S.

366 H. STEGER: *Synchrone Sprachbeschreibung.* Einige Probleme der
gegenwärtigen Grammatiktheorie. In: Diskussion Deutsch 2 (1971),
H. 3. S. 1—26.

Einführungen

367 E. COSERIU: *Einführung in die Strukturelle Linguistik.* Vorlesung
gehalten im WS 67/68 an der Univ. Tübingen. Autor. Nachschrift
besorgt v. G. NARR und R. WINDISCH. Tübingen 1969. 154 S.

368 E. COSERIU: *Einführung in die Transformationelle Grammatik.* Vorlesung gehalten im SS 68 an der Universität Tübingen. Autor. Nachschr.
besorgt v. G. NARR u. R. WINDISCH. 2. Aufl. Tübingen 1969. 76 S.
(Fotodruck).

369 O. WERNER: *Einführung in die strukturelle Beschreibung des Deutschen.* Teil I. Tübingen 1970. IX, 96 S. = Germanistische Arbeitshefte. 1.

370 J. BECHERT / D. CLÉMENT / W. THÜMMEL / K. H. WAGNER: *Einführung in die generative Transformationsgrammatik.* Ein Lehrbuch.
2. Aufl. München 1971. 238 S. [1. Aufl. 1970]. = Linguistische Reihe. 2.

371 H. BÜHLER / G. FRITZ / W. HERRLITZ / F. HUNDSNURSCHER u. a.: *Linguistik I.* Lehr- und Übungsbuch zur Einführung in die Sprachwissenschaft. 2. Aufl. Tübingen 1971. VI, 153 S. [1. Aufl. 1970]. = Germanistische Arbeitshefte. 5.

372 K.-D. BÜNTING: *Einführung in die Linguistik.* Frankfurt 1971. 207 S.
— Dazu: *Übungsbuch z. Einf. in die Linguistik.* Frankfurt 1971. 180 S.

373 F. HUNDSNURSCHER: *Neuere Methoden der Semantik.* Eine Einführung anhand deutscher Beispiele. Tübingen 1970. VIII, 112 S. = Germanistische Arbeitshefte. 2.

374 H.-J. HERINGER: *Theorie der deutschen Syntax.* München 1970. 274 S. — Kurzfassung u. d. T.:

375 H.-J. HERINGER: *Deutsche Syntax.* Berlin 1970. 140 S. = SG 1246/ 1246 a.

376 H. GLINZ: *Deutsche Grammatik.* 3 Bde. Frankfurt 1970 ff.
Bisher: 1. Satz, Verb, Modus, Tempus. 1970. 159 S. — 2. Kasussyntax. Nominalstrukturen, Wortarten, Kasusfremdes. 1971. 252 S. — 3. In Vorber.: Zusammengesetzter Satz.

377 E. COSERIU: *Einführung in die strukturelle Betrachtung des Wortschatzes.* Hrsg. v. G. NARR. Tübingen 1970. 124 S. = Tübinger Beiträge z. Linguistik. 14.

Dialektologie

Bahnbrechend die Unternehmen des Marburger Forschungsinstituts für deutsche Sprache ⟨Deutscher Sprachatlas⟩; vgl. besonders Nr 378/380, 382/384.

Quellen

378 *Deutscher Sprachatlas auf Grund des von G. Wenker begründeten Sprachatlas des Deutschen Reichs und mit Einschluß von Luxemburg.* Bearb. v. F. WREDE, W. MITZKA u. B. MARTIN. 23 Lfgn. Marburg 1927—56.
Unter den nationalsprachlichen Atlanten der Sprachatlas mit dem dichtesten Belegnetz (Fragebogenerhebung in fast 50 000 Schulorten). Dazu:

379 W. MITZKA: *Handbuch zum Deutschen Sprachatlas.* Marburg 1952. 180 S.

380 *Deutscher Sprachatlas. Regionale Sprachatlanten.* Hrsg. v. Forschungsinst. f. dt. Sprache. Nr 1 ff. Marburg 1962 ff.
Ergänzung zu Nr 378. Für das Gesamtwerk, das alle dt. Sprachgebiete erfassen soll, sind über 60 Bde geplant. Bisher: Nr 1, T. 1/2: *Siebenbürgisch-Deutscher Sprachatlas* (1962/64); Nr 2: *Luxemburgischer Sprachatlas* (1963); Nr 3: *Tirolischer Sprachatlas.* Bd 1—2 (1965—69); Nr 4: *Schlesischer Sprachatlas.* Bd 1 u. 2 (1965/67).

381 *Sprachatlas der deutschen Schweiz.* Begr. v. H. BAUMGARTNER u. R. HOTZENKÖCHERLE. Hrsg. v. R. HOTZENKÖCHERLE. Bd 1 ff. Bern 1962 ff. — Bis 1971 4 Bde.

382 W. MITZKA [Bd 5 ff.: u.] L. E. SCHMITT: *Deutscher Wortatlas.* Bd 1 ff. Gießen 1951 ff. [Bis 1971: 18 Bde.]
Die wortgeographische Ergänzung zu WENKERS Laut- u. Formenatlas [s. Nr 378], nach der gleichen Aufnahmemethode.

2. Darstellungen zur deutschen Sprach- und Literaturwissenschaft

Reihen

383 *Deutsche Dialektgeographie. Untersuchungen zum Deutschen Sprachatlas.* Begr. v. F. WREDE, fortgef. v. W. MITZKA, hrsg. v. B. MARTIN u. L. E. SCHMITT. Bd 1 ff. Marburg 1908 ff.

384 *Deutsche Wortforschung in europäischen Bezügen. Untersuchungen zum Deutschen Wortatlas.* Hrsg. v. L. E. SCHMITT. Bd 1 ff. Gießen 1958 ff.

Darstellungen [B]

385 A. BACH: *Deutsche Mundartforschung.* Ihre Wege, Ergebnisse u. Aufgaben. Eine Einführung. 3. Aufl. Heidelberg 1969. XV, 335 S. [1. Aufl. 1934].

386 B. MARTIN: *Die deutschen Mundarten.* 2. Aufl. Marburg 1959. VIII, 187 S. [1. Aufl. 1939].

387 E. SCHWARZ: *Die deutschen Mundarten.* Göttingen 1950. 202 S.

388 W. HENZEN: *Schriftsprache und Mundarten.* Ein Überblick über ihr Verhältnis u. ihre Zwischenstufen im Deutschen. 2. Aufl. Bern 1954. 303 S. [1. Aufl. 1938].

389 V. M. SCHIRMUNSKI: *Deutsche Mundartkunde.* Vergleichende Laut- u. Formenlehre der deutschen Mundarten. Aus d. Russischen [übers. u. wissenschaftl. bearb. v. W. FLEISCHER]. Berlin 1962. XV, 662 S. [Russisch Moskva 1956]. = Veröffentlichungen d. Inst. f. dt. Sprache u. Lit. d. Akad. d. Wiss. zu Berlin. 25.

390 J. GOOSSENS: *Strukturelle Sprachgeographie.* Eine Einführung in Methodik und Ergebnisse. Heidelberg 1969. 148 S. = Sprachwiss. Studienbücher. 2.

Einführende Beiträge im Sammelwerk *Dt. Philologie im Aufriß.* 2. Aufl. [s. Nr 169]:

391 W. MITZKA: *Hochdeutsche Mundarten.* Bd 1 (1957) Sp. 1599—1728.

392 W. FOERSTE: *Niederdeutsche Mundarten.* Bd 1 (1957) Sp. 1729—1898.

393 W. KROGMANN: *Die friesische Sprache.* Bd 1 (1957) Sp. 1899—1930.

Dazu:

394 B. MARTIN: *Die hochdeutsche Mundartdichtung.* Bd 2 (1960) Sp. 2351—2404.

395 G. CORDES: *Niederdeutsche Mundartdichtung.* Bd 2 (1960) Sp. 2405—2444.

396 W. KROGMANN: *Friesische Dichtung.* Bd 2 (1960) Sp. 2445—2472.

Grundsätzlich:

397 K. WAGNER: *Mundartdichtung.* In: Reallexikon der dt. Literaturgeschichte. Bd 2 (1961) S. 442—47 [B] [s. Nr 438]. — Dazu daselbst die Artikel: Mundartdichtung, alemannische — M., bairisch-österreichische — M., hessische — M., niederdeutsche — M., ostfränkische — M., preußische — M., rheinische — M., schlesische — M., schwäbische — M., thüringisch-obersächsische.

Wörterbücher

Alemannisch

398 *Schweizerisches Idiotikon.* Hrsg. v. F. STAUB, L. TOBLER [u. a.]. Frauenfeld
399 1881 ff. [bisher: Bd 1—13 ff.]. — *Schwäbisches Wörterbuch.* Hrsg. v. H. FI-
400 SCHER u. W. PFLEIDERER. 6 Bde. Tübingen 1904—36. — *Badisches Wörter-*
buch. Hrsg. v. E. OCHS u. K. F. MÜLLER. Lahr 1925 ff. [bisher: Lfg
401 1—30 ff.]. — *Vorarlbergisches Wörterbuch mit Einschluß des Fürstentums*
Liechtenstein. Hrsg. v. L. JUTZ. 2 Bde. Wien 1956—65.

Bairisch und Südostdeutsch

402 *Wörterbuch der Tiroler Mundarten.* Begr. v. J. SCHATZ, hrsg. v. K. FINSTER-
403 WALDER. 2 Bde. Innsbruck 1955—56. — *Bayerisch-Österreichisches Wörter-*
buch. I. Österreich. Wörterbuch der bairischen Mundarten in Österreich. Hrsg.
v. V. DOLLMAYR, E. KRANZMAYER [u. a.]. Wien 1963 ff. [bisher: Lfg 1—3 ff.].

Westmitteldeutsch

404 *Hessen-Nassauisches Volkswörterbuch.* Hrsg. v. L. BERTHOLD. Marburg
405 1927 ff. [bisher: Bd 2—4 ff.]. — *Rheinisches Wörterbuch.* Hrsg. v. J. MÜL-
LER, K. MEISEN, H. DITTMAIER [u. a.]. Bonn 1928 ff. [bisher: Bd 1—9 ff.]. —
406 *Luxemburger Wörterbuch.* Luxemburg 1950 ff. [bisher: Bd 1—6 ff.]. —
407 *Pfälzisches Wörterbuch.* Begr. v. E. CHRISTMANN, bearb. v. J. KRÄMER. Wies-
408 baden 1965 ff. [bisher: Bd 1, Lfg 1 ff.]. — *Südhessisches Wörterbuch.* Begr.
v. F. MAURER, bearb. v. R. MULCH. Marburg 1965 ff. [bisher: Bd 1, Lfg 1 ff.].

Ostmitteldeutsch

409 *Schlesisches Wörterbuch.* Bearb. v. W. MITZKA. 3 Bde. Berlin 1962—65. —
410 *Thüringisches Wörterbuch.* Bearb. unter Leitung v. K. SPANGENBERG im Inst.
f. Mundartforschung U. Jena. Bd 1, Lfg 1 ff. Berlin 1966 ff.

Westniederdeutsch

411 *Lüneburger Wörterbuch.* Hrsg. v. E. KÜCK. 3 Bde Neumünster 1942—1967. —
412 *Niedersächsisches Wörterbuch.* Bd 1, hrsg. v. W. JUNGANDREAS [u. a.];
Bd 2, Lfg 8 ff. hrsg. v. H. WESCHE [u. a.]. Neumünster 1953 ff. — *Ham-*
413 *burgisches Wörterbuch.* Hrsg. v. HANS KUHN u. U. PRETZEL, bearb. v. K.
SCHEEL. Neumünster 1956 ff. [bisher: Lfg 1 ff.]. — *Hadeler Wörterbuch.*
414 Hrsg. v. H. TEUT. 4 Bde. Neumünster 1959. — *Hochdeutsch-plattdeutsches*
415 *Wörterbuch.* Hrsg. v. O. BUURMANN. Neumünster 1962 ff. [bisher: Bd
1—9 ff.].

Ostniederdeutsch

416 *Mecklenburgisches Wörterbuch.* Bearb. v. R. WOSSIDLO u. H. TEUCHERT. Neu-
417 münster 1937 ff. [bisher: Bd 1—5 ff.]. — *Wörterbuch der Teltower Volks-*
sprache. Hrsg. v. W. LADEMANN. Berlin 1956.

Phonetik/Sprechkunde

418 I. WEITHASE: *Zur Geschichte der gesprochenen deutschen Sprache.*
2 Bde. Tübingen 1961. 575; 218 S.
Ergänzt die von der Schriftsprache ausgehenden Darstellungen der Geschichte der dt. Sprache [s. Nr 183/84] von der Seite der gesprochenen Sprache; Bd 2: Anmerkungen, Lit'verzeichnis, Personen- u. Sachregister.

419 W. VIËTOR: *Elemente der Phonetik des Deutschen, Englischen u. Französischen.* 7. Aufl. v. E. A. MEYER. Leipzig 1923. XI, 424 S.

420 H.-H. WÄNGLER: *Atlas deutscher Sprachlaute.* 4. Aufl. Berlin 1968.
55 S., 29 Taf. [1. Aufl. 1958].

421 H.-H. WÄNGLER: *Grundriß der Phonetik des Deutschen m. e. allg.*
Einführung in die Phonetik. 2. Aufl. Marburg 1967. VIII, 250 S.
[1. Aufl. 1960].

422 SIEBS. *Deutsche Aussprache.* Reine und gemäßigte Hochlautung mit
Aussprachewörterbuch. Hrsg. v. H. DE BOOR, H. MOSER u. CHR. WINKLER. 19., umgearb. Aufl. v. TH. SIEBS: Deutsche Hochsprache. Bühnenaussprache. Berlin 1969. IX, 494 S. [1. Aufl. 1898].
Nach einer systematischen Darstellung (Allgemeines zur Hochlautung, Laute im einzelnen, Wortbetonung, Klanggestalt des Satzes, Anwendung und Abweichungen) folgt ein ausführliches Wörterverzeichnis (S. 163—494). Erneute Umarbeitung des ‚Siebs‘ (1. mit der 16. Aufl. 1957); früher u. d. T.:
Dt. Bühnenaussprache.

423 DUDEN. *Aussprachewörterbuch.* Bearb. v. M. MANGOLD u. P. GREBE.
Mannheim 1962. 827 S. = Der Große Duden. 6.

424 *Wörterbuch der deutschen Aussprache.* Hrsg. vom Inst. f. Sprechkunde
d. Martin-Luther-Universität Halle-Wittenberg unter Leitung von
H. KRECH. 2. Aufl. Leipzig (auch München) 1969. 549 S. [1. Aufl.
1964].

425 W. WITTSACK: *Sprechkunde.* In: Dt. Philologie im Aufriß. 2. Aufl.
Bd 1 (1957) Sp. 1481—1422 [B].

426 CHR. WINKLER: *Deutsche Sprechkunde und Sprecherziehung.* Mit Beiträgen v. E. ESSEN. 2., umgearb. Aufl. Düsseldorf 1969. 574 S. [B
S. 16 f. u. passim]. [1. Aufl. 1954].

427 J. JESCH: *Grundlagen der Sprecherziehung.* Berlin 1967. 93 S. = SG
1122.

428 CHR. WINKLER: *Gesprochene Dichtung.* Textdeutung u. Sprechanweisung. Düsseldorf 1958. 223; 48 S.

429 H. FIUKOWSKI: *Sprecherzieherisches Elementarbuch.* Leipzig 1967.
XVII, 420 S.
S. 1—80: Einf. in die Grundlagen d. Sprechens. — S. 81—414: Übungsteil.
S. 418—420 Bibl.

Vgl. auch Nr 52—63; Nr 742.

Stilistik

Vgl. dazu die unter Nr 84—88 genannten Diskussionsbeiträge zum Verhältnis von Sprach- und Literaturwissenschaft; zu Rhetorik und Metaphorik s. Nr 145/47.

430 H. SEIDLER: *Allgemeine Stilistik.* 2. Aufl. Göttingen 1963. 359 S. [1. Aufl. 1953].

431 E. RIESEL: *Stilistik der deutschen Sprache.* 2. Aufl. Moskau 1963. 486 S. [1. Aufl. 1959].

432 W. SCHNEIDER: *Stilistische deutsche Grammatik.* Die Stilwerte der Wortarten, der Worstellung u. des Satzes. 5. Aufl. Freiburg/Basel/ Wien 1969. XII, 521 S. [1. Aufl. 1959].

433 *Einführung in die Methodik der Stiluntersuchung.* Ein Lehr- und Übungsbuch für Studierende. Verfaßt v. e. Autorenkollektiv u. Ltg. v. G. MICHEL. Berlin/Ost 1968. 219 S.

434 D. FAULSEIT / G. KÜHN: *Stilistische Mittel und Möglichkeiten der deutschen Sprache.* 4. Aufl. Leipzig 1969. 293 S. [1. Aufl. 1961].

435 E. RIESEL: *Der Stil der deutschen Alltagsrede.* Hrsg. v. W. DIETZE. Leipzig 1970. 367 S. = Recl. Univ. Bibl. 376.

436 DUDEN. *Stilwörterbuch der deutschen Sprache.* 6. Aufl. v. G. DROSDOWSKI [u. a.]. 2. Aufl. Mannheim 1970. 864 S. = Der Große Duden. 2.

437 *Stilwörterbuch.* Leipzig 1966. XVI, 1286 S.

Bearb. v. d. Germanisten d. Inst. f. Sprachpflege u. Wortforschung der Univ. Jena, gel. v. H. BECKER.

c) Deutsche Literaturwissenschaft

Real- und Literaturlexika

Als wegweisendes Sachwörterbuch zur Literaturforschung erweist sich das vornehmlich nach form- und stilgeschichtlichen Gesichtspunkten angelegte *Reallexikon der deutschen Literaturgeschichte;* in der Zeit nach dem Ersten Weltkrieg ins Leben gerufen und seit 1955 in Lieferungen neu herausgegeben (mit Ergänzungen der bibliographischen Angaben):

438 *Reallexikon der deutschen Literaturgeschichte.* Begr. v. P. MERKER u. W. STAMMLER. 2. Aufl. neu bearb. u. unter redakt Mitarb. v. K. KANZOG sowie unter Mitw. zahlreicher Fachgelehrter hrsg. v. W. KOHLSCHMIDT u. W. MOHR. Bd 1 ff. Berlin 1958 ff. [1. Aufl. 4 Bde. 1925—31].

2. Darstellungen zur deutschen Sprach- und Literaturwissenschaft

Bisher: Bd 1. ⟨A—K.⟩ 1958; Bd 2. ⟨L—O.⟩ 1964; Bd 3 in Lfgn. — Einbezogen in den thematischen Umkreis: Allgemeine Literaturwissenschaft, Epochen u. Strömungen, literarische Gattungen u. ä. Zur Ergänzung kann mit Gewinn die erste Auflage herangezogen werden, da diese zahlreiche Artikel verzeichnet, die in der Zweitauflage nicht aufgenommen sind.

Ein umfassendes Literatur-Lexikon stellt der »KOSCH« dar, der in den ersten beiden Ausgaben (1927/30: 2 Bde, 1949/58: 4 Bde) auch Sachartikel bietet, jedoch in der einbändige Ausgabe (1963) sowie in der völligen Neubearbeitung (seit 1966 in Lieferungen), deren Gesamtumfang 8 Bde betragen soll, sich als ein Schriftsteller-Lexikon ausweist:

439 W. KOSCH: *Deutsches Literatur-Lexikon*. Biographisches u. bibliographisches Handbuch. 4 Bde. 2. Aufl. Bern 1949—58 [1. Aufl. 2 Bde. 1927—30].

Bd 1. ⟨A—H.⟩ 1949; Bd 2. ⟨H—M.⟩ 1953; Bd 3 ⟨M—Sp.⟩ 1956; Bd 4. ⟨Sp—Z. Nachtr.⟩ 1958. — Aufgenommen sind Dichter u. Schriftsteller, auch Germanisten, Memoirenschreiber, Publizisten; weiterhin Stoffe u. Motive, Liederanfänge, Buchtitel, Fachausdrücke, Zeitschriften, Zeitungen u. a. m.

440 *Deutsches Literatur-Lexikon*. Biographisch-bibliographisches Handbuch. Begr. v. W. KOSCH. 3. Aufl. Hrsg. v. B. BERGER u. H. RUPP. Bd 1, Lfg 1 ff. Bern/München 1966 ff.

Unter Verzicht auf die Sachartikel (Gedichtanfänge, Zitate, Ortsnamen, Stoffe, Motive, Probleme) Erweiterung der Nomenklatur: ausschließlich Artikel über Autoren (Dichter, Essayisten), wobei die ältere Abteilung von H. ZIMMERMANN und die neuere Abteilung von B. BERGER unter Mitarbeit v. H.-P. LINDER bearbeitet wird. — Bisher: Bd 1. ⟨Aal—Bremeneck⟩ 1968. XII, 1024 Sp.; Bd 2 ⟨Bremer—Davidis⟩ 1969. VIII, 1024 Sp.; Bd 3 ⟨Davidis—Eichendorff⟩ 1971. VIII, 1048 Sp.

Solange dieses breit angelegte Nachschlagewerk nicht abgeschlossen ist, dienen zur ersten Orientierung über Schriftsteller:

441 W. KOSCH/B. BERGER: *Deutsches Literatur-Lexikon*. Ausg. in einem Bd. Bern/München 1963. 511 S.

442 G. v. WILPERT: *Deutsches Dichterlexikon*. Biographisch-bibliographisches Handwörterbuch z. dt. Literaturgeschichte. Stuttgart 1963. XI, 657 S. = KTA 288.

Erweiterter Auszug aus Nr 162.

443 *Lexikon deutschsprachiger Schriftsteller von den Anfängen bis zur Gegenwart*. Hrsg. v. G. ALBRECHT, K. BÖTTCHER [u. a.]. 2 Bde. Leipzig 1967/68.

1./5. Aufl. u. d. T.: *Deutsches Schriftstellerlexikon*. 1960—64.

Poetik

444 B. MARKWARDT: *Geschichte der deutschen Poetik.* 5 Bde. Berlin
1937—66. = Grundr. d. germ. Phil. [Neue Bearb.] 13, 1/5.
1. Barock u. Frühaufklärung. 3. Aufl. 1964. XII, 512 S. — 2. Aufklärung,
Rokoko, Sturm u. Drang. 2. Aufl. 1970. VIII, 692 S. — 3. Klassik u. Romantik. 1958. VIII, 730 S. — 4. Das neunzehnte Jahrh. 1959. VIII, 750 S. —
5. Das zwanzigste Jahrh. 1967. VIII, 1032 S. — Historisch erschöpfende Darstellung mit einer Fülle des Materials und wegweisenden Einzeluntersuchungen kunsttheoretischer Begriffe. Dazu ist als Ergänzung geplant: *Strukturen
und Perspektiven des dichterischen Kunstwollens in der Gegenwart.*

Interpretation

Für das Interpretieren deutscher Dichtungen sind folgende Beiträge
wegweisend:

445 H. O. BURGER: *Methodische Probleme der Interpretation.* In: GRM 32
(1950/51) S. 81—92.

446 E. STAIGER: *Die Kunst der Interpretation.* In: Neophilologus 35 (1951)
S. 1—15 [auch in der nach diesem Vortrag betitelten Aufsatzsammlung von
E. STAIGER: *Die Kunst der Interpretation.* Zürich 1955. S. 9—33; 5. Aufl.
1967].

447 E. TRUNZ: *Über das Interpretieren deutscher Dichtungen.* In: Studium Generale 5 (1952) S. 65—68.

448 A. CLOSS: *Gedanken zur Auslegung von Gedichten.* In: DVj 27 (1953)
S. 268—288.

449 C. HESELHAUS: *Auslegung und Erkenntnis. Zur Methode der Interpretations-
kunde und der Strukturanalyse.* In: Gestaltprobleme der Dichtung. Festschrift
f. G. Müller. Bonn 1957. S. 259—282.

450 HUGO KUHN: *Interpretationslehre.* In: Unterscheidung und Bewahrung.
Festschrift f. H. Kunisch. Berlin 1961. S. 196—217.

451 E. STAIGER: *Das Problem der wissenschaftlichen Interpretation von Dicht-
werken.* In: Worte und Werte. Festschrift f. B. Markwardt. Berlin 1961.
S. 355—358.

452 W. HÖLLERER: *Möglichkeiten der Interpretation literarischer Werke.* In:
Orbis Litterarum 19 (1964) S. 49—65.

453 H. P. H. TEESING: *Der Standort des Interpreten.* Ebda S. 31—46.

454 *Die Werkinterpretation.* Hrsg. v. H. ENDERS. Darmstadt 1967. XV,
394 S.
Sammlung von 15 Aufsätzen, darunter auch Nr 445 u. 446.

455 A. BEHRMANN: *Einführung in die Analyse von Prosatexten.* 2. Aufl.
Stuttgart 1968. IX, 91 [1. Aufl. 1967]. = SM 59.

456 A. Behrmann: *Einführung in die Analyse von Verstexten.* Stuttgart
1970. VIII, 110 S. = SM 89.
Dazu Sammlungen (literarhistorisch eingeordneter) Interpretationen: Lyrik
[= Nr 591/95]; Roman, Novelle [= Nr 618/21]; Drama [= Nr 640/41].

Verslehre

457 A. Heusler: *Deutsche Versgeschichte mit Einschluß des altenglischen
und altnordischen Stabreimverses.* 3 Bde. 2. [= 1.] Aufl. Berlin 1956
[1. Aufl. 1925—29]; Nachdruck 1968. = Grundr. d. germ. Phil.
[Neue Bearb.] 8, 1/3.

1. Einführendes. Grundbegriffe d. Verslehre. Der altgerm. Vers. V, 314 S. —
2. Der altdt. Vers. VII, 341 S. — 3. Der frühneudt. Vers. Der neudt. Vers.
V, 427 S. — Noch immer unentbehrliches Lehrbuch; ausgehend (im Gegensatz zu Saran u. Sievers) insbesondere von dem Gedanken, daß der Vers
nur als takthaltiges Gebilde zu erfassen ist.

458 O. Paul: *Deutsche Metrik.* 8. Aufl. v. I. Glier. München 1971. 191 S.
[1. Aufl. 1930].

459 F. Saran: *Deutsche Verskunst.* Ein Handbuch f. Schule, Sprechsaal,
Bühne. Unter Mitw. v. P. Habermann hrsg. v. A. Riemann. Berlin
1934. XIII, 425 S.

460 W. Kayser: *Kleine deutsche Versschule.* 14. Aufl. Bern 1969. 123 S.
[1. Aufl. 1946]. = Dalp-TB 306.

461 E. Arndt: *Deutsche Verslehre.* Ein Abriß. 5. Aufl. 1968. 259 S.
[1. Aufl. 1959].

462 S. Beyschlag: *Altdeutsche Verskunst in Grundzügen.* 6., neubearb.
Aufl. der *Metrik der mhd. Blütezeit in Grundzügen.* Nürnberg 1969.
108 S. [1. Aufl. 1950].

463 K. von See: *Germanische Verskunst.* Stuttgart 1967. VI, 80 S. =
SM 67.

464 W. Hoffmann: *Altdeutsche Metrik.* Stuttgart 1967. IX, 104 S. =
SM 64.

465 G. Storz: *Der Vers in der neueren deutschen Dichtung.* Stuttgart 1970.
240 S. = Reclams Univ.-Bibl. 7926—28.

466 U. Pretzel: *Deutsche Verskunst.* Mit e. Beitr. über altdeutsche Stro-
phik v. H. Thomas. In: Dt. Philologie im Aufriß. 2. Aufl. Bd 3 (1962)
Sp. 2357—2546.
Mit äußerst ergiebiger, kritischer Bibliographie (Sp. 2521—46).

467 F. Neumann: *Deutsche Literatur bis 1500: Versgeschichte (Metrik).*
In: Kurzer Grundriß d. germ. Phil. bis 1500. Bd 2 (1971) S. 608—665.
[s. Nr 170].
Einschlägige Artikel [*B*] im *Reallexikon d. dt. Lit'gesch.* [s. Nr 438]:

Akrostichon — Akzent — Anagramm — Antike Versmaße u. Strophen-
(Oden-)formen im Deutschen — Blankvers — Brechung — Deutsche Vers-
maße u. Strophenformen — Freie Rhythmen — Hebung u. Senkung —
Hiatus — Kadenz u. a.

Literaturgeschichte in ihrer Gesamtheit

Darstellungen *eines* Bearbeiters

Zunächst waren es Schulmänner (KOBERSTEIN), Historiker (GERVI-
NUS), Theologen (VILMAR), Publizisten (LAUBE) oder Dichter (EICHEN-
DORFF), die gegenüber der „Allgemeinen Literärgeschichte" den Aus-
bau der n a t i o n a l e n Literaturgeschichte vollzogen. Das epochemachende Werk lieferte der Berliner Germanist WILHELM SCHERER,
der die Literaturgeschichte mit der Philologie aufs engste verband:

468 W. SCHERER: *Geschichte der deutschen Literatur.* Berlin 1883. XII,
814 S.; u. ö.

SCHERERS Werk wurde nach seinem Tode (1886) von E. SCHRÖDER betreut (zuletzt: 16. Aufl. 1927); daneben seit 1918 von O. WALZEL erweitert
(zuletzt: 4. Aufl. 1928), zugleich von J. KÖRNER mit einer stoffreichen
Bibliographie versehen (1921; 1928), deren 3. Aufl. (1949) in selbständiger
Form zu einem unentbehrlichen Nachschlagewerk wurde u. d. T.: *Bibliographisches Handbuch des deutschen Schrifttums* [s. Nr 749].

Neuere Darstellungen aus der Feder e i n e s Bearbeiters ver-
mögen infolge der zunehmenden Ausweitung der literaturwissenschaftlichen Forschung nur noch gedrängte Übersichten zu geben.
Als eine Ausnahme hebt sich heraus:

469 J. NADLER: *Literaturgeschichte der deutschen Stämme und Landschaften. 3 Bde. Regensburg 1912—18. — 4., neubearb. Aufl. u. d. T.:
Literaturgeschichte des deutschen Volkes. Dichtung u. Schrifttum der
deutschen Stämme und Landschaften.* 4 Bde. Berlin 1938—41.

Besonders wertvoll durch den Nachweis vieler noch unerforschter Dichter
des 17. Jahrh.; mit reichhaltiger Bibliographie. Stammeskundliche Literatur-
betrachtung (im Hinblick auf die tendenziös erweiterte, im Dritten Reich
erschienene 4. Aufl. umstritten).

Knappe Kompendien, die zur schnellen Information dienen:

470 G. FRICKE u. V. KLOTZ: *Geschichte der deutschen Dichtung.* 14. Aufl.
Lübeck 1968. 542 S. [1. Aufl. 1942].

471 F. MARTINI: *Deutsche Literaturgeschichte von den Anfängen bis zur
Gegenwart.* 15. Aufl. Stuttgart 1968. 697 S. [1. Aufl. 1949]. =
KTA 196.

472 O. MANN: *Deutsche Literaturgeschichte.* Epochen u. Meister d. dt. Lit. von der germanischen Dichtung bis zur Gegenwart. Gütersloh 1964. 640 S.

Vgl. auch Nr 394/97; weitere Darstellungen s. HBG (1959) S. 41—43, 68—73.

G e m e i n s c h a f t s u n t e r n e h m e n

Standardwerke unserer Wissenschaft sind die g e m e i n s c h a f t - l i c h e n Arbeiten, die im Laufe der letzten Jahrzehnte entstanden sind aus dem Bestreben, die reichen Ergebnisse der Einzelforschung nach inneren Zusammenhängen auszuwerten und darzustellen. Als breit angelegte, hinsichtlich der verschiedenen Spezialgebiete auf mehrere Verfasser gestützte Unternehmen heben sich hervor:

473 *Epochen der deutschen Literatur.* Geschichtliche Darstellungen. 6 Bde. Stuttgart 1912—40; 2. Aufl. 1922 bzw. 1947 ff. 6 (geteilte) Bde [nebst] Materialienbände.

Dem derzeitigen Forschungsstand kommen nahe: Bd 2, 1 [= Nr 531]; 2, 2 [= Nr 532]; 3, 1 [= Nr 546]; 3, 2 [= Nr 547]; 4, 1/2 [= 553]. In Neubearbeitung: Bd 1 (Mittelalter), 5 (Biedermeier. Realismus), 6 (Naturalismus. Expressionismus); davon Bd 5, 2 erschienen [= Nr 560]. — Vornehmlich geistesgeschichtliche Epochendarstellungen; mit unterschiedlichem Schrifttumsnachweis, am reichhaltigsten Bd 2, 1 u. 5, 2.

474 *Grundriß der deutschen Literaturgeschichte.* 2 Bde. Berlin 1920—22. [Mehr nicht ersch.]

Abgezweigt von PAULS *Grundriß d. germ. Philologie* [s. Nr 168]. — 1. W. v. UNWERTH u. TH. SIEBS: Geschichte d. dt. Lit. bis zur Mitte d. 11. Jahrh. 1920. IX, 261 S. — 2. F. VOGT: Geschichte d. mittelhochdt. Lit. 1. Frühmittelhochdt. Zeit. Blütezeit I: Das höfische Epos bis auf Gottfried von Straßburg. 1922. X, 363 S.

475 H. DE BOOR u. R. NEWALD (†): *Geschichte der deutschen Literatur von den Anfängen bis zur Gegenwart.* [Geplant] 8 Bde. München 1949 ff.; 4. u. weitere Aufl. 1960 ff.

Bisher Bd 1 [= Nr 497]; 2 [= Nr 498]; 3, 1 [= Nr 499]; 4, 1 [= Nr 529]; 5 [= Nr 535]; 6, 1 [= Nr 548]. — Trotz der Fülle des Stoffes klare, gut gegliederte Darstellung. Bei dem Bestreben, Kenntnisse nicht vorauszusetzen, sondern zu vermitteln, kommt es den Verfassern nicht darauf an, „neue Ergebnisse vorzulegen, neue Methoden oder Betrachtungsweisen zu erproben"; sie wünschen vielmehr, „die Summe aus der heute gültigen Forschung zu ziehen und sie so übersichtlich geordnet darzubieten, daß der Studierende ein geschlossenes Bild erhält und zugleich Ausgangspunkt und Anstoß für die eigene Arbeit findet". Reichhaltige Bibliographie.

476 *Geschichte der deutschen Literatur von den Anfängen bis zur Gegenwart.* Hrsg. v. K. GYSI [u. a.]. Kollektiv f. Lit'gesch. [Geplant] 11 Bde. Berlin 1960 ff. — Bibliographische Erg.-Bde: s. Nr 750.

Bisher: Bd 1, 1/2 [= Nr 500]; 4 [= Nr 536]; 5 [= Nr 537]. — Wertung der dt. Lit. vom Standpunkt des Marxismus-Leninismus. Mit reichhaltiger Bibliographie. — Solange dieses breit angelegte Unternehmen nicht abgeschlossen ist, sei auf die (von zahlreichen Fachwissenschaftlern bearbeitete) marxistisch fundierte Gesamtdarstellung verwiesen:

477 *Deutsche Literaturgeschichte in einem Band.* Hrsg. v. H. J. GEERDTS. 4. (= 1.) Aufl. Berlin 1970. 768 S. [1. Aufl. 1965].

478 *Geschichte der deutschen Literatur von den Anfängen bis zur Gegenwart.* [Geplant] 4 Bde. Stuttgart 1965 ff.

Bewertet die form- u. stilgeschichtlichen Linien ebenso wie die ideen- u. motivgeschichtlichen Zusammenhänge. — Bisher: Bd 2 [= Nr 539].

479 *Geschichte der deutschen Literatur.* [Geplant] 9 Bde. Hrsg.: H. RÜDI-GER. Gütersloh 1966 ff.

Deutsche Literatur nicht als Nationalliteratur gesehen, sondern als Glied der abendländischen Literatur (mit Umriß der politischen u. gesellschaftlichen Situation). — Bisher: Epoche 1730/85 [= Nr 550], 1820/85 [= Nr 559].

480 *Handbuch der deutschen Literaturgeschichte.* Abt. 1—3. Bern/München 1969 ff.

Abt. 1: Darstellungen. [Geplant] 4 Bde. — Abt. 2: Bibliographien [s. Nr 751]. — Abt. 3: Sonderprobleme. [Geplant].

Vgl. auch: *Handbuch der Literaturwissenschaft.* Hrsg. v. O. WALZEL. [s. Nr 152]. — *Geschichte der deutschen Literatur* [s. Nr 504].

Neben diesen auf eine Reihe von Einzelbänden ausgeweiteten Gesamtdarstellungen sind in der Nachkriegszeit als einbändige Gemeinschaftsarbeiten in Erscheinung getreten:

481 *Annalen der deutschen Literatur. Geschichte der deutschen Literatur von den Anfängen bis zur Gegenwart.* Eine Gemeinschaftsarbeit zahlreicher Fachgelehrter hrsg. v. H. O. BURGER. 2. Aufl. Stuttgart 1970. XVI, 844 S. [1. Aufl. 1952].

Die 2. Aufl. erscheint in 3 Einzellieferungen. Gliederung s. Nr 509; 540; 561. — Ziel der *Annalen:* Chronologie und Synchronismus der Literaturwerke, wobei „Interpretation der Werke und Interpretation der Zeittafel Hand in Hand gehen".

482 *Deutsche Literaturgeschichte in Grundzügen.* Die Epochen dt. Dichtung in Darstellungen v. L. BERIGER [u. a.]. Hrsg. v. B. BOESCH. 3., neu bearb. Aufl. Bern 1967. 500 S. [1. Aufl. 1946].

H. RUPP: Die Literatur der Karolingerzeit. DERS.: Die Lit. bis zum Beginn der höfischen Dichtung ⟨900—1170⟩. F. RANKE (†): Die höfisch-ritterliche Dichtung ⟨1160—1250⟩. B. BOESCH: Die Lit. des Spätmittelalters ⟨1250 bis 1500⟩. L. BERIGER: Das Zeitalter des Humanismus u. der Reformation. G. WEYDT: Der Barock. M. WEHRLI: Das Zeitalter der Aufklärung. W. KOHL-SCHMIDT: Sturm u. Drang. DERS.: Die Klassik. DERS.: Die Romantik.

2. Darstellungen zur deutschen Sprach- und Literaturwissenschaft

K. FEHR Der Realismus ⟨1830—1885⟩. A. BETTEX: Die moderne Lit. ⟨von 1885 bis zur Gegenwart⟩. — Eine Aufsatzfolge (kein kurzgefaßtes Lehr- oder Handbuch), die dem Studenten u. Deutschlehrer „Beispiele literar- geschichtlicher Sehweise" an die Hand geben möchte. Knappe Literatur- nachweise.

Gemeinschaftswerke ausländischer Autoren:

483 TH. C. VAN STOCKUM / J. VAN DAM: *Geschichte der deutschen Litera- tur.* 2 Bde. 3. Aufl. Groningen 1961 [1. Aufl. 1934—35].

1. Von den Anfängen bis zum 18. Jahrh. 365 S. — 2. Vom 18. Jahrh. bis zur Gegenwart. 367 S.

484 Z. ZYGULSKI / M. SZYROCKI: *Geschichte der deutschen Literatur.* 4 Bde. Wrocław 1958—62.

1. Die dt. Lit. von den Anfängen bis zum 15. Jahrh. 1962. 159 S. — 2. Die dt. Lit. von der 2. Hälfte d. 15. bis zum Ausgang d. 17. Jahrh. 1958. 248 S. — 3. Die dt. Lit. vom Ausgang d. 17. Jahrh. bis zu Schillers Tod. 1959. 319 S. — 4. Die dt. Lit. von Schillers Tode bis zur Gegenwart. 1961. 444 S.

485 J. G. ROBERTSON: *A history of German literature.* 5. ed. by E. PUR- DIE, with the assistance of W. I. LUCAS and M. O'C. WALSHE. Edin- burgh, London 1966. XVI, 720 S. [1. Aufl. 1902]. — Dt. v. G. RAABE u. d. T.: J. G. ROBERTSON / E. PURDIE: *Geschichte der deutschen Lite- ratur.* Mit e. Beitr. v. C. DAVID: *Die zeitgenössische Literatur 1890 bis 1945.* Vorw. v. W. KILLY. Göttingen 1968. 768 S.

486 *Histoire de la littérature allemande.* Sous la dir. de F. MOSSÉ par G. ZINK, M. GRAVIER, P. GRAPPIN, H. PLARD, C. DAVID. Paris 1959. 1032 S.

Hilfsmittel

Tabellenwerke:

487 H. A. FRENZEL u. E. FRENZEL: *Daten deutscher Dichtung.* Chronolo- gischer Abriß der deutschen Literaturgeschichte von den Anfängen bis zur Gegenwart. 3. Aufl. Köln 1962. XV, 516 S. [1. Aufl. 1953]. — Auch als Taschenbuchausg. (dtv): 2 Bde. 1962. 310; 313 S.

Bietet nicht nur Werkangaben, sondern kennzeichnet auch die Epochen, denen die Werke chronologisch zugeordnet sind. — Ähnlich nach Geschichtszahlen angelegt, thematisch veranschaulicht in graphischen Übersichten:

488 F. SCHMITT: *Deutsche Literaturgeschichte in Tabellen.* Unter Mitarb. v. G. FRICKE. 3 Tle. Bonn 1949—52; 2. Aufl. 1960 ff.

T. 1. ⟨750—1450.⟩ 1949. 182 S. — T. 2. ⟨1450—1770.⟩ 2. Aufl. 1960. VI, 243 S. — T. 3. ⟨1770 bis zur Gegenwart.⟩ 1952. 306 S. — Gekürzt für den schulischen Gebrauch:

489 FRITZ SCHMITT / J. GÖRES: *Abriß der deutschen Literaturgeschichte in Tabellen.* 5. Aufl. Bonn 1969. 344 S. [1. Aufl. v. F. SCHMITT / G. FRICKE. 1955].

Titelbücher:

490 M. Schneider: *Deutsches Titelbuch.* Ein Hilfsmittel zum Nachweis von Verfassern deutscher Literaturwerke. 2. Aufl. Berlin 1927. 798 S.; Nachdr. 1965.

Buchtitel u. Gedichtanfänge in alphabetischer Anordnung; mit Decknamen-Verzeichnis, Verfasser- u. Sachregister. — Früher u. d. T.: *Von wem ist das doch?!* [3. Aufl. 1909]. — Fortsetzung:

491 H.-J. Ahnert: *Deutsches Titelbuch 2.* Ein Hilfsmittel zum Nachweis von Verfassern deutscher Literaturwerke 1915—1965 mit Nachträgen und Berichtigungen zum Deutschen Titelbuch für die Zeit von 1900 bis 1914. Berlin 1966. XII, 636 S.

Aufgenommen etwa 24 000 Titel; dazu ein Stichwörterverzeichnis.

Abbildungswerke:

492 G. Könnecke: *Bilderatlas zur Geschichte der deutschen National-literatur.* 2. Aufl. Marburg 1895; 1912. XXVI, 426 S. [1. Aufl. 1887].

493 G. v. Wilpert: *Deutsche Literatur in Bildern.* 2. Aufl. Mit 970 Abb. Stuttgart 1965. VIII, 352 S. [1. Aufl. 1957].

494 *Deutsche Literaturgeschichte in Bildern.* Eine Darstellung von den Anfängen bis zur Gegenwart. Hrsg. v. G. Albrecht, K. Böttcher [u. a.]. Leipzig 1969. 366 S. m. 683 Abb.

Literaturgeschichte nach Epochen

Seit der Begründung der Germanistik [s. S. 39] hat die epochengeschichtliche Forschung immer mehr „Neuland" entdeckt. Zunächst stand das Mittel-alter einerseits und die Goethezeit andererseits im besonderen Interesse der Literaturgeschichtsschreibung. Um die Wende vom 19. zum 20. Jahrhundert blühte die Romantikforschung auf, der sich die Erforschung des 19. Jahrhunderts ⟨1830—1880⟩ anschloß. In den zwanziger Jahren gewann durch die Literaturwissenschaft als Geistesgeschichte die Barockforschung große Bedeutung, in unseren Tagen rückt die Betrachtung des 20. Jahrhunderts immer stärker in den Vordergrund.

Mittelalter

Den Zugang zur altdeutschen Literatur wie überhaupt zur Erforschung des mittelalterlichen Geisteslebens erleichtert als alphabetisch angelegtes Nachschlagewerk:

495 *Die deutsche Literatur des Mittelalters. Verfasserlexikon.* Unter Mitarb. zahlreicher Fachgenossen hrsg. v. W. Stammler [Bd 3 ff.: K. Langosch]. 5 Bde. Berlin 1933—55.

2. Darstellungen zur deutschen Sprach- und Literaturwissenschaft

Bd 1. ⟨A—F.⟩ 1933; Bd 2. ⟨G—K.⟩ 1936; Bd 3. ⟨L—R.⟩ 1943; Bd 4. ⟨S—Z.⟩ 1953; Bd 5. ⟨Nachträge.⟩ 1955. Die überaus zahlreichen, übersichtlich gegliederten Artikel sind nahezu erschöpfend mit einschlägigem Schrifttum und, falls angängig, auch mit handschriftlichem Material versehen. Bei der Benutzung ist der Nachtragsband zu beachten, mit dem das *Verfasserlexikon* auf einen neueren Forschungsstand — bis etwa 1954 — gebracht ist. Dazu Nachträge von G. Eis u. G. Keil: Studia Neoph. 30 (1958) S. 232—50; ebda 31 (1959) S. 219—42; Beitr. 83 (Tüb. 1961) S. 167—226; weiterhin (im Hinblick auf preußische Schriftsteller) von U. Arnold: ebda 88 (1966) S. 143—58.

496 G. Ehrismann: *Geschichte der deutschen Literatur bis zum Ausgang des Mittelalters.* 2 Tle (= 4 Bde). München 1918—35; unveränd. Nachdr. 1959. = Handbuch d. dt. Unterrichts. 6.

T. 1. Die althochdt. Lit. 1918. 2. Aufl. 1932. XI, 474 S. — T. 2, 1. Die mittelhochdt. Lit. Frühmittelhochdt. Zeit. 1922. XVIII, 358 S. — T. 2, 2/1. Blütezeit, 1. Hälfte. 1927. XVII, 350 S. — T. 2, 2/2. Blütezeit, 2. Hälfte. Spätmittelhochdt. Lit. d. 14. u. 15. Jahrh. 1935. XVIII, 699 S. — In stofflicher wie auch in bibliographischer Hinsicht ein für Studium und Forschung unentbehrliches Handbuch.

497 H. de Boor: *Die deutsche Literatur von Karl dem Großen bis zum Beginn der höfischen Dichtung* ⟨770—1170⟩. 8. (= 4.) Aufl. mit e. bibliogr. Anh. v. D. Haacke. München 1970. 295 S. [1. Aufl. 1949]. — Forts.:

498 H. de Boor: *Die höfische Literatur. Vorbereitung, Blüte, Ausklang* ⟨1170—1250⟩. 8. (= 4.) Aufl. mit e. bibliogr. Anh. v. D. Haacke. 1969. 464 S. [1. Aufl. 1953]. — Forts.:

499 H. de Boor: *Die deutsche Literatur im späten Mittelalter. Zerfall u. Neubeginn* ⟨1250—1400⟩. T. 1: 1250 bis 1350. 3. (= 1.) Aufl. 1966. 590 S. [1. Aufl. 1962]. = H. de Boor u. R. Newald: Gesch. d. dt. Lit. 1/3, 1 [s. Nr 475].

Bewährtes Lehrbuch; vgl. die Anm. zu Nr 475. — Forts. (Bd 3, Teil 2: 1350—1400) in Vorb.

500 E. Erb: *Geschichte der deutschen Literatur von den Anfängen bis 1160.* Bd 1, 1/2. Berlin 1963—64. XVI, 448; S. 449—1147. = Gesch. d. dt. Lit. Hrsg. v. K. Gysi [u. a.]. 1, 1/2 [s. Nr 476].

Forts. ⟨1480—1700⟩: Nr 536/37.

501 A. Heusler: *Die altgermanische Dichtung.* Nachdr. d. 2. Aufl. Darmstadt 1957. 250 S. [1. Aufl. 1923]. = Handb. d. Lit'wiss. [s. Nr 152].

502 G. Baesecke: *Vor- und Frühgeschichte des deutschen Schrifttums.* Bd 1 u. 2, Lfg 1/2. Halle 1940—53. [Mehr nicht ersch.]

1. Vorgeschichte d. dt. Schrifttums. 1940. XIV, 557 S. — 2. Frühgeschichte d. dt. Schrifttums. Lfg. 1. 1950; Lfg 2, hrsg. v. I. Schröbler. 1953.

503 J. Schwietering: *Die deutsche Dichtung des Mittelalters.* 2., unveränd. Aufl. Darmstadt 1957. 311 S. [1. Aufl. 1941]. = Handb. d. Lit'wiss. [s. Nr 152].

504 H. Schneider: *Heldendichtung, Geistlichendichtung, Ritterdichtung.* 2. Aufl. Heidelberg 1943. XVI, 604 S. [1. Aufl. 1925]. = Gesch. d. dt. Lit. 1. [Mehr nicht ersch.]

505 P. Wapnewski: *Deutsche Literatur des Mittelalters. Ein Abriß.* 2. Aufl. Göttingen 1966. 127 S. [1. Aufl. 1960]. = Kl. Vandenhoeck-Reihe. 96/97.

506 F. Neumann: *Die altdeutsche Literatur ⟨800—1600⟩. Grundriß u. Aufriß.* Berlin 1966. XV, 404 S.

507 K. Ruh: *Höfische Epik des deutschen Mittelalters. I. Von den Anfängen bis zu Hartmann von Aue.* Berlin 1967. 165 S. = GdG 7.

508 F. W. u. E. Wentzlaff-Eggebert: *Deutsche Literatur im späten Mittelalter.* 3 Bde. Reinbek 1971. = rde 350/58.

   1. Rittertum, Bürgertum. Mit Lesestücken. 281 S. — 2. Kirche. Mit Lesestücken. 240 S. — 3. Neue Sprache aus neuer Welterfahrung. Mit Lesestücken. 243 S.

509 Genzmer/de Boor/Kuhn/Ranke/Beyschlag: *Geschichte der deutschen Literatur von den Anfängen bis zum Ende des Spätmittelalters ⟨1490⟩.* Stuttgart 1962. VIII, 294 S. = Annalen d. dt. Lit. 2. (unveränd.) Aufl. S. 1—286 [s. Nr 481].

   F. Genzmer: Vorgeschichtliche u. frühgeschichtl. Zeit ⟨2000—770⟩. H. de Boor: Von der karolingischen zur cluniazensischen Epoche ⟨770—1170⟩. H. Kuhn: Die Klassik des Rittertums in der Stauferzeit ⟨1170—1230⟩. F. Ranke: Von der ritterlichen zur bürgerlichen Dichtung ⟨1230—1430⟩. S. Beyschlag: Städte, Höfe, Gelehrte ⟨1430—1490⟩. — Forts.: Nr 540.

Literaturgeschichte. = Kurzer Grundriß der germanischen Philologie bis 1500. Bd 2 [s. Nr 170]:

510 G. Zink: Heldensage. S. 1—47. — P. Scardigli: Gotische Literatur.
512 S. 48—68. — D. Hofmann: Altnordische Literatur: Edda und Skal-
513 den. S. 69—99. — G. Turville-Petre: Altnordische Literatur: Saga.
514 S. 100—116. — F. Norman: Altenglische Literatur. S. 117—163. —
515 W. Krogmann: Altfriesische Literatur. S. 164—185. — C. C de Bruin:
517 Mittelniederländische Literatur. S. 186—241. — J. Rathofer: Alt-
518 sächsische Literatur. 242—262. — W. Krogmann: Mittelniederdeutsche
519 Literatur. S. 263—325. — St. Sonderegger / H. Burger: Althoch-
520 deutsche Literatur. S. 326—383. — W. Brandt: Mittelhochdeutsche
521 Literatur: Epik. S. 384—463. — H. Schottmann: Mittelhochdeutsche
522 Literatur: Lyrik. S. 464—527. — G. Eis: Mittelhochdeutsche Literatur:

523 Fachprosa. S. 528—572. — W. F. MICHAEL: Deutsche Literatur bis 1500: Drama. S. 573—607.

Außerdem Beiträge [*B*] im Sammelwerk *Dt. Philologie im Aufriß*, 2. Aufl. [s. Nr 169]: Nr 580, 596, 598/99, 624 und:

524 G. CORDES: *Alt- u. mittelniederdeutsche Literatur.* Bd 2 (1960). Sp. 2473—2520.

525 K. LANGOSCH: *Die deutsche Literatur des lateinischen Mittelalters in ihrer geschichtlichen Entwicklung.* Berlin 1964. VI, 284 S.

Erweiterte Fassung des betr. Artikels im *Reallexikon* [s. Nr 438]. — Zur Ergänzung (mit bibliographischen Hinweisen für das Studium):

526 K. LANGOSCH: *Lateinisches Mittelalter. Einleitung in Sprache und Literatur.* 3. [= 1.] Aufl. Darmstadt 1969. XII, 96 S. [1. Aufl. 1963].

527 M. MANITIUS: *Geschichte der lateinischen Literatur des Mittelalters.* 3 Bde. München 1911—31. = Handb. d. Altertumswiss. 9, 2. Nachdruck 1965.

1. Von Justinian bis z. Mitte d. 10. Jhs. 1911. — 2. Von d. Mitte d. 10. Jhs. bis z. Ausbruch d. Kampfes zw. Kirche u. Staat. 1924. — 3. Vom Ausbruch d. Kirchenstreits bis z. Ende d. 12. Jhs. Unter P. LEHMANNS Mitwirkung. 1931.

528 K. HAUCK: *Mittellateinische Literatur.* In: *Dt. Philologie im Aufriß.* 2. Aufl. Bd 2 (1960) Sp. 2555—2624.

Einschlägige Artikel [*B*] im *Reallexikon d. dt. Lit'gesch.* [s. Nr 438]: Altenglische Literatur — Althochdeutsche Lit. — Altsächsische Lit. — Frühmittelhochdeutsche Lit. — Götterdichtung, Altgermanische — Gotische Lit. — Mittelhochdeutsche Dichtung — Mittellateinische Dichtung in Deutschland — Mystik — Ordensliteratur u. a.

Humanismus. Reformation. Barock

529 H. RUPPRICH: *Die deutsche Literatur vom späten Mittelalter bis zum Barock. T. 1: Das ausgehende Mittelalter/Humanismus und Renaissance ⟨1370—1520⟩.* München 1970. 780 S. = H. DE BOOR u. R. NEWALD: Gesch. d. dt. Lit. Bd 4, T. 1 [s. Nr 475].

Forts. *Das Zeitalter der Reformation* ⟨1520—1570⟩ (Bd 4, T. 2) in Vorber.

530 H. O. BURGER: *Renaissance, Humanismus, Reformation.* Deutsche Literatur im europäischen Kontext. Bad Homburg v. d. H. 1969. 510 S.

531 W. STAMMLER: *Von der Mystik zum Barock* ⟨1400—1600⟩. 2. Aufl. Stuttgart 1950. 754 S. [1. Aufl. 1927]. = Epochen d. dt. Lit. 2, 1 [s. Nr 473].

Stellt als stoffreiche Einführung die literarische Entwicklung vom Mittelalter zur Neuzeit mit scharfen Umrissen heraus. Reichhaltige Schrifttumsnachweise für die weitere Forschung S. 501—733. — Forts.:

532 P. HANKAMER: *Deutsche Gegenreformation und deutsches Barock. Die dt. Literatur im Zeitraum des 17. Jahrhunderts.* 3., unveränd. Aufl. Stuttgart 1964. 515 S. [1. Aufl. 1935]. = Epochen d. dt. Lit. 2, 2 [s. Nr 473].

Geistesgeschichtlich (Jakob Böhme als beherrschende Gestalt des Zeitraums); setzt die Kenntnisse alles Tatsächlichen voraus. In der 3. Aufl. nicht aufgenommen: Bibliographie der dt. Barockliteratur von H. PYRITZ; vgl. Nr 772. — Forts.: Nr 546/47.

533 G. MÜLLER: *Deutsche Dichtung von der Renaissance bis zum Ausgang des Barock.* 2., unveränd. Aufl. Darmstadt 1957. 262 S. [1. Aufl. 1927]. = Handb. d. Lit'wiss. [s. Nr 152].

534 *Deutsche Barockforschung.* Dokumentation einer Epoche. Hrsg. v. R. ALEWYN. 4. (= 1.) Aufl. Köln 1970. 472 S. [1. Aufl. 1965]. = NWB 7.

535 R. NEWALD: *Die deutsche Literatur vom Späthumanismus zur Empfindsamkeit ⟨1570—1750⟩.* 6. Aufl. Mit e. bibliogr. Anh. v. G. BANGEN u. E. MANNACK. München 1967. IX, 592 S. [1. Aufl. 1951]. = H. DE BOOR u. R. NEWALD: Gesch. d. dt. Lit. 5 [s. Nr 475].

Wie Nr 497/499 einführendes Lehrbuch, dessen Verfasser es unternommen hat, „einen Überblick über die deutsche Literatur dieses Zeitraumes zu versuchen im Sinne einer Aufnahme der Bestände". — Forts.: Nr 548.

536 J. G. BOECKH [u. a.]: *Geschichte der deutschen Literatur von 1480 bis 1600.* Berlin 1960. XI, 541 S. — Forts.:

537 J. G. BOECKH [u. a.]: *Geschichte der deutschen Literatur 1600—1700.* 2. Aufl. Berlin 1963 [1. Aufl. 1962]. XII, 592 S. = Gesch. d. dt. Lit. Hrsg. v. K. GYSI [u. a.]. 4/5 [s. Nr 476].

538 M. SZYROCKI: *Die deutsche Literatur des Barock.* Eine Einführung. Reinbek 1968. 268 S. = rde 300/01.

539 W. KOHLSCHMIDT: *Geschichte der deutschen Literatur vom Barock bis zur Klassik.* Stuttgart 1965. 956 S. = Geschichte d. dt. Lit. von den Anfängen bis zur Gegenwart. 2 [s. Nr 478].

540 NEWALD/FLEMMING/MARTINI/RASCH/BAUMGART: *Geschichte der deutschen Literatur vom Humanismus bis zu Goethes Tod ⟨1490—1832⟩.* Stuttgart 1962. VIII, 344 S. = Annalen d. dt. Lit. 2. (unveränd.) Aufl. S. 287—619 [s. Nr 481].

R. NEWALD: Humanismus u. Reformation ⟨1490—1600⟩. W. FLEMMING: Das Jahrhundert des Barock ⟨1600—1700⟩. F. MARTINI: Von der Aufklärung zum Sturm und Drang ⟨1700—1775⟩. W. RASCH: Die Zeit der Klassik u. frühen Romantik ⟨1775—1805⟩. W. BAUMGART: Die Zeit des alten Goethe ⟨1805—1832⟩. — Forts. s. Nr 561.

541 G. ELLINGER: *Geschichte der neulateinischen Literatur Deutschlands im 16. Jahrhundert.* 3 Bde. Berlin 1929—33.

1. Italien u. d. dt. Humanismus in d. neulat. Lyrik. 1929. — 2. Die neulat. Lyrik Deutschlands in d. ersten Hälfte d. 16. Jhs. 1929. — 3, 1. Gesch. d. neulat. Lyrik in d. Niederlanden. 1933. — Der die Geschichte der Lyrik mit Anmerkungen ergänzende Bd 3, 2 sowie der Schlußband (Zusammenfassg von Epos, Drama, Satire, didaktischer u. beschreibender Dichtg d. Neulateiner) ist nicht zum Druck gelangt.

Einschlägige Artikel [*B*] im *Reallexikon d. dt. Lit'gesch.* [s. Nr 438]:

Barockliteratur — Frühneuhochdeutsche Literatur — Gegenreformation — Humanismus — Neulateinische Dichtung Deutschlands im 16. Jahrh. u. a.

Aufklärung. Klassik. Romantik

Als umfassende Darstellung noch immer wegweisend:

542 H. HETTNER: *Geschichte der deutschen Literatur im achtzehnten Jahrhundert.* Textrev. v. G. ERLER. 2 Bde. Berlin 1961. LXXIII, 793; 860 S. [1. Aufl. 1870].

Erschienen im Rahmen von HETTNERS *Literaturgeschichte des 18. Jahrhunderts* (= T. 3, 1/3); letzte vom Verf. bearb., 6. Aufl. (1913) neu hrsg. einerseits von E. A. BOUCKE mit e. bibliogr. Anhang (7. Aufl. 1925/26), andererseits v. G. WITTKOWSKI (1929). — Daraus als Sonderausgabe: *Literaturgeschichte der Goethezeit.* Hrsg. v. J. ANDEREGG. München 1970. 800 S.

543 W. DILTHEY: *Das Erlebnis und die Dichtung. Lessing. Goethe. Novalis. Hölderlin.* 15. Aufl. Göttingen 1970. 335 S. [1. Aufl. 1905]. = Kl. Vandenhoeck-R. 191.

Epochemachende Sammlung von Aufsätzen, die zur geistes- und ideengeschichtlichen Betrachtung dieses Zeitraumes anregte.

544 F. STRICH: *Deutsche Klassik und Romantik oder Vollendung und Unendlichkeit. Ein Vergleich.* 5. Aufl. Bern 1962. 374 S. [1. Aufl. 1923].

Versuch, die Polarität der Geistesströmungen (Vollendung — Unendlichkeit) in Klassik und Romantik festzustellen, die diesem stilbegrifflichen Gegensatz zufolge sich diametral gegenüberstehen — in Abwandlung der kunstgeschichtlichen Grundbegriffe von Heinrich Wölfflin (1915).

545 H. A. KORFF: *Geist der Goethezeit.* Versuch e. ideellen Entwicklung d. klassisch-romantischen Literaturgeschichte. 4 Tle. 7./8. (= 2.) Aufl. Leipzig 1966 [1. Aufl. 1923—53].

1. Sturm und Drang. XVII, 310 S. — 2. Klassik. XVIII, 497 S. — 3. Frühromantik. XVI, 596 S. — 4. Hochromantik. XVI, 752 S. — Reg.-Bd. 4. Aufl. 1964. 78 S. — Großzügige geistesgeschichtliche Betrachtung literarischer Erscheinungen: die Polarität zwischen Rationalismus u. Irrationalismus als tragende Grundlage.

546 F. J. SCHNEIDER: *Die deutsche Dichtung der Aufklärungszeit.* Stuttgart 1948. 368 S. — Forts.:

547 F. J. SCHNEIDER: *Die deutsche Dichtung der Geniezeit.* Stuttgart 1952. VIII, 367 S. = Epochen d. dt. Lit. 3, 1.2 [s. Nr 473].

Beide Bde in 1. Aufl. (1924) u. d. T.: *Die dt. Dichtung vom Ausgang des Barock bis zum Beginn des Klassizismus ⟨1700—1785⟩.* Ideengeschichtliche Epochendarstellung. — Forts.: Nr 553.

548 R. NEWALD: *Von Klopstock bis zu Goethes Tod.* T. 1. Ende der Aufklärung und Vorbereitung der Klassik. 5. Aufl. München 1967. X, 438 S. [1. Aufl. 1957]. = H. DE BOOR u. R. NEWALD: Gesch. d. dt. Lit. 6, 1 [s. Nr 475].

Infolge des Todes des Verfassers († 1954) nur ein Halbband, der chronologisch etwa 35 Jahre umspannt, anschließend an die Darstellung vom Späthumanismus zur Empfindsamkeit [= Nr 535]; wie dieser als Lehrbuch gestaltet.

549 E. A. BLACKALL: *The emergence of German as a literary language 1700—1775.* London 1959. XI, 538 S. — Dt. v. H. G. SCHÜRMANN u. d. T.: *Die Entwicklung des Deutschen zur Literatursprache 1700 bis 1775.* Stuttgart 1966. XII, 523 S.

550 G. KAISER: *Von der Aufklärung bis zum Sturm und Drang. 1730 bis 1789.* Gütersloh 1966. 142 S. = Geschichte d. dt. Lit. Hrsg. v. H. RÜDIGER [s. Nr 479].

551 A. ANGER: *Literarisches Rokoko.* 2. Aufl. Stuttgart 1968. X, 115 S. [1. Aufl. 1962]. = SM 25.

552 R. PASCAL: *The German Sturm und Drang.* Manchester 1953. 340 S. — Dt. v. D. ZEITZ / KURT MAYER u. d. T.: *Der Sturm und Drang.* Stuttgart 1963. XII, 406 S. = KTA 335 .

553 F. SCHULTZ: *Klassik und Romantik der Deutschen.* 2 Tle. 3., unveränd. Aufl. Stuttgart 1959 [1. Aufl. 1935—40]. = Epochen d. dt. Lit. 4, 1.2 [s. Nr 473].

1. Die Grundlagen d. klassisch-romant. Lit. VIII, 358 S. — 2. Wesen u. Form d. klassisch-romant. Lit. VIII, 462 S. — Geistesgeschichtlich eingestellt, wenn auch bestrebt, „die Linien der dichterischen Entwicklung unverwischt zu lassen".

554 *Deutsche Dichter der Romantik.* Ihr Leben und Werk. Unter Mitarb. zahlr. Fachgelehrter hrsg. v. B. v. WIESE. Berlin 1971. 530 S. — Vgl. auch Nr 561a u. 569.

Einschlägige Artikel [*B*] im *Reallexikon d. dt. Lit'gesch.* [s. Nr 438]:

Anakreontik — Aufklärung — Empfindsame Dichtung — Göttinger Hain — Klassik — Klassizismus — Kreis von Münster — Ossianische Dichtung u. a.

Umfassende Darstellungen — vom 18. Jahrhundert bis zur Gegenwart:

555 O. WALZEL: *Deutsche Dichtung von Gottsched bis zur Gegenwart.*
2 Bde. Potsdam 1927—32. = Handb. d. Lit'wiss. [s. Nr 152].

Stil- und ideengeschichtlich: die einzelnen Autoren treten mit ihren dichterischen Leistungen zurück gegenüber den Bestrebungen, die treibenden
Kräfte der verschiedenen Epochen herauszuarbeiten.

556 E. ERMATINGER: *Deutsche Dichter 1750—1900. Eine Geistesgeschichte
in Lebensbildern.* Überarb., mit Bildern u. Bildtexten versehen v.
J. GÖRES. Frankfurt 1961. 855 S. [1. Aufl. 2 Tle. 1948—49].

B i e d e r m e i e r. J u n g e s D e u t s c h l a n d. R e a l i s m u s.

557 M. GREINER: *Zwischen Biedermeier und Bourgeoisie.* Ein Kapitel dt.
Literaturgeschichte im Zeichen H. Heines. Leipzig 1954. 339 S.

Reicht etwa von 1825—1850; faßt die Biedermeierforschung der letzten
Jahrzehnte zusammen. S. 339—43 B.

558 F. SENGLE: *Biedermeierzeit.* Deutsche Literatur im Spannungsfeld
zwischen Restauration und Revolution. 1815—1848. 3 Bde. Stuttgart
1971 ff.

Bisher: Bd 1: Allgemeine Voraussetzungen, Richtungen, Darstellungsmittel.
XX, 725 S. 1971. — Bd 2: Formenwelt. In Vorb.

559 C. DAVID: *Zwischen Romantik und Symbolismus. 1820—1885.* Gütersloh 1966. 222 S. = Gesch. d. dt. Lit. Hrsg. v. H. RÜDIGER [s.
Nr 479].

560 F. MARTINI: *Deutsche Literatur im bürgerlichen Realismus 1848 bis
1898.* 2. (= 1.) Aufl. Stuttgart 1964. XVI, 908 S. u. 31 S. Zeittafel
[1. Aufl. 1962]. = Epochen d. dt. Lit. Bd 5, 2 [s. Nr 473].

Völlige Neugestaltung des zweiten Teiles der 1. Aufl. (H. BIEBER: *Der
Kampf um die Tradition, 1830—1880.* 1928). Kennzeichnet vor dem Hinter-
grund der politischen, sozialen u. geistesgeschichtl. Entwicklungen vornehmlich die Geschichte des Dramas, der Lyrik u. der typischen Erzählformen in
eingehender Interpretation; reichhaltige Bibliographie.

561 BURGER/RIHA: *Geschichte der deutschen Literatur vom Realismus bis
zur Gegenwart.* Stuttgart 1971. 234 S. = Annalen d. dt. Lit. 2. Aufl.
S. 621—760 [s. Nr 481].

H. O. BURGER: Der plurale Realismus des 19. Jahrhunderts ⟨1832—1888⟩. —
K. RIHA: Naturalismus und Antinaturalismus, das Ende des 19. Jahrhunderts
⟨ca. 1889—1900⟩.

561a *Deutsche Dichter des 19. Jahrhunderts. Ihr Leben und Werk.* Unter
Mitarb. zahlr. Fachgelehrter hrsg. v. B. v. WIESE. Berlin 1969. 600 S.
— Vgl. auch Nr 554 u. 569.

Einschlägige Artikel [B] *im Reallexikon d. dt. Lit'gesch.* [s. Nr 438]:
Biedermeier, Literarisches — Dekadenzdichtung — Junges Deutschland —
Münchener Dichterkreis u. a.

Umfassende Darstellung — von Goethes Tod bis zur Gegenwart [vgl. auch Nr 555/556]:

562 E. ALKER: *Geschichte der deutschen Literatur von Goethes Tod bis zur Gegenwart.* 2 Bde. Stuttgart 1949—50. 453; 521 S.

Stoffreiche Darstellung, die sich um die Einsichten in die Struktur der Epoche (bis etwa 1914) bemüht. Ohne Bibliographie. — Neuausgabe u. d. T.:

563 *Die deutsche Literatur im 19. Jahrhundert ⟨1832—1914⟩.* 3. Aufl. Stuttgart 1969. 948 S. = KTA 339.

Vom Naturalismus bis zur Gegenwart

564 A. SOERGEL: *Dichtung und Dichter der Zeit.* Eine Schilderung der dt. Literatur der letzten Jahrzehnte. 20. Aufl. Leipzig 1928. XII, 1062 S. [1. Aufl. 1911]. — [2.] *N. F. Im Banne des Expressionismus.* 6. Aufl. 1930. XI, 904 S. [1. Aufl. 1925]. — [3.] *Dichter aus deutschem Volkstum.* Eine Schilderung der dt. Literatur der letzten Jahre. 2. Aufl. 1935. 231 S. [1. Aufl. 1934].

Umstritten, da F. 3 mit nationalsozialistischer Tendenz. — Der Versuch einer Neubearbeitung durch CURT HOHOFF wird der notwendigen Umwertung nicht immer gerecht:

565 A. SOERGEL / C. HOHOFF: *Dichtung und Dichter der Zeit.* Vom Naturalismus bis zur Gegenwart. 2 Bde. Düsseldorf 1961—63. 896; 893 S.

566 J. BITHELL: *Modern German literature, 1880—1950.* 3. Aufl. London 1959. XII, 584 S. [1. Aufl. 1939].

567 R. GRAY: *The German tradition in literature 1871—1945.* Cambridge 1965. VIII, 383 S.

568 *Deutsche Literatur im 20. Jahrhundert.* 2 Bde. Begr. v. H. FRIEDMANN u. O. MANN. 5. Aufl. hrsg. v. O. MANN u. W. ROTHE. Bern 1967. 390; 456 S. [1. Aufl. 1954]

1. Strukturen; 2. Gestalten. — Sammelwerk, bearbeitet von 31 Wissenschaftlern u. Publizisten. Während Bd 1 ästhetische, geistig-seelische und gesellschaftliche Zusammenhänge und Probleme (in 17 Beiträgen u. Exkursen) behandelt, vertieft Bd 2 die Darlegungen mit 19 Porträtsstudien.

569 *Deutsche Dichter der Moderne.* Ihr Leben und Werk. Unter Mitarb. zahlreicher Fachgelehrter hrsg. v. B. v. WIESE. 2. Aufl. Berlin 1969. 556 S. [1. Aufl. 1965]. — Vgl. auch Nr 554 u. 561a.

570 W. H. SOKEL: *The writer in extremis.* Expressionism in twentieth-century German literature. Stanford 1959. VI, 251 S. — Dt. v. J. u. TH. KNUST u. d. T.: *Der literarische Expressionismus.* München 1960. 311 S. — Studienausg. 1970.

571 H. KUNISCH: *Die deutsche Gegenwartsdichtung — Kräfte und Formen.* München 1968. 141 S.

572 A. CLOSS: *Twentieth century German literature*. London 1969. 433 S.
= Introductions to German Lit. 4.

573 *Deutsche Literatur seit 1945 in Einzeldarstellungen*. Hrsg. v. D. WE-
BER. 2. Aufl. Stuttgart 1971. 655 S. [1. Aufl. 1968]. = KTA 382.

Einschlägige Artikel [*B*] im *Reallexikon d. dt. Lit'gesch.* [s. Nr 438]:

Arbeiterdichtung — Emigrantenliteratur — Expressionismus — Heimatkunst
— Impressionismus — Naturalismus — Neuromantik u. a.
Vgl. auch Nr 561/63.

Literaturlexika

574 *Handbuch der deutschen Gegenwartsliteratur*. Unter Mitw. zahlr.
Fachgelehrter hrsg. v. H. KUNISCH. 3 Bde. 2. Aufl. München 1969/70.
[1. Aufl. 1965].

Bd 1: A—K. 410 S. — Bd 2: L—Z und Rahmenartikel. 477 S. — Bd 3:
Bibliographie der Personalbibliographien zur deutschen Gegenwartsliteratur
Hrsg. v. H. WIESNER [u. a.]. 358 S. [s. Nr 754]. — Auszug als Studienaus-
gabe:

575 *Kleines Handbuch der deutschen Gegenwartsliteratur*. 116 Autoren
und ihr Werk. Hrsg. v. H. KUNISCH. 2. Aufl. München 1969. 631 S.
[1. Aufl. 1967].

576 F. LENNARTZ: *Deutsche Dichter und Schriftsteller unserer Zeit*. Einzeldarstellungen zur Schönen Literatur in dt. Sprache. 10. Aufl. Stuttgart
1969. VII, 783 S. [1. Aufl. 1938]. = KTA 151.

Aufgenommen in alphabetischer Ordnung 330 deutschsprachige Autoren
(bis 1955 Verstorbene ausgeschieden). — In räumlicher Begrenzung:

577 *Schriftsteller der Deutschen Demokratischen Republik*. Leipzig 1961. 196 S.

578 *Schweizer Schriftsteller der Gegenwart*. Bern 1962. 200 S.

Literaturgeschichte nach Gattungen

Wegweisend K. VIËTORS Plan einer *Geschichte der deutschen Literatur
nach Gattungen* im Rahmen eines Sammelwerkes (1923), das über die
Herausgabe von zwei Einzeldarstellungen nicht hinausgekommen ist.
Vgl. 586/87.

Versuch über die formgeschichtlichen Zusammenhänge der Dichtung:

579 P. BÖCKMANN: *Formgeschichte der deutschen Dichtung*. 2 Bde, 3. [= 1.]
Aufl. Hamburg 1967. XVI, 700 S. [1. Aufl. 1949].

1. Von der Sinnbildsprache zur Ausdruckssprache. Der Wandel d. literar.
Formensprache vom Mittelalter zur Neuzeit; Bd 2 noch nicht ersch. — Bietet
keine Literaturgeschichte im üblichen Sinne, sondern beschreibt Wesen u.
Geschichte literarischer Formen. Dazu E. STAIGER: DVj 25 (1951) S. 122—25;
G. KONRAD: DLZ 73 (1952) S. 84—89; W. BOEHLICH: ZfdPh 71 (1951/52)
S. 385—99.

Lyrik

In die Forschungslage einführende Beiträge [*B*] im Sammelwerk *Dt. Philologie im Aufriß*, 2. Aufl. [s. Nr 169]:

580 R. KIENAST: *Die deutschsprachige Lyrik des Mittelalters*. Bd 2 (1960)
581 Sp. 1—132. — A. CLOSS: *Die neuere dt. Lyrik vom Barock bis zur*
582 *Gegenwart*. Sp. 133—348. — E. SEEMANN u. W. WIORA: *Volkslied*. Sp. 349—96. — Vgl. auch Nr 521.

PT
571
.K55

583 J. KLEIN: *Geschichte der deutschen Lyrik von Luther bis zum Ausgang des zweiten Weltkrieges*. 2. Aufl. Wiesbaden 1960. XVI, 906 S. [1. Aufl. 1957].

PT
571
.H27

584 R. HALLER: *Geschichte der deutschen Lyrik vom Ausgang des Mittelalters bis zu Goethes Tod*. Bern 1967. 487 S. = Slg Dalp. 101.

585 C. HESELHAUS: *Deutsche Lyrik der Moderne von Nietzsche bis Yvan Goll. Die Rückkehr zur Bildlichkeit der Sprache*. Düsseldorf 1961. 480 S.

Keine Literaturgeschichte „im älteren Entwicklungssinn", vielmehr mit Hilfe der interpretierenden Methode eine „Geschichte als Sammlung der wichtigsten Leistungen und Formen".

Geschichte einzelner Gattungen:

586 K. VIËTOR: *Geschichte der deutschen Ode*. München 1923. VII, 198 S. = Gesch. d. dt. Lit. nach Gattungen. 1.

587 G. MÜLLER: *Geschichte des deutschen Liedes vom Zeitalter des Barock bis zur Gegenwart*. München 1925. X, 335, 48 S. = Gesch. d. dt. Lit. nach Gattungen. 3.

588 W. KAYSER: *Geschichte der deutschen Ballade*. Berlin 1936. X, 328 S.

589 F. BEISSNER: *Geschichte der deutschen Elegie*. 3. Aufl. Berlin 1965. XV, 246 S. [1. Aufl. 1941]. = Grundr. d. germ. Phil. [Neue Bearb.] 14.

590 W. MÖNCH: *Das Sonett. Gestalt u. Geschichte*. Heidelberg 1955. 341 S.

Einschlägige Artikel [*B*] im *Reallexikon d. dt. Lit'gesch*. [s. Nr 438]:
Arbeitslied — Dinggedicht — Elegie — Epigramm — Epos (Theorie) — Epos, Neuhochdeutsches — Gedankenlyrik — Gesellschaftslied — Historisches Lied — Idylle — Kirchenlied — Kunstballade — Leich — Lied — Lyrik (Theorie) — Meistergesang — Minnegesang — Ode — Psalmendichtung u. a.

Sammlungen von Interpretationen:

591 *Gedicht und Gedanke. Auslegungen deutscher Gedichte*. Hrsg. v. H. O. BURGER. Halle 1942. 434 S.

592 *Interpretationen mittelhochdeutscher Lyrik.* Hrsg. v. G. JUNGBLUTH.
Bad Homburg v. d. H. 1969. 291 S.

593 *Die deutsche Lyrik vom Mittelalter bis zur Gegenwart.* 2 Bde. Hrsg.
v. B. v. WIESE. 6. Aufl. Düsseldorf 1970 [1. Aufl. 1956].

> 1. Vom Mittelalter bis zur Frühromantik. 477 S. — 2. Von der Spätromantik
> bis zur Gegenwart. 512 S.

594 *Wege zum Gedicht.* Hrsg. v. R. HIRSCHENAUER u. A. WEBER. 2 Bde.
München 1956—63 [u. ö.]. 470; 573 S.

> Bd 2 m. d. Untertit.: Interpretation von Balladen. Mit ergiebiger Biblio-
> graphie.

595 *Interpretationen.* Hrsg. v. J. SCHILLEMEIT. Bd 1. Deutsche Lyrik von
Weckherlin bis Benn. Frankfurt/M. 1965. 339 S. = Fischer Bücherei.
695.

> Sammlung wichtiger Aufsätze (verschiedener Verfasser), entnommen aus
> Zeitschriften, Festschriften [u. ä.]. — Vgl. auch Nr 621 u. 641

Epik

Eine Gesamtdarstellung der deutschen Epik (Erzählkunst) liegt nicht
vor. In die Forschungslage einführende Beiträge in dem Sammelwerk
Dt. Philologie im Aufriß, 2. Aufl. [s. Nr 169]:

596 K. H. HALBACH: *Epik des Mittelalters.* Bd 2 (1960) Sp. 397—684. —

597 H. MAIWORM: *Epos der Neuzeit.* Sp. 685—748. — W. STAMMLER:

598 *Mittelalterliche Prosa in dt. Sprache.* Sp. 749—1102. — G. EIS: *Mit-*

599 *telalterliche Fachprosa der Artes.* Sp. 1103—1216. — G. WEYDT: *Der*

600 *dt. Roman von der Renaissance u. Reformation bis zu Goethes Tod.*

601 Sp. 1217—1356. — R. MAJUT: *Der dt. Roman vom Biedermeier bis*

602 *zur Gegenwart.* Sp. 1357—1794. — J. KUNZ: *Geschichte der dt.*
Novelle vom 18. Jahrh. bis auf die Gegenwart. Sp. 1795—1896. —

603 K. G. JUST: *Essay.* Sp. 1897—1948. — Vgl. auch Nr 520 u. 522.

Geschichte einzelner Gattungen:

604 H. H. BORCHERDT: *Geschichte des Romans und der Novelle in*
Deutschland. T. 1. Vom frühen Mittelalter bis zu Wieland. Leipzig

605 1926. 331 S. — Forts. u. d. T.: *Der Roman der Goethezeit.* Stuttgart
1949. 597 S. [Mehr nicht ersch.]

606 H. SINGER: *Der deutsche Roman zwischen Barock und Rokoko.* Köln
1963. VII, 210 S. = Lit. u. Leben. N. F. 6.

607 W. WELZIG: *Der deutsche Roman im 20. Jahrhundert.* 2. Aufl. Stuttgart 1970. 428 S. [1. Aufl. 1967]. = KTA 367.

608 E. K. BENNETT: *A history of the German Novelle.* Rev. and contin. by H. M. WAIDSON. Cambridge 1961. XIV, 315 S. [1. Aufl. 1934].

609 J. KLEIN: *Geschichte der deutschen Novelle von Goethe bis zur Gegenwart.* 4. Aufl. Wiesbaden 1960. XX, 674 S. [1. Aufl. 1954].

610 H. HIMMEL: *Geschichte der deutschen Novelle.* Bern 1963. 545 S. = Slg Dalp. 94.

611 B. v. WIESE: *Novelle.* 4. Aufl. Stuttgart 1969. VI, 93 S. [1. Aufl. 1963]. = SM 27.

612 J. KUNZ: *Die deutsche Novelle zwischen Klassik und Romantik.* 2. Aufl. Berlin 1971. 175 S. [1. Aufl. 1966]. = GdG 2.

613 J. KUNZ: *Die deutsche Novelle im 19. Jahrhundert.* Berlin 1970. 178 S. = GdG 10.

614 H. MAIWORM: *Neue deutsche Epik.* Berlin 1968. 186 S. = GdG 8.

615 R. KILCHENMANN: *Die Kurzgeschichte.* Formen und Entwicklung. 3. Aufl. Stuttgart 1971. 218 S. [1. Aufl. 1967].

616 L. ROHNER: *Der deutsche Essay.* Materialien zur Geschichte und Ästhetik einer literarischen Gattung. Neuwied 1966. 927 S.

617 G. HAAS: *Essay.* Stuttgart 1969. VIII, 83 S. = SM 83.

Einschlägige Artikel [*B*] *im Reallexikon d. dt. Lit'gesch.* [s. Nr 438]:

Abenteuerroman — Anekdote — Aphorismus — Bildungsroman — Einfache Formen — Epos (Theorie) — Epos, Neuhochdeutsches — Essay — Heroischgalanter Roman — Historischer Roman — Höfisches Epos — Kriminalgeschichte — Kunstmärchen — Kurzgeschichte — Legende — Märchen — Novelle — Novellistik, mhd. — Predigt u. a.

Sammlung von Interpretationen:

618 *Der deutsche Roman vom Barock bis zur Gegenwart.* Struktur u. Geschichte. Hrsg. v. B. v. WIESE. 2 Bde. Düsseldorf 1963 u. ö. 442; 454 S.

619 B. v. WIESE: *Die deutsche Novelle von Goethe bis Kafka.* Interpretationen. 2 Bde. Düsseldorf [Bd 1] 1956 u. ö. 350 S.; [Bd 2] 1962 u. ö. 355 S.

620 F. MARTINI: *Das Wagnis der Sprache. Interpretationen dt. Prosa von Nietzsche bis Benn.* 5. Aufl. Stuttgart 1964. 529 S. [1. Aufl. 1954].

621 *Interpretationen.* Hrsg. v. J. SCHILLEMEIT. Bd 3. Deutsche Romane von Grimmelshausen bis Musil; Bd 4. Deutsche Erzählungen von Wieland bis Kafka. Frankfurt/M. 1966. 320; 341 S. = Fischer Bücherei. 716. 721. — Vgl. Nr 595 u. 641.

Zur Orientierung, die keineswegs die eigene Lektüre ersetzen darf, zumal die Inhaltsangaben zum Teil mißglückt sind:

2. Darstellungen zur deutschen Sprach- und Literaturwissenschaft

622 *Der Romanführer.* Hrsg. v. W. OLBRICH u. J. BEER. 14 Bde u. Reg. Stuttgart 1950—64; 2. Aufl. 1960 ff.

Deutsche Romane: Bd 1/2. [Vom Barock bis zum Naturalismus.] 2. Aufl. 1960. 363; 358 S. — Bd 3/5. [Gegenwart.] 1952—54. 1044 S. — Bd 13. [Jahrzehnt 1954—1963. Nebst Nachtr. zu Bd 1—5 u. e. Reg. aller behandelten dt. Autoren.] 1964. XII, 435 S.

Drama

Versuch einer umfassenden Darstellung:

623 O. MANN: *Geschichte des deutschen Dramas.* 3. Aufl. Stuttgart 1969. VIII, 651 S. [1. Aufl. 1960]. = KTA 296.

In die Forschungslage einführende Beiträge [*B*] im Sammelwerk Dt. *Philologie im Aufriß,* 2. Aufl. [s. Nr 169]:

624 E. HARTL (†), F. WEBER: *Das Drama des Mittelalters.* Bd 2 (1960)
625 Sp. 1949—1996. — K. ZIEGLER: *Das dt. Drama der Neuzeit.* Sp. 1997 bis 2350. — Vgl. auch Nr 523.

626 W. F. MICHAEL: *Das deutsche Drama des Mittelalters.* Berlin 1971. XII, 304 S. = Grundr. d. germ. Phil. [Neue Bearb.] 20.

627 M. DIETRICH: *Das moderne Drama.* Strömungen. Gestalten. Motive. 2. Aufl. Stuttgart 1963. 714 S. [1. Aufl. 1961]. = KTA 220.

Geschichte einzelner Gattungen:

628 K. HOLL: *Geschichte des deutschen Lustspiels.* Leipzig 1923. XV, 439 S.

629 E. CATHOLY: *Das deutsche Lustspiel.* 2 Bde. Stuttgart 1969. = Spr. u. Lit. 47.

1. Vom Mittelalter bis zum Ende der Barockzeit. 1968. 220 S. — 2. Von der Aufklärung bis zur Gegenwart. In Vorber.

630 B. v. WIESE: *Die deutsche Tragödie von Lessing bis Hebbel.* 7. Aufl. Hamburg 1967. XVIII, 712 S. [1. Aufl. 1948].

631 R. DAUNICHT: *Die Entstehung des bürgerlichen Trauerspiels in Deutschland.* 2. Aufl. Berlin 1965. 326 S. [1. Aufl. 1962].

632 F. SENGLE: *Das historische Drama.* 2. Aufl. Stuttgart 1969. 279 S. — 1. Aufl. 1952 u. d. T.: *Das deutsche Geschichtsdrama.*

633 K. S. GUTHKE: *Geschichte und Poetik der deutschen Tragikomödie.* Göttingen 1961. 450 S.

634 E. CATHOLY: *Das Fastnachtspiel des Spätmittelalters.* Gestalt u. Funktion. Tübingen 1961. 382 S.

635 E. CATHOLY: *Fastnachtspiel.* Stuttgart 1966. XVI, 88 S. = SM 56.

636 A. SCHÖNE: *Emblematik und Drama im Zeitalter des Barock.* 2. Aufl. München 1967. 240 S. 63 Abb. [1. Aufl. 1964].

637 M. Kesting: *Das epische Theater.* 2. Aufl. Stuttgart 1969. 160 S. [1. Aufl. 1959]. = Urban-TB. 36.

638 H. Schwitzke: *Das Hörspiel.* Dramaturgie u. Geschichte. Köln 1963. 448 S.

639 E. K. Fischer: *Das Hörspiel.* Form u. Funktion. Stuttgart 1964. 327 S. = KTA 337.

Einschlägige Artikel [*B*] im *Reallexikon d. dt. Lit'gesch.* [s. Nr 438]: Bürgerliches Drama — Drama (Theorie) — Drama (Neuzeit) — Hörspiel — Laienspiel — Lustspiel — Lyrisches Drama — Monodrama — Monolog — Nachspiel — Nationaltheater — Neulat. Drama — Oper — Oratorium — Posse — Prolog u. a.

Sammlung von Interpretationen:

640 *Das deutsche Drama vom Barock bis zur Gegenwart. Interpretationen.* Hrsg. v. B. v. Wiese. 2 Bde. Düsseldorf 1958; 1960 u. ö. 500, 463 S.

641 *Interpretationen.* Hrsg. v. J. Schillemeit. Bd 2. Deutsche Dramen von Gryphius bis Brecht. Frankfurt/M. 1965. 341 S. = Fischer Bücherei. 699. — Vgl. Nr 595 u. 621.

Zur Ermittlung dramatischer Werke [vgl. Bemerkung zu Nr 622]:

642 J. Gregor: *Der Schauspielführer.* 8 Bde. Stuttgart 1953—67. Vgl. Bd 1 (Das dt. Schauspiel vom Mittelalter bis zum Expressionismus) u. Bd 2 (Das dt. Schauspiel d. Gegenwart). 1953—54; dazu Bd 6 (Nachträge; Abriß d. dramat. Weltliteratur; Gesamtreg. zu Bd 1/6), Bd 7 (Ergänzungen zu Bd 1/6: Das Schauspiel bis 1956) u. Bd 8 (Das Schauspiel der Gegenwart von 1956 bis 1965).

Theatergeschichte

643 H. Knudsen: *Deutsche Theatergeschichte.* 2. Aufl. Stuttgart 1970. XII. 399 S. [1. Aufl. 1959]. = KTA 270.

644 H. H. Borcherdt: *Geschichte des dt. Theaters.* In: Dt. Philologie im Aufriß, 2. Aufl. Bd 3 (1962) Sp. 1099—1244 [Sp. 1238—44 *B* v. K. Braun].

Stoff- und Motivgeschichte

Eine umfassende Stoff- und Motivgeschichte der deutschen Literatur, die zugleich Form- und Ideengeschichte sein müßte, steht noch aus. Überaus zahlreich — doch ihrer Qualität nach nicht immer ausreichend — sind die (vielfach als Dissertationen vorliegenden) Einzeluntersuchungen zur Geschichte der dichterischen Behandlungen der vielartigen Stoffe und Motive. Im übrigen ist auf Nr 148—151 zu verweisen.

Zur thematischen Übersicht über zusammenhängende Stoff- und Motivbereiche s. HGB (1959) S. 83—89. Daselbst sind als Stoffe und Motive nur solche verzeichnet, über die bereits Buchveröffentlichungen (nicht nur Zeitschriftenaufsätze) vorliegen. Die einschlägigen Untersuchungen können in der von F. A. Schmitt bearbeiteten Bibliographie (1959) leicht festgestellt werden [s. Nr 869].

3. Allgemeine Darstellungen

Vgl. II/3 (Abgeschlossene Allgemeinbibliographien), III/3 u. IV (Periodische Allgemeinbibliographien).

Neben den Handbüchern und Reallexika unseres Faches erweisen sich auch Nachschlagewerke als nützlich, die sämtliche Zweige des Wissens zur Darstellung bringen oder den Bereich solcher Fachgebiete erschließen, die der Germanistik nahestehen.

Konversationslexika

Wenn auch als mehr volkstümlich gehaltene Enzyklopädien, ermöglichen sie mit eng gefaßten Schlagwörtern eine rasche Orientierung mannigfacher Art und weisen in zahlreichen Artikeln wichtiges Schrifttum vor.

Als wissenschaftliche Enzyklopädien sind für die Erforschung des 17. bis 19. Jahrhunderts auch heute noch bedeutsam der ‚Zedler‘ und ‚Ersch/Gruber‘:

645 (H. Zedler:) *Großes vollständiges Universal-Lexicon aller Wissenschaften und Künste.* 64 Bde [nebst] 4 Suppl.-Bde. Halle 1732—54.

Bietet interessante Sach- u. Personenartikel, gelegentlich mit Literaturangaben. — Desgleichen, vornehmlich auch für die Gebiete der Literatur u. Sprachwissenschaft:

646 *Allgemeine Enzyklopädie der Wissenschaften und Künste.* Hrsg. v. J. S. Ersch u. J. G. Gruber. Sect. 1: 99 Tle ⟨A—G⟩, Sect. 2: 43 Tle ⟨H-Ligatur⟩, Sect. 3: 25 Tle ⟨O-Phyxios⟩. Leipzig 1818—89.

Neueste Nachschlagewerke, die mit ihren älteren Auflagen insofern nützlich sind, als sich hier biographische Artikel finden, die später nicht mehr aufgenommen wurden:

647 *Brockhaus. Enzyklopädie in 20 Bänden.* 17., völlig neubearb. Aufl. d. Großen Brockhaus. Wiesbaden 1966 ff. [1. Ausg. 1796—1910; 16. Aufl. 1952—63].

648 *Meyers Lexikon.* 7. Aufl. 12 Bde, 3 Erg.-Bde, Atlas, Ortslexikon. Leipzig 1924—35 [1. Aufl. 1840—55].

Die 8. Aufl. blieb unvollständig: Bd 1—9 u. 12. 1936—42. Mit nationalsozialistischer Tendenz. — Neueste Bearbeitung:

649 *Meyers Enzyklopädisches Lexikon in 25 Bänden* nebst Erg.-Bd und Atlas. Bd 1 ff. Mannheim 1971 ff. — Gegenstück in der DDR:

650 *Meyers Neues Lexikon in 18 Bänden.* Hrsg. v. d. Lexikonredaktion des VEB Bibliogr. Inst. Bd 1 ff. Leipzig 1971 ff.

651 *Der Große Herder.* 5. Aufl. von Herders Konversationslexikon. 12 Bde. Freiburg/Br. 1952—62 [1. Ausg. 1854—57].

> Bd 11 u. 12 = Erg.-Bde; 2. Aufl. 1964.

652 *Schweizer Lexikon.* 7 Bde. Zürich 1945—48.

> Über die (zumeist umfangreicher u. wissenschaftlicher gearbeiteten) Allgemeinenzyklopädien fremdsprachiger Länder unterrichten die Bibliographien der Bibliographien [s. Nr 872/77], z. B. Totok/Weitzel [= Nr 876] S. 137—41.

Biographien

Als Sammelwerke in lexikalischer Form bieten die nationalen Biographien mehr oder minder ausführliche Lebensbeschreibungen führender Persönlichkeiten (mit Quellen- u. Sekundärliteratur).

Grundlegend als internationales, für das 16.—18. Jahrhundert ergiebiges Nachschlagewerk:

653 C. G. Jöcher: *Allgemeines Gelehrten-Lexikon.* 4 Tle [nebst] Fortsetzung u. Ergänzungen. 7 Bde. Leipzig 1750—1897; unveränd. Nachdr. Hildesheim 1960—61.

Deutschland

Ursprünglich als Ergänzung zum Jöcher [= Nr 653] gedacht, wichtig für die Goethezeit: J. G. Meusel: *Das gelehrte Teutschland* [= Nr 793].

654 *Allgemeine Deutsche Biographie.* Hrsg. von der Historischen Kommission bei der Bayer. Akademie der Wissenschaften. Red.: R. v. Liliencron u. F. X. v. Wegele. 56 Bde. Leipzig 1875—1912. Nachdruck Berlin 1967 ff.

> Hauptwerk der deutschen Biographie [Neubearbeitung: s. Nr 657], das aus zwei Alphabeten besteht (Bd 1—45; als Nachtrag Bd 46—55) und durch ein Generalregister (Bd 56) erschlossen wird; berücksichtigt die bis 1899 Verstorbenen. — Periodisch fortges. u. d. T.:

655 *Biographisches Jahrbuch und deutscher Nekrolog.* Hrsg. v. A. Bettelheim. 18 Bde [nebst] Reg. Berlin 1897—1917.

> Biographien über die in der Zeit von 1896—1913 Verstorbenen u. Totenliste mit Angabe über Würdigungen u. Nachrufe. Ein Generalregister erschließt Bd 1—10. Aufschlußreich über Dichter u. Germanisten d. 19. Jahrh.; desgleichen die Fortsetzung:

656 *Deutsches biographisches Jahrbuch.* Hrsg. vom Verbande der Deutschen Akademien. Bd 1—5. 10. 11. Stuttgart 1925—32. [Mehr nicht ersch.]

Biographische Beiträge über die in den Jahren 1921/23 u. 1928/29 Verstorbenen. Zwei Überleitungsbände schließen die Lücke zwischen 1914 u. 1920. In Bd 5 (1923) Generalregister der Bde 1—5.

Ref. 657 *Neue Deutsche Biographie.* Hrsg. v. d. Historischen Kommission bei
DD der Bayer. Akademie der Wissenschaften. Bd 1 ff. Berlin 1953 ff.
85 Berechnet auf 12 Bde; bis 1971: 8 Bde: ⟨Aachen—Heske⟩. — Knapp ge-
.N 47 haltene Artikel mit zuverlässigen Werkverzeichnissen u. Literaturangaben.

Ö s t e r r e i c h

658 C. v. WURZBACH: *Biographisches Lexikon des Kaisertums Österreichs.*
60 Tle [nebst] Reg. zu den Nachträgen. Wien 1856—1923.

Bietet über 24 000 Lebensskizzen der „denkwürdigen Personen, welche 1750—1850 im Kaiserstaat und in seinen Kronländern geboren wurden oder darin gelebt u. gewirkt haben." — Anschließend:

659 *Österreichisches biographisches Lexikon 1815—1950.* Hrsg. v. d.
Österreichischen Akademie der Wissenschaften. Bd 1 ff. Graz, Köln
1957 ff. [Bis 1971: 4 Bde].

S c h w e i z

660 *Historisch-biographisches Lexikon der Schweiz.* 7 Bde [nebst] 2 Suppl.
Neuchâtel 1921—34.

F a c h e n z y k l o p ä d i e n

der Randgebiete der deutschen Sprach- und Literaturwissenschaft:

A l t e r t u m s w i s s e n s c h a f t

661 O. SCHRADER: *Reallexikon der indogermanischen Altertumskunde.* 2. Aufl.
662 hrsg. v. A. NEHRING. 2 Bde. Berlin 1917—20. — PAULY-WISSOWA: *Real-
Encyclopädie der classischen Altertumswissenschaft.* Neue Bearb. (3. Aufl.)
Bd 1 ff. Stuttgart 1894 ff. [Bis 1971: R. 1, 47 Halbbde ⟨A—Quosenus⟩;
663 R. 2, 18 Halbbde ⟨R—Zenius⟩; 12 Suppl.-Bde.]. — *Reallexikon der germanischen Altertumskunde.* Hrsg. v. J. HOOPS. 4 Bde. Berlin 1911—19. —
664 2. neu bearb. u. erw. Auflage hrsg. v. H. BECK [u. a.] Berlin 1968 ff. [Geplant
665 auf 8 Bde u. Register]. — *Der kleine Pauly. Lexikon der Antike.* Hrsg. v.
666 K. ZIEGLER u. W. SONTHEIMER. Bd 1 ff. Stuttgart 1964 ff. — *Lexikon der
Alten Welt.* Hrsg. v. C. ANDRESEN [u. a.] Zürich/Stuttgart 1965. 3524 Sp. —
Vgl. auch Nr 168.

V o l k s k u n d e

667 *Handwörterbuch des deutschen Aberglaubens.* Hrsg. v. H. BÄCHTOLD-

668 STÄUBLI. 10 Bde. Berlin 1927—42. — *Handwörterbuch des deutschen Märchens.* Unter Mitw. v. J. BOLTE hrsg. v. L. MACKENSEN. 2 Bde. Berlin 1930—40. [Mehr nicht ersch.] — [Auf überregionaler Basis:] *Handwörter-*
669 *buch der Sage.* Hrsg. v. W.-E. PEUCKERT. Lfg 1 ff. Göttingen 1961 ff.

Theologie

670 *Lexikon für Theologie und Kirche.* Begr. v. M. BUCHBERGER. 2. Aufl. hrsg.
671 v. J. HÖFER u. K. RAHNER. 10 Bde. Freiburg/Br. 1957—65. — *Die Religion in Geschichte und Gegenwart.* Handwörterbuch für Theologie und Religionswissenschaft. 3. Aufl. hrsg. v. K. GALLING. 6 Bde. Tübingen 1957—63.

Philosophie

672 ÜBERWEG-HEINZE: *Grundriß der Geschichte der Philosophie.* 12. Aufl. 5 Bde.
673 Berlin 1923—28; Neudr. Basel 1951—53. — R. EISLER: *Wörterbuch der philosophischen Begriffe.* Historisch-quellenmäßig bearb. 4. Aufl. 3 Bde. Ber-
674 lin 1927—30. — W. ZIEGENFUSS u. G. JUNG: *Philosophen-Lexikon.* Hand-
675 wörterbuch der Philosophie nach Personen. 2 Bde. Berlin 1949—50. — G. KLAUS/M. BUHR: *Philosophisches Wörterbuch.* 2 Bde. 6. Aufl. Berlin 1969. —
676 W. TOTOK: *Handbuch der Geschichte der Philosophie.* Bd 1 ff. Frankfurt/M. 1964 ff.

Kunstwissenschaft

677 *Allgemeines Lexikon der bildenden Künstler von der Antike bis zur Gegenwart.* Hrsg. v. U. THIEME u. F. BECKER. 37 Bde. Leipzig 1907—50. —
678 H. VOLLMER: *Allgemeines Lexikon der bildenden Künstler des 20. Jahrhun-*
679 *derts.* 6 Bde. Leipzig 1953—62. — *Reallexikon zur deutschen Kunstgeschichte.* Hrsg. v. O. SCHMITT [Bd 3 ff.: E. GALL u. L. H. HEYDENREICH]. Bd 1 ff. Stuttgart 1937 ff. [Bis 1967 5 Bde ⟨A—E⟩, Bd 6 in Lfgn.]

Musikwissenschaft

680 *Die Musik in Geschichte und Gegenwart.* Allgemeine Enzyklopädie der
681 Musik. Hrsg. v. F. BLUME. 14 Bde. Kassel 1949—68. — R. EITNER: *Biographisch-bibliographisches Quellen-Lexikon der Musiker und Musikgelehrten der christlichen Zeitrechnung bis zur Mitte des 19. Jahrhunderts.* 10 Bde. Leipzig 1900—1904.

Geschichte

682 B. GEBHARDT: *Handbuch der deutschen Geschichte.* 9. Aufl. hrsg. v. H.
683 GRUNDMANN. 4 Bde. Stuttgart 1969—71. [1. Aufl. 1891/92]. — H. RÖSSLER u. G. FRANZ: *Biographisches Wörterbuch zur deutschen Geschichte.* München
684 1952. 968 S. — H. RÖSSLER u. G. FRANZ: *Sachwörterbuch zur deutschen Geschichte.* München 1958. 1472 S.

Soziologie

685 *Wörterbuch der Soziologie.* Hrsg. v. W. BERNSDORF u. F. BÜLOW. Stutt-
686 gart 1955. 640 S. — *Handbuch der Soziologie.* 2 Tle. Hrsg. v. W. ZIEGEN-
FUSS. Stuttgart 1956. 1243 S.

Recht

687 *Handwörterbuch zur deutschen Rechtsgeschichte.* Hrsg. v. A. ERLER u. E.
KAUFMANN. Mitbegr. v. W. STAMMLER. [Geplant] 3 Bde. Lfg 1 ff. Berlin
1964 ff. [bisher: Bd 1. 1971. XX, 2046 Sp.].
Weitere Angaben finden sich in den Bibliographien der Bibliographien [s.
Nr 872/77]; vgl. etwa TOTOK/WEITZEL [= Nr 876] T. 2: Fachbibliogra-
phien (S. 155—323).

II.

Abgeschlossene Fachbibliographien

Reichhaltiger als in den bibliographischen Anhängen der Darstellungen zur Sprach- und Literaturwissenschaft (I) breitet sich das bislang erschienene Schrifttum in s e l b s t ä n d i g e n Verzeichnissen vor uns aus: in den abgeschlossenen (retrospektiven) und laufenden (periodischen) Bibliographien. Für eine schnelle Literaturermittlung ist es zweckmäßig, zunächst die a b - g e s c h l o s s e n e n Bibliographien heranzuziehen. Der Wert einer derartigen Bibliographie liegt in dem leicht zugänglichen, möglichst erschöpfenden Nachweis der innerhalb eines bestimmten, größeren Zeitraumes erschienenen Literatur; es ist jedoch ihr Nachteil, daß sie vom Zeitpunkte ihres Erscheinens an „veraltet".

| **Wegweiser zur bibliographischen Schulung** / dazu S. 19. |

Z w e i t e   S t u f e

Wie sammelt man einschlägiges Schrifttum mit Hilfe abgeschlossener Fachbibliographien?

Vornehmlich sind es drei Arten abgeschlossener Fachbibliographien, die eine rasche Orientierung über die bisherige Forschungsliteratur ermöglichen:
Bibliographische Einführungen, die in kritischer Auswahl das Schrifttum für den Gesamtbereich des Faches erschließen;
Titelbibliographien, die um so reichhaltiger das Schrifttum für ein bestimmtes Gebiet vorweisen, je enger dieses begrenzt ist;
Forschungsberichte, die für einzelne Fragenkomplexe das jüngste Schrifttum in kritischer Beleuchtung kennzeichnen und mit der repräsentativen Zusammenstellung der Forschungsliteratur wegweisend in das Spezialstudium einführen.
Nicht immer berichtet eine abgeschlossene Bibliographie bis an die Grenze ihres Erscheinungsjahres. Beim Bibliographieren achte man daher jeweils auf den für die Verzeichnung angegebenen Zeitraum!

Sprach- und Literaturwissenschaft

Als bibliographische Einführungen erfassen den Gesamtbereich der deutschen (einschließlich allgemeinen) Sprach- und Literaturwissenschaft:

LOEWENTHAL: *Bibliogr. Handbuch* [Nr 706] ___1931 |
HANSEL: *Bücherkunde für Germanisten,* Gr. Ausg. [Nr 708] _____1959 |

Sprachwissenschaft

Einführend (mit auswählendem Schrifttumsnachweis) die einschlägigen Abschnitte bei LOEWENTHAL [Nr 706] und HANSEL [Nr 708]. Für Teilgebiete liegen neben neueren Forschungsberichten vereinzelt Titelbibliographien vor (vgl. Nr 688/96; 712/42).

Allgemeine Sprachwissenschaft

GIPPER/SCHWARZ: *Bibliographisches Handbuch zur Sprachinhaltsforschung,* 1962 ff. [Nr 690] — ZAUNMÜLLER: *Bibliographisches Handbuch der Sprachwörterbücher,* 1958 [Nr 691].

Namenforschung

EICHLER: *Bibliographie der Namenforschung in der DDR,* 1963 [713/14]. HUBSCHMID: *Bibliographia onomastica Helvetica,* 1954 [Nr 715].

Dialektologie

Bibliographie der deutschen Mundartenforschung ⟨bis 1926⟩ [Nr 729/30]. SONDEREGGER: *Die Schweizerdeutsche Mundartforschung* ⟨1800—1959⟩ [Nr 731].

Literaturwissenschaft

Allgemeine Literaturwissenschaft

Einführend (mit auswählendem Schrifttumsnachweis) die einschlägigen Abschnitte bei LOEWENTHAL [Nr 706], ARNOLD [Nr 707] und HANSEL [Nr 708]; dazu Forschungsberichte (vgl. Nr 697—704).

Literaturgeschichte (in ihrer Gesamtheit)

Hervorgegangen aus bibliographischen Anhängen zu einer Literaturgeschichte gibt sich GOEDEKES *Grundriß* heute als eine riesenhafte Titelbibliographie, deren Stärke weniger im Nachweis des allgemeinen Schrifttums liegt, als vielmehr in den nach Vollständigkeit strebenden Verzeichnissen der Literatur zu einzelnen Autoren (Dichtern) vom Mittelalter bis 1830 bzw. 1880. Beste Ergänzung zum GOEDEKE bildet der KÖRNER mit einer äußerst kritisch ausgewählten Sach- und Personalbibliographie (besonders für das 18. und 19. Jahrhundert), wobei ein breit angelegtes Sach- und Namenregister die Benutzung erleichtert.

GOEDEKES *Grundriß* [Nr 745/47].

Mittelalter:	Bd 1	1884	
1515—1600:	Bd 2	1886	
1600—1750:	Bd 3	1887	
1750—1800:	Bd 4/5	1891/93	Bd. 4, 1/5 (3. Aufl.) 1907 — 1950

1800—1815: Bd 6/7 ___1898/1900 |___
1815—1830: Bd 8/16 _____ 1905 | 1910 | 1913 | 1929 | 1938 | 1951 | 1953 | 1955/59 | 1964 |
1830—1880: N. F. Bd 1 ___(Allgem. Bibliogr. [Nr 747];___ Aar—Ayßlinger) 1955/62 |
KÖRNER: *Bibliographisches Handbuch* [Nr 749] _____ 1948 |

Epochengeschichte

Neben den allgemeinen Inkunabelverzeichnissen [Nr 886/87] und besonderen Titelbibliographien [Nr 760/63, 770/73, 789/97, 805/09, 815/23], die vornehmlich für das Studium einzelner Dichter und ihrer Werke von Interesse sind (s. u.), erweisen sich im Hinblick auf neuestes Schrifttum die Forschungsberichte zu den einzelnen Epochen als ergiebig [Nr 764/69, 778/88, 798/804, 810/14, 824/30].

Gattungsgeschichte

Auch hier beachtenswert die Forschungsberichte auf dem Gebiete der Lyrik [Nr 832/35, 837], der Erzählkunst [Nr 839/41, 843/49] und des Dramas [Nr 854/55, 857/59, 862/63]; daneben nur vereinzelt Titelbibliographien, namentlich für die Bereiche des Dramas und Theaters.

TERVOOREN:*Bibliographie z. Minnesang* [Nr 831] _____ 1969 |
TAYLOR/ELLIS: *Bibliography of Meistergesang* [Nr 836] ___ 1936 |
HEITZ/RITTER: *Dt. Volksbücher* [Nr 842] ___ 1924 |
KOSCH: *Dt. Theater-Lexikon* [Nr 850] _____ 1953/65 |
KÜRSCHNERS *Biogr. Theater-Handbuch* [Nr 851] _____ 1956 |
SCHWANBECK: *Bibl. d. dt. Hochschulschr. z. Theaterwiss.* [Nr 852] ___ 1952 |
ROJEK: *Bibl. d. dt. Hochschulschr. z. Theaterwiss.* [Nr 853] ___ 1953/60 |
HILL/LEY: *Drama of German expressionism* [Nr 860] _____ 1960 |

Stoff- und Motivgeschichte

Zur ersten Orientierung über dichterische Bearbeitungen (Quellen) eines Stoffes oder Motives sowie über einschlägige Untersuchungen sind KOSCHS *Dt. Literatur-Lexikon* [Nr 439] und *Dt. Theater-Lexikon* [Nr 850] heranzuziehen (Beiträge: Abderiten, Abel usw.); darüber hinaus SCHMITT: *Stoff- und Motivgeschichte der deutschen Literatur*, 1965 [Nr 869].

Vergleichende Literaturgeschichte

BALDENSPERGER/FRIEDERICH: *Bibliography of comparative literature*, 1950 [Nr 871].

Einzelne Dichter

Für das Studium bedeutender Dichter bietet sich als erstes Hilfsmittel HANSELS *Personalbibliographie zur deutschen Literaturgeschichte / Studienausgabe* [= Nr 752] an, die für 300 Dichter die personalen E i n z e l b i b l i o g r a p h i e n (Titelverzeichnisse / Forschungsberichte) mit Erläuterungen nachweist, gegebenenfalls auch die Dichtergesellschaften (Periodika) und den handschriftlichen Nachlaß. Jede Einzelbibliographie — ob selbständig in Buchform oder „versteckt" in einer Zeitschrift oder als bibliographischer Anhang — vermag die Quellen (Werk-) und Sekundärliteratur, deren Kenntnis für die spezielle Forschung über einen Dichter unerläßlich ist, bei weitem reichhaltiger nachzuweisen als die (auswählenden) Sammelbibliographien wie der KÖRNER, KOSCH u. a.; sie gibt sich zugleich als eine Ergänzung und Weiterführung des GOEDEKE [= Nr 745/47], der in seinem (noch nicht abgeschlossenen) Grundwerk nur die bis 1830 wirkenden Dichter — mit großenteils veraltetem Schrifttumsnachweis — erfaßt (in der Neuen Folge ⟨1830—1880⟩ vorerst nur Dichter mit dem Buchstaben A!).

Näheres zu den Arten der Personalbibliographie s. S. 110.

HANSEL: *Personalbibliographie z. dt. Lit'gesch.* [Nr 752]_____ 1967 |

Wer möglichst schnell einen ersten Überblick über die Werke eines Dichters und das Forschungsschrifttum — bei begrenzter Auswahl! — gewinnen möchte, der schlage zunächst die umfassenden, nach dem Alphabet der Autoren angelegten Literatur-Lexika und Allgemeinbiographien nach, sodann den kritisch auswählenden KÖRNER.

KOSCH: *Dt. Literatur-Lexikon,* 4 Bde [Nr 439]_____ 1949/58 |
KOSCH/BERGER: *Dt. Literatur-Lexikon* [Nr 441] _____ 1963 |
WILPERT: *Dt. Dichterlexikon* [Nr 442] _____ 1963 |
Allgemeine Dt. Biographie [Nr 654] _1875/1912 |
Neue Dt. Biographie [Nr 657] _____ 8 Bde (A—H); 1953/69 |,
KÖRNER: *Bibliogr. Handbuch* [Nr 749] _____ 1948 |

Vgl. auch Nr 157/162, 440, 443. — Darüber hinaus sind zeitlich begrenzte, auch lokale Schriftsteller-Lexika sowie Epochenbibliographien einzusehen. Den Ausgangspunkt bibliographischer Ermittlungen für die Autoren des M i t t e l a l t e r s bildet das *Verfasserlexikon,* das durch bibliographische Anhänge in Literaturgeschichten zu ergänzen ist: einerseits durch EHRISMANN (ältere Lit.), andererseits durch DE BOOR und ERB (neuere Lit.).

Verfasserlexikon, 5 Bde [Nr 495] _____ 1933/55 |
GOEDEKE: *Grundr.* Bd 1 [Nr 745/46] __ 1884 |
EHRISMANN: *Gesch. d. dt. Lit.* ⟨MA⟩, 4 Bde [Nr 496] __ 1918/35 |
DE BOOR: *Die dt. Lit.* ⟨770—1350⟩, 3 Bde [Nr 497/99] _____ 1961/63 |
ERB: *Geschichte d. dt. Lit.* ⟨bis 1160⟩, 2 Bde [Nr 500] _____ 1963/64 |

Für die Zeit des H u m a n i s m u s , der R e f o r m a t i o n und des B a r o c k (16./17. Jahrh.) ist noch immer unentbehrlich der GOEDEKE — mit dem Nachweis der nicht veraltenden gedruckten Quellen, der durch den *Short-title-catalogue* [Nr 889], den Index von PROCTOR [Nr 897], JÖCHERS *Allgemeines Gelehrten-Lexikon* [Nr 653] und die Kataloge von FABER DU FAUR [Nr 774] zu ergänzen ist. Für die Forschungsliteratur leisten nützliche Dienste SCHOTTENLOHERS *Bibliographie zur dt. Geschichte im Zeitalter der Glaubensspaltung* und die zur Zeit neu bearbeitete *Bibliographie zur dt. Barockliteratur* von PYRITZ, weiterhin die Literaturgeschichten von BOECKH und NEWALD. Dazu neueste Forschungsberichte [Nr 778/88].

GOEDEKE: *Grundr.* Bd 2/3 [Nr 745/46]   1886/87 |
SCHOTTENLOHER: *Bibliogr.* ⟨1518—1585⟩ [Nr 770] 6 Bde: 1937 | Bd 7: 1938/60|
PYRITZ: *Barockliteratur* [Nr 772]   1935 |
BOECKH: *Gesch. d. dt. Lit* ⟨1480—1700⟩ [Nr 536/37]   1960/62|
NEWALD: *Die dt. Lit.* ⟨1570—1750⟩ [Nr 535]   1966 |

Die Zeit von A u f k l ä r u n g , K l a s s i k und R o m a n t i k betreut der GOEDEKE mit der Mehrzahl seiner Bände. Bei den Forschungen nach gedruckten Quellen eines Autors dieses Zeitraumes sind ergänzend das *Lexikon deutscher Dichter und Prosaisten* von JÖRDENS [Nr 792] und MEUSELS *Gelehrtes Teutschland* [Nr 793] heranzuziehen, für Erst- und Originalausgaben die Bibliographien von SCHULTE-STRATHAUS [Nr 789], BRIEGER/ BLOESCH [Nr 790] und HEUSER [Nr 791]. Das Forschungsschrifttum weist am besten der KÖRNER nach, bis zur Vorbereitung der Klassik auch der bibliographische Anhang in der Literaturgeschichte von NEWALD; dazu neueste Forschungsberichte [Nr 798/804].

GOEDEKE: *Grundr.* Bd 4/15 [745/46]
  Bd 4,1 (Vorklassiker)   1916 |
  Bd 4,2/5 (Goethe) |Bd 4, 2/4: 1911 | Bd 4, 5: 1912/50 |
  Bd 5 (Schiller; Zeitgenossen) 1893 |
  Bd 6/7 (1800—1815)   1898/1900 |
  Bd 8/15 (1815—1830)   1905/64 |→
KÖRNER: *Bibliogr. Handbuch* [Nr 749]   1948 |
NEWALD: *Von Klopstock bis* ... ⟨1750—1785⟩ [Nr 548]   1964 |

Für das 19. Jahrhundert — B i e d e r m e i e r , J u n g e s D e u t s c h - l a n d , R e a l i s m u s — ist die bibliographische Situation insofern schwierig, als die (nach dem Alphabet der Schriftsteller angelegte) Neue Folge des GOEDEKE über den Buchstaben A noch nicht hinausgelangt ist. Als ältere Hilfsmittel bieten sich an: die Lexika von BRÜMMER und PATAKY, sowie MEYERS Grundriß. Für das neuere Forschungsschrifttum müssen wir auf den KÖRNER [Nr 749] und KOSCH [Nr 439] zurückgreifen, außerdem auf neueste Forschungsberichte [Nr 810/14].

GOEDEKE: *Grundr.* Neue Folge, Bd 1 [Nr 747] (Dichter: Aar-Ayßlinger) 1955/62 |→
BRÜMMER: *Lexikon* [Nr 805]   1913 |
PATAKY: *Lexikon* [Nr 806] 1898 |
MEYER: *Grundriß* [Nr 807]   1907 |

Über die Dichter seit dem N a t u r a l i s m u s bis zur G e g e n w a r t unterrichten neben den Lexika von Kosch/Berger [Nr 441] und Wilpert [Nr 442] als besondere Nachschlagewerke: das *Handbuch der dt. Gegenwartsliteratur* und das *Lexikon der Weltliteratur im 20. Jahrhundert.* Einen äußerst ergiebigen Schrifttumsnachweis für die Dramatiker des Expressionismus verdanken wir den Amerikanern Hill/Ley; gut einführend in das Gegenwartsschrifttum der Lennartz (in mehreren Ausgaben seit 1939). Werklisten bietet von 1879 an für lebende (in 55. Ausg. 1967: für fast 8000) Autoren Kürschners *Dt. Literatur-Kalender* (dazu Nekrolog 1901 bis 1935), für die Schriftsteller im Exil ⟨1933/45⟩ die Bio-Bibliographie von Sternfeld/Tiedemann. Dazu neueste Forschungsberichte [Nr 824/30].

Handbuch der dt. Gegenwartsliteratur [Nr 574]	1969 |
Lexikon der Weltliteratur im 20. Jahrh. [Nr 159]	1960/61 |
Hill/Ley: *Drama of German expressionism* [Nr 860]	1960 |
Lennartz: *Dichter u. Schriftsteller unserer Zeit* [Nr 576]	1969 |
Kürschners *Dt. Lit.-Kal.* [Nr 818] 1879 |	55. Ausg.: 1967 |
Sternfeld/Tiedemann: *Dt. Exil-Lit.* [Nr 820] 1933/45 |	

Jede abgeschlossene Bibliographie weist nur das bis zu einem bestimmten Zeitpunkt bzw. innerhalb eines bestimmten Zeitraumes erschienene Schrifttum nach. Sie muß daher durch e i g e n e Sucharbeit ergänzt werden, sofern der Schrifttumsnachweis möglichst lückenlos bis zum jüngsten Forschungsstand vorliegen soll. **Nächste Stufe (III): Literaturermittlung mit Hilfe p e r i o d i s c h e r Fachbibliographien, s. S.128—132!**

---

1. B i b l i o g r a p h i e n   z u r   a l l g e m e i n e n   S p r a c h - und L i t e r a t u r w i s s e n s c h a f t

Vgl. I/1 (Darstellungen), III/1 (Periodische Fachbibliographien).

a) Allgemeine Sprachwissenschaft / Linguistik

Forschungsberichte:

688 S. Pop: *Bibliographie des questionnaires linguistiques.* Louvain 1955. 168 S. = Publ. de la Commission d'enquête ling. 6.

Besprechung der wichtigsten Arbeiten in annalistischer Ordnung (vom Mittelalter bis 1954); ausführliches Register.

689 V. Pisani: *Allgemeine und vergleichende Sprachwissenschaft. Indogermanistik.* Bern 1953. 199 S. = Wissenschaftl. Forschungsberichte. Geisteswiss. Reihe. 2.

II. Abgeschlossene Fachbibliographien

Breit angelegte Bibliographie zur inhaltsbezogenen Sprachforschung:

690 H. GIPPER/H. SCHWARZ: *Bibliographisches Handbuch zur Sprach-*
inhaltsforschung. T. 1. Schrifttum zur Sprachinhaltsforschung in alphabet. Folge nach Verfassern mit Besprechungen u. Inhaltshinweisen.
Lfg 1 ff. Köln 1962 ff. = Wissenschaftl. Abhandlungen d. Arbeits-
gemeinschaft f. Forschung d. Landes Nordrhein-Westfalen. 16 a.
Auf über 20 Lfgn berechnetes Unternehmen, das die allgemeine Linguistik
und die Philologie der großen Kultursprachen angeht, wobei das Deutsche
im Vordergrund steht. Zumeist nicht aufgenommen sind Arbeiten aus den
Gebieten der Phonetik, Phonologie, Formalgrammatik, historischen Lautlehre, Morphologie, formalen Sprachgeschichte und Namenkunde. Dazu Bd 1,
S. LXXXV—CXIII: Ziele und Anlage des Bibliographischen Handbuchs.
Das im alphabetischen Teil nachgewiesene und erläuterte Schrifttum soll
später — im zweiten Teil — systematisch nach Problemkreisen (A) und Sinn-
bereichen (B) geordnet vorgeführt werden. Bisher: T. 1, Bd 1 (= Lfg 1/7).
A—G. 1962—66; Bd 2 (= Lfg 8 ff.). 1967 ff.

Internationales Verzeichnis der Sprachwörterbücher:

691 W. ZAUNMÜLLER: *Bibliographisches Handbuch der Sprachwörter-*
bücher. Stuttgart 1958. XVI, 496 Sp.
Erfaßt 5600 Wörterbücher der Jahre 1460—1958 für mehr als 500 Sprachen
u. Dialekte. Sp. 47—92: Deutsche Wörterbücher.

Zur generativen Grammatik:

692 W. O. DINGWALL: *Transformational generative grammar.* A bibliography. Washington 1965. 82 S.

693 H. KRENN/K. MÜLLNER: *Bibliographie zur Transformationsgram-*
matik. Heidelberg 1968. V, 262 S. — Wird ergänzt durch:

694 H. KRENN/K. MÜLLNER: *Generative Semantik.* In: Linguistische Berichte H. 5 (1970) S. 85—106. — Weitere Nachträge in:

695 H. P. SCHWAKE: *Korrekturen, Ergänzungen und Nachträge zur Biblio-*
graphie zur Transformationsgrammatik. Braunschweig 1970. IV, 71 Bl.
= Linguistische Berichte. LB-Papier. 2. — Als Index zu Nr 693:

696 U. KNOOP/M. KOHRT/CH. KÜPER: *An Index of ‚Bibliographie zur*
Transformationsgrammatik‘ by H. Krenn and K. Müllner. Heidelberg
1971. XII, 116 S.

b) Allgemeine Literaturwissenschaft

Forschungsberichte (mit Berücksichtigung der Germanistik):

697 M. WEHRLI: *Allgemeine Literaturwissenschaft.* 2. Aufl. Bern/München
1969. 168 S. [1. Aufl. 1951] = Wissenschaftl. Forschungsberichte.
Geisteswiss. Reihe. 3.

1. Allgemeines (zur Situation, Systematik, Geschichte d. Literaturwissenschaft). 2. Textkritik u. Editionstechnik. 3. Poetik. 4. Werk, Dichter, Gesellschaft. Literaturhistorie (u. a.: Stilgeschichte, Periodisierung).

698 G. Storz: *Wendung zur Poetik.* In: DU 4 (1952) H. 2, S. 68—83.

699 J. Pfeiffer: *Dichtung und Deutung.* In: WW 7 (1956/57) S. 73—81.

700 H. Seidler: *Deutsche Dichtungswissenschaft in den letzten Jahren* ⟨*1946—1962*⟩. = DU 15 (1963) Beil. 16 S.

701 *Probleme der literarischen Wertung.* Hrsg. v. F. Martini. = DU 19 (1967) H. 5. 89 S.

Zur mittelalterlichen Literatur:

702 *The Medieval literature of Western Europe.* A review of research, mainly 1930—1960. Gen. Ed.: J. H. Fisher. New York/London 1966. XVI, 432 S. — Vgl. auch Nr 768.

Zur Rhetorik:

703 W. Veit: *Toposforschung.* Ein Forschungsbericht. In: DVj 37 (1963) S. 120—163.

704 B. Stolt: *Tradition und Ursprünglichkeit.* Ein Überblick über das Schrifttum zur Rhetorik in den sechziger Jahren im Bereich der Germanistik. In: Studia Neophil. 41 (1969) S. 325—38.

Internationale Bibliographie der Sprichwörtersammlungen:

705 O. E. Moll: *Sprichwörterbibliographie.* Frankfurt/M. 1958. XVI, 630 S.

S. 254—330: Chronologisch angelegtes Verzeichnis der deutschen Sprichwörtersammlungen (Deutsch — Niederdeutsch — Mitteldeutsch — Oberdeutsch). Vgl. auch S. 1—7: Bibliographien, Titelliste; S. 8—18: Abhandlungen über Geschichte, Psychologie, Form u. Verwendung der Sprichwörter.

2. Bibliographien zur deutschen Sprach- und Literaturwissenschaft

Vgl. I/2 (Darstellungen), III/2 (Periodische Fachbibliographien).

a) Deutsche Sprach- und Literaturwissenschaft in ihrer Gesamtheit

Der Versuch, für das Gesamtgebiet der Germanistik das wissenschaftliche Schrifttum in der Form einer reinen Bibliographie nachzuweisen, ist im Laufe der Entwicklung unserer Wissenschaft dreimal — in Abständen von je einem halben Jahrhundert — unternommen worden: zunächst durch Hoffmann von Fallersleben (1836), Ordinarius für deutsche Philologie an der Universität Breslau, sodann durch den Leipziger Germanisten K. VON BAHDER (1883); zuletzt durch:

706 F. LOEWENTHAL: *Bibliographisches Handbuch zur deutschen Philologie.* Halle 1932. XII, 217 S.

Inhalt: A. Allgemeines. B. Frühgeschichte, Mythologie, Volkskunde. C. Sprachwissenschaft. D. Literatur- u. Geistesgeschichte. — Übersichtlich und zuverlässig bearbeitete Auswahlbibliographie, in die auch die nordischen Sprachen u. Literaturen einbezogen sind. Nicht aufgenommen sind Texte und reine Textsammlungen, ebenso auch nicht Werke der Schriftsteller und die Literatur über sie.

Demgegenüber — im Hinblick auf das Studium der neueren deutschen Literaturgeschichte — vornehmlich ein Verzeichnis allgemeiner biographischer und bibliographischer Nachschlagewerke sowie grundlegender Handbücher der Nachbardisziplinen:

707 R. F. ARNOLD: *Allgemeine Bücherkunde zur neueren deutschen Literaturgeschichte.* 4. Aufl. Neu bearb. v. H. JACOB. Berlin 1966. XIII, 395 S. [1. Aufl. 1910].

Gliederung: Literaturkundliche Grundlagen. Weltliteratur. Deutsche Literatur. Biographie. Bibliographie. Randgebiete. Namenregister. Sachregister. — Wenn auch gegenüber den früheren Auflagen (3. Aufl. 1931) das lästige System von Abkürzungen aufgegeben wurde, so bleibt es im Hinblick auf eine schnelle Orientierung nachteilig, daß die Titel nicht mit vollen Angaben, sondern gekürzt im laufendem Text (bei gleichbleibendem Satzbild) aufgeführt sind. — Dazu G. STEINER/R. ROSENBERG: WB 1967, S. 448—62.

Aus dem Bestreben, die derzeitige, infolge der fortschreitenden Spezialisierung und literarischen Hochflut unklare Situation der germanistischen Bibliographie überwinden zu helfen, ist unsere *Bücherkunde* als forschungsgeschichtlicher Grundriß und bibliographisches Lehrbuch entstanden:

708 J. HANSEL: *Bücherkunde für Germanisten.* Wie sammelt man das Schrifttum nach dem neuesten Forschungsstand? Berlin 1959. 233 S.

Angelegt wie die vorliegende Studienausgabe; berücksichtigt, um einen Gesamtüberblick zu gewährleisten, auch das wichtige ältere Schrifttum, das tabellarisch in der Form einer systematisch gegliederten Forschungschronik geboten wird. Im Anhang (S. 177—219) eine Handschriftenkunde, die vornehmlich durch den Nachweis der Handschriftenverzeichnisse bibliographisches Rüstzeug für die Textphilologie herausstellt.

Ein umfassendes Verzeichnis germanistischer Dissertationen des In- und Auslandes ist bis heute nicht zustande gekommen. Ansätze in einzelnen Ländern: s. HBG (1959) S. 102—04; vgl. auch Nr 1009 u. IV, 2, S. 152 ff.

Verdienstvoll das Unternehmen des Germanischen Instituts der Universität London:

100

2. Bibliographien zur deutschen Sprach- und Literaturwissenschaft

709 F. Norman: *Theses in Germanic studies.* A catalogue of theses and dissertations in the field of Germanic studies ⟨excluding English⟩ approved for higher degrees in the universities of Great Britain and Ireland between 1903 and 1961. London 1962. VIII, 46 S. = Univ. of London, Inst. of Germanic Lang. and Lit. Publications. 4.

Fortsetzung in Vorb. — Ergänzend J. M. Ritchie/E. Flowers: *Theses in Germanic studies [1915—1964], Australia and New Zealand.* In: Journal of the Austral. Univ. Lang. and Lit. Assoc. 22 (1964) S. 289—94. — Dazu Nr 1217/18.

Ebenso fehlen neueste, das Gesamtgebiet der Germanistik erfassende Forschungsberichte. Doch mehren sich seit dem letzten Weltkrieg solche Berichte, die vom Aufblühen germanistischer Studien im Auslande bestes Zeugnis geben; vgl. HBG (1959) S. 98—100.

Kritische Referate über die seit der Nachkriegszeit erschienenen bibliographischen Hilfsmittel:

710   H. Fromm: *Neue Bibliographien zur deutschen Philologie.* In: DVj 26
711   (1952) S. 258—82. — Ders.: *Bibliographie und deutsche Philologie.* Ebda 33 (1959) S. 446—502. — [Unverändert zsgef. u. d. T.:] *Germanistische Bibliographie seit 1945. Theorie und Kritik.* Stuttgart 1960. 84 S.

Gründliche, ins einzelne gehende Überprüfung der verschiedenen Publikationen (in Buchform) hinsichtlich der Vorteile und Mängel ihrer Gestaltung. Insofern eine willkommene Ergänzung zur Annotation einzelner Titel unserer *Bücherkunde.* Dazu J. Hansel: *Bibliographie in kritischer Sicht.* In: Börsenblatt f. d. dt. Buchhandel 18/B (Frankfurt 1962) Nr 91 a, S. 2026—27.

b) Deutsche Sprachwissenschaft

Verzeichnisse und Berichte, die das Schrifttum ausschließlich für den Gesamtbereich der deutschen Sprachwissenschaft retrospektiv nachweisen, liegen nicht vor.

Diese Lücke dürfte das z. Z. in Lieferungen erscheinende *Bibliographische Handbuch zur Sprachinhaltsforschung* [Nr 690] insofern größtenteils ausfüllen, als es weite Teile des Deutschen erfaßt.

Wortforschung, Lexikographie

712   M. Lemmer: *Deutscher Wortschatz. Bibliographie zur deutschen Lexikologie.* 2. Aufl. Halle 1968. 145 S. [1. Aufl. 1967].

Verzeichnet auch den Sonderwortschatz der Fachsprachen, vor allem der Naturwissenschaften, Technik und Industrie. — Neuaufl. in Vorb.

Namenforschung

Titelbibliographien:

713 E. EICHLER: *Bibliographie der Namenforschung in der DDR.* Unter Mitw. v. K. HENGST. Leipzig 1963. 116 S. [Masch.].

714 E. EICHLER, K. HENGST u. J. SCHULTHEIS: *Bibliographie der Namenforschung in der DDR.* T. 2 〈1963—1965〉. Leipzig 1966. 104 S.

Hrsg. von der Leipziger namenkundlichen Arbeitsgruppe (Leiter: R. FISCHER). Während für T. 1 (mit 924 Titeln) Orts- u. Namenregister fehlen, sind im T. 2 die 545 annotierten Titel mit einem zweifachen Register erschlossen.

715 J. HUBSCHMID: *Bibliographia onomastica Helvetica.* Bernae 1954. 50 S. — Auch in: Onoma 3 (1952) S. 1*—52*.

Lückenhaft; ergänzend ST. SONDEREGGER: Vox Romanica 14 (1954/55) S. 397—435.

Forschungsberichte:

716 W. FLEISCHER/E. EICHLER: *Die Namenforschung in der DDR* 〈*1945 bis 1957*〉. In: Onoma 7 (1956/57) S. 229—43.

717 *Deutsche Namenkunde.* Ein Bericht über Neuerscheinungen der letzten Jahre. In: WW 7 (1956/57) S. 1—13.

718 W. FOERSTE: *Namenforschung.* In: Niederdeutsches Wort 1 (1960) S. 94—101; u. ö. [laufende Chronik].

719 E. SCHWARZ: *Die Orts- u. Flurnamenforschung im deutsch-slavischen Berührungsgebiet 1945—1960.* In: Zeitschr. f. Ostforschung 10 (1961) S. 674—718.

Grammatik

720 F. MOSSÉ: *Bibliographia Gotica.* A bibliography of writings on the Gothic language to the end of 1949. In: Mediaeval Studies 12 (1950) S. 237—324.

Forts. 〈bis 1957〉: Ebda 15 (1953) S. 169—83; 19 (1959) S. 174—96.

Forschungsberichte:

721 W. BETZ: *Neuere Literatur zu Hochsprache, Mundart und Umgangssprache.* In: DU 8 (1956) H. 2, S. 86—92.

722 K. B. LINDGREN: *Neue Strömungen in der deutschen Grammatik.* In: Neuphil. Mitt. 61 (1960) S. 324—40.

723 S. GROSSE: *Neuere Arbeiten zur deutschen Sprache der Gegenwart.* In: DU 12 (1960) H. 5, S. 102—08.

724 E. PLOSS: *Neuere Arbeiten zur Syntax und Dialektgeographie.* In: ZfdPh 79 (1960) S. 84—93.

725 L. Weisgerber: *Das Wagnis der Grammatik.* In: WW 10 (1960)
S. 321—34.

726 W. Hartung: *Grammatikunterricht und Grammatikforschung.* In:
DU 17 (1964) S. 149—62.

727 J. Juhász: *Synchrone Sprachwissenschaft.* In: WW 21 (1971) S. 112
bis 133.

Sprachgeschichte

728 F. Maurer: *Bericht über neuere Arbeiten zur Geschichte der deutschen Sprache.* In: DU 3 (1951) H. 1, S. 80—87.

Dialektologie

Umfassende Bibliographie ⟨bis 1926⟩:

729 F. Mentz: *Bibliographie der deutschen Mundartenforschung für die
Zeit vom Beginn des 18. Jahrhunderts bis zum Ende d. J. 1889.* Leipzig 1892. XX, 181 S.

Fortges. von F. Mentz, in: Deutsche Mundarten. Zeitschr. f. Bearbeitung d.
mundartl. Materials 1 (1895) S. 85—126, 184—209, 304—29; — von
A. Landau: ebda S. 126—32; — von F. Mentz: ebda 2 (1906) S. 1—52; —
von F. Mentz, in: Zeitschr. f. dt. Mundarten (1908) S. 97—127, 381—84;
(1910) S. 48—110; — von der Marburger Zentralstelle: ebda (1915)
S. 1—139; (1916) S. 1—187; (1918) S. 1—81; (1920) S. 1—63; (1922)
S. 1—65. — Zuletzt von:

730 B. Martin: *Bibliographie zur deutschen Mundartforschung und -dichtung
1921—1926.* Bonn 1929. VII, 206 S. = Teuthonista. Beih. 2.

731 St. Sonderegger: *Die schweizerdeutsche Mundartforschung 1800 bis
1959.* Bibliographisches Handbuch mit Inhaltsangaben. Frauenfeld
1962. 328 S. = Beiträge z. schweizerdt. Mundartforschung. 12.

Vorbildlich kritischer, systematisch gegliederter Schrifttumsnachweis (mit
2125 Titeln).

732 P. v. Polenz: *Arbeiten zum Deutschen Wortatlas.* In: Dt. Wortforschung in europäischen Bezügen. Untersuchungen zum Dt. Wortatlas.
Bd 2 (1963) S. 525—47.

733 E. Siegel: *Deutsche Wortkarte 1890 bis 1962. Eine Bibliographie.*
Ebda Bd 4 (1964) S. 629—91 [als Buch: Giessen 1964. 67 S. = Beiträge z. dt. Philol. 33].

734 W. Foerste: *Mundartwörterbücher Niederdeutschlands und der angrenzenden Gebiete.* In: Niederdeutsches Wort 1 (1960) S. 32—40;
vgl. auch S. 40—44, 101—114.

735 *Regionale Dialektologie der Deutschen Sprache.* Arbeitsberichte der Forschungsunternehmen. In: ZMF 32 (1965) S. 97—169.

736 E. BARTH: *Deutsche Mundartwörterbücher 1945—1965.* In: ZMF 33 (1966) S. 190—92.

737 N. ÅRHAMMAR: *Friesische Dialektologie.* In: Germanische Dialektologie. Fs. f. W. Mitzka. I. Wiesbaden 1968. S. 264—317. = ZDL. Beihefte. N. F. 5.

738 P. ALTHAUS: *Ergebnisse der Dialektologie.* Bibliographie der Aufsätze in den deutschen Zeitschriften für Mundartforschung 1854—1968. Wiesbaden 1970. XII, 240 S. = ZDL. Beihefte. N. F. 7.

Phonologie

739 *Bibliographie zur Phonetik und Phonologie des Deutschen.* Bearb. v. F. SCHINDLER u. E. THÜRMANN. Hrsg. v. Inst. f. Phonetik der Univ. z. Köln. Tübingen 1971. XIII, 156 S.

740 *Monumenta Germaniae acustica.* Schriftl.: E. KNETSCHKE. Katalog 1965. Basel 1965. 315 S. = Phonai. Dt. Reihe A, 4.

Aufnahmen des Dt. Spracharchivs, von denen Texte vorliegen; zsgest. u. bearb. von den Mitarbeitern d. Inst. f. Phonometrie Braunschweig.

741 R. E. KELLER: *Bibliography of German structural phonology 1930 to 1965.* In: Phonetica 19 (1969) S. 246—61.

Sprechkunde

742 H. GEISSNER: *Sprechkunde und Sprecherziehung.* Bibliographie der deutschsprachigen Literatur. 1955—1965. Düsseldorf 1968. 363 S.

Setzt den bibliographischen Anhang zu Bd 2 der Reihe *Sprechkunde und Sprecherziehung* (1955) S. 117—142 fort. Bietet über 6000 Titel.

c) Deutsche Literaturwissenschaft

Bibliographische Einführungen:

743 P. RAABE: *Einführung in die Bücherkunde zur deutschen Literaturwissenschaft.* 6., überarb. Aufl. Stuttgart 1969. 91 S. [1. Aufl. 1961]. = SM 1.

744 W. FRIEDRICH: *Einführung in die Bibliographie der deutschen Literaturwissenschaft.* Halle 1968. 240 S.

Literaturgeschichte in ihrer Gesamtheit

Der „Goedeke"

In dem Bestreben, für die Geschichte der deutschen Dichtung eine möglichst vollständige Gesamtbibliographie zu liefern, hat Karl Goedeke († 1887) die bibliographischen Anhänge seines als Literaturgeschichte geplanten Grundrisses in zweiter Auflage derart ausgeweitet, daß dieses Unternehmen — von der Deutschen Akademie der Wissenschaften als Gemeinschaftsarbeit weitergeführt — sich zu einer Bibliographie größten Ausmaßes entwickelt hat.

Die besondere Bedeutung des „Goedeke" liegt in dem Versuch, die Literatur zu einzelnen Autoren (Dichtern) möglichst vollständig nachzuweisen. Darüber hinaus bieten die Einleitungen zu den einzelnen Epochen auch allgemeines Schrifttum.

Die Benutzung dieses Standardwerkes, dessen Planung vor über hundert Jahren einsetzte und das heute in verschiedenen Auflagen eine Vielzahl stattlicher Bände aufweist, ist insofern nicht leicht, als ein Gesamtregister noch immer aussteht. Hinzukommt, daß mit der Änderung der Grundsätze der Bearbeitung die Einteilungsprinzipien gewechselt haben und sich infolgedessen einzelne Gruppen überschneiden, so daß in dem letzten, den Zeitraum 1815 bis 1830 umfassenden Abschnitt der zweiten Auflage z. B. Dichter wie Grabbe, Heine, Hoffmann und Uhland in drei verschiedenen Bänden nachgesucht werden müssen.

Wir unterscheiden:

das **Grundwerk** (in 1., 2. und 3. Auflage), das die deutsche Dichtung von den Anfängen bis zur französischen Revolution (1830) berücksichtigt;

eine „**Neue Folge**" ⟨1830—1880⟩, die solche Dichter erfaßt, die nach Goethes Tode bis zum Beginn des Naturalismus gewirkt haben.

Das Grundwerk ⟨von den Anfängen bis 1830⟩

Die erste Auflage (3 Bde, 1859/81) ist veraltet; maßgebend heute die **zweite** und **dritte** Auflage.

745 K. Goedeke: *Grundriß zur Geschichte der deutschen Dichtung. Aus den Quellen.* 2., ganz neu bearb. Aufl. 13 Bde. Dresden 1884—1953.

Forts. (in alphabet. Folge der Dichter):

— Hrsg. v. d. Dt. Akad. d. Wiss. zu Berlin unter Leitung v. L. Magon. Red.: H. Jacob. Bd XIV, Lfg 1 ff. Berlin 1955 ff.

Abgeschlossen: Bd XIV. 1959. X, 1038 S. (Nachtr. S. 981—1023: Schrifttum bis 1957). — Bd XV. 1966. XIII, 1180 S.

In dritter Auflage ist bislang nur Bd IV (von Gottsched bis Goethe einschl.) neu bearbeitet worden:

746 K. GOEDEKE: *Grundriß zur Geschichte der deutschen Dichtung. Aus den Quellen.* 3., neu bearb. Aufl. Fortges. v. E. GOETZE. Bd IV, Abt. 1—4. Dresden 1910—16. — Neuerdings ergänzt: Abt. 5. *Goethe-Bibliographie 1912—1950,* bearb. v. C. DIESCH (†) u. P. SCHLAGER (†), hrsg. v. H. JACOB. Berlin 1960. 997 S.
Für die Benutzung ist zu beachten, daß das gesamte Werk in 6 (z. T. willkürliche) *Perioden* gegliedert, ungleich auf 18 (mitunter geteilte) *Bände* bzw. 8 *Bücher* (mit einzelnen *Abteilungen*) aufgeteilt und mit durchlaufenden *Paragraphen* (§ 1—350) versehen ist; ein *Generalregister* (Bd XVIII) soll den Grundriß ⟨bis 1830⟩ abschließen.

Nachstehende Ü b e r s i c h t möge die Benutzung erleichtern:

Einleitung und Mittelalter

⟨1⟩ *Das Mittelalter*
Bd I (1884)   = Buch 1—3   = § 1—100.
Dichtung vom Beginn bis 1515.

Humanismus und Barockzeit

⟨2⟩ *Das Reformationszeitalter*
Bd II (1886)   = Buch 4   = § 101—175.
Dichtung von 1515 bis 1600.

⟨3⟩ *Vom Dreißigjährigen bis zum Siebenjährigen Kriege*
Bd III (1887)   = Buch 5   = § 176—200.
Dichtung von 1600 bis 1750.

Aufklärung und Klassik

⟨4⟩ *Vom Siebenjährigen bis zum [Napoleonischen] Weltkriege*
Bd IV (1891)   = Buch 6, Abt. 1   = § 201—246.
18. Jahrhundert: Von Bodmer bis Goethe (einschließlich).

Dritte Auflage:
Bd IV, T. 1 (1916)   = Buch 6, Abt. 1   = § 201—232.
Dichtung der Aufklärung. Die Vorklassiker. Sturm und Drang.
Bd IV, T. 2 (1910)   = Buch 6, Abt. 1   = § 233—234.
Goethe-Biographie (§ 233); Literatur über Goethe (§ 234).

Bd IV, T. 3 (1912)   = Buch 6, Abt. 1   = § 235—246.
Goethe: Werke und Literatur über sie.
Bd IV, T. 4 (1913)   = Buch 6, Abt. 1   = § 233—246.
Nachträge, Berichtigungen u. Register zu T. 2—4. — 1955 unveränd. Neudr. von T. 1—4.
Bd IV, T. 5 (1960).
Goethe-Bibliographie 1912—1950.

Bd V (1893)   = Buch 6, Abt. 2   = § 247—281.
Schiller; Zeitgenossen der Klassiker: u. a. Hölderlin, Jean Paul.

Zeit der Romantik

⟨5⟩ *Zeit des [Napoleonischen] Weltkrieges*

Bd VI (1898)   = Buch 7, Abt. 1   = § 282—298.
Dichtung der Romantik: u. a. Arnim, Brentano, Chamisso, Fouqué, Kleist, Novalis, Brüder Schlegel, Tieck, Wackenroder, Werner. Wissenschaft der Romantik. Dichter aus der Schweiz und Österreich.

Bd VII (1900)   = Buch 7, Abt. 2   = § 298—311.
Dichter aus Österreich [Forts.], den deutschen Landschaften u. dem Ausland. Mundartdichtung. Übersetzungen.

⟨6⟩ *Vom [Welt]frieden (1815) bis zur französischen Revolution 1830*

Bd VIII (1905)   = Buch 8, Abt. 1   = § 312—330.
Zeitschriften, Almanache. Lyriker und Dramatiker der Spätromantik: u. a. Börne, Eichendorff, Grabbe, Grillparzer, Heine, Hoffmann, Immermann, Kerner, Platen, Rückert, Uhland.

Bd IX (1910)   = Buch 8, Abt. 2   =   § 331.
Romanschriftsteller [nach Landschaften]: u. a. Alexis, Hauff, Holtei.

Bd X (1913)   = Buch 8, Abt. 3   = § 332—333.
Unterhaltungsschriftsteller: u. a. Zschokke, Spindler.

Bd XI, 1 (1951)   = Buch 8, Abt. 4   =   § 334.
Drama und Theater (des Vormärz) in Deutschland: u. a. [Nachträge für] Alexis, Arnim, Brentano, Chamisso, Eichendorff, Fouqué, Grabbe, Heine, Holtei, Immermann, Platen, Rückert, Tieck, Uhland, Werner, Zschokke.

Bd XI, 2 (1953)   = Buch 8, Abt. 4   =   § 334.
Drama und Theater (des Vormärz) in Österreich: u. a. Grillparzer, Raimund.

Bd XII (1929)   = Buch 8, Abt. 5   = § 335—337.
Dichtung der Schweiz, in Österreich u. Bayern.

Bd XIII (1938) = Buch 8, Abt. 6 = § 338—344.

Dichtung in West- u. Mitteldeutschland u. in Schlesien: u. a. Grabbe, Hoffmann v. Fallersleben, Holtei, Uhland.

Bd XIV (1959) = Buch 8, Abt. 7 = § 345.

Dichtung in Nordostdeutschland [in alphabetischer Folge!]: u. a. Arnim, Alexis, Chamisso, Fouqué, Heine, Hoffmann, Holtei, Humboldt, Jahn, Werner.

Bd XV (1966) = [Buch 8] Abt. 8 = § 346—347.

Ausland. Mundartdichter.

Bd XVI [in Vorb.]

Geistliche Dichtung. Autodidakten.

Bd XVII [in Vorb.]

Übersetzer.

Bd XVIII [in Vorb.]

Register zu Bd I—XVII.

Die „ N e u e   F o l g e " ⟨1830—1880⟩

Anschließend an Goedekes Planung, die in sechs Perioden die Geschichte der deutschen Dichtung nur bis zur Spätromantik berücksichtigt, erscheint in Lieferungen eine Fortführung ⟨bis 1880⟩.

Bereits vor dem Zweiten Weltkrieg vorbereitet; das Jahr 1940 brachte die erste Lieferung, die 1955 in einem spärlich ergänzten Neudruck erschien.

747 *Goedekes Grundriß zur Geschichte der deutschen Dichtung. Neue Folge ⟨Fortführung von 1830 bis 1880⟩.* Hrsg. v. d. Akad. d. Wiss. zu Berlin unter Leitung v. L. Magon. Bearb. v. G. Minde-Pouet (†), Eva Rothe († 1962). Bd 1, Lfg 1 ff. Berlin 1955 ff.

Etwa 10 000 Autoren, „die mit mindestens einem selbständigen Buch hervorgetreten sind", sollen in a l p h a b e t i s c h e r Anordnung behandelt werden. Bisher erschienen: Bd 1. 1962. 733 S. Verzeichnet nach der Einleitung u. allgemeinen Bibliographie [s. Nr 808] die Schriftsteller von Aar bis Ayßlinger, darunter: Allmers, Anzengruber, Auerbach, Auersperg (Anastasius Grün).

Für die Benutzung der Neuen Folge ist zu beachten, daß sie solche Dichter vorweist, die etwa seit 1800 geboren sind und bis zum Beginn des Naturalismus gewirkt haben.

Was bietet der „Goedeke" heute? Zu dieser Frage vgl. HBG (1959) S. 109.

Zur schnelleren Orientierung vgl. man das alphabetische Verzeichnis der Dichter seit 1650:

748 L. Hirschberg: *Der Taschengoedeke.* Berlin 1924. Nachdruck Stuttgart 1961. 815 S. — Auch: dtv-TB 4030/31.

Auswahlbibliographie

749 J. KÖRNER: *Bibliographisches Handbuch des deutschen Schrifttums.* 3., völlig umgearb. Aufl. Bern 1949. 644 S. — 4. Aufl. [= unveränd. Nachdr.] 1966.

Hum
Z
2231
. K b
1949

Als Anhang zu SCHERER/WALZELS Literaturgeschichte [s. Nr 468] konzipiert und zu einer stoffreichen Auswahlbibliographie erweitert (1921; 1928). 1949 als selbständiges Nachschlagewerk erschienen. — Schrifttumsnachweis bis zum Stande vom 1. März 1948; besonders ergiebig für die Goethezeit und die Epoche zwischen Romantik und Naturalismus ⟨1830—1880⟩. — Bei der Benutzung dieses im Druck nicht genügend übersichtlich gestalteten Handbuches beachte man die Gliederung (S. 641—44) und übersehe nicht das Verzeichnis der Abkürzungen und Siglen (S. 11—16)! Der Sachbibliographie (S. 17—74) folgt als „besonderer Teil" eine ausführliche Personalbibliographie (S. 75 bis 543), die im Hinblick auf einen Dichter und seine Werke etwa folgendermaßen geordnet ist: Werkausgaben (Bde mit römischen Zahlen), Bibliographien, Biographien und Charakteristiken (zunächst umfassend, sodann zu einzelnen Werken), auch Zeitschriftenaufsätze. Die Titel erscheinen vielfach gekürzt oder unvollständig, mitunter leicht verändert; der Erscheinungsort ist nur bei Dissertationen (*D*) sowie bei den im Auslande erschienenen Büchern erwähnt. Den Zugang zur Bibliographie erleichtern zwei breit angelegte Register (S. 547—640).

Hum
Z
2231
. O 4 (?)
V. 1 - 2

750 *Internationale Bibliographie zur Geschichte der deutschen Literatur von den Anfängen bis zur Gegenwart.* Hrsg. vom Kollektiv für Literaturgeschichte . . . Berlin . . . und des Maxim-Gorki-Instituts für Weltliteratur . . . in Moskau. [Geplant auf] 4 Bde. Berlin (Ost)/München-Pullach 1969 ff.

Als Ergänzungsbände zu der von K. GYSI [u. a.] herausgegebenen *Geschichte der deutschen Literatur von den Anfängen bis zur Gegenwart* [s. Nr 476] geplant. — Bd 1 = Teil I: Von den Anfängen bis 1789. 1969. 1045 S. — Bd 2 = Teil II, 1: Von 1789 bis zur Gegenwart. 1971. 1031 S. Umfaßt Allgemeine und Personalbibliographie von 1789—1830 und von 1830—1900 sowie die allgemeine Bibliographie des 20. Jh.s. — Bd 3 = Teil II, 2: Von 1789 bis zur Gegenwart ist für 1972 geplant und enthält die Personalbibliographie zur dt. Lit. des 20. Jh.s sowie Allgemeine und Personalbibliographie zur österreichischen und deutschschweizer Literatur des 20. Jh.s. — Als 4. ist ein Registerband vorgesehen.

751 *Handbuch der deutschen Literaturgeschichte.* 2. Abt. Bibliographien. Hrsg. v. P. STAPF. [Geplant] 12 Bde. Bern/München 1969 ff. [vgl. Nr 480].

Bisher erschienen oder in Vorber.: Bd 1 [= Nr 761]; 2 [= Nr 762]; 3 [= Nr 763]; 4 [= Nr 771]; 5 [= Nr 773]; 6 [= Nr 794]; 7 [= Nr 795]; 8 [= Nr 796]; 9 [= Nr 809]; 10 [= Nr 815]; 11 [= Nr 816]; 12 [= Nr 817].

In personaler Hinsicht (zur Orientierung über Werke einzelner Dichter und die Literatur über sie) erweisen sich als praktische Nachschlagewerke die L i t e r a t u r - L e x i k a , die als biographisch-bibliographische Handbücher einschlägiges Schrifttum in (nicht immer zuverlässiger) Auswahl bieten: vornehmlich KOSCH [s. Nr 439], KOSCH/BERGER [s. Nr 441] und WILPERT [s. Nr 442]; vgl. auch Nr 157/162; 154.

B i b l i o g r a p h i e   d e r   P e r s o n a l b i b l i o g r a p h i e n

Sofern eine eigene Bibliographie zu einem Dichter (Schriftsteller) vorliegt, erspart sie dem Forscher mühseliges Sammeln. Jede E i n z e l - b i b l i o g r a p h i e (Monobibliographie) vermag das Material wesentlich reichhaltiger zu bieten als etwa die auswählenden Sammelbibliographien (KÖRNER, KOSCH usw.).

Im Zuge der Spezialisierung unseres Faches haben sich die Bibliographien zu einzelnen Dichtern (Personalbibliographien) derart vermehrt, daß sie in ihrer Fülle kaum noch zu übersehen sind und infolgedessen — dem Anfänger weniger bekannt — ungenutzt bleiben. Sie entziehen sich unserem Blicke um so mehr, als sie zumeist nicht in Buchform, sondern „versteckt" vorliegen — als Beiträge in den Zeitschriften oder als bibliographische Anhänge in Werkausgaben, umfassenden Monographien und Spezialuntersuchungen (Dissertationen).

Wir unterscheiden im besonderen:

„subjektive" Personalbibliographien = Verzeichnisse der Werke eines Dichters (Primärliteratur);

„objektive" Personalbibliographien = Verzeichnisse der Literatur über einen Dichter (Sekundärliteratur).

Eine umfassende Bestandsaufnahme der vielartigen Bibliographien zu einzelnen Dichtern war seit längerem vom Verfasser dieser *Bücherkunde* vorbereitet, ist aber nicht fertiggestellt worden *(Personalbibliographie zur deutschen Literaturgeschichte)*. Als Auszug aus dieser *Personalbibliographie* dient zum schnellen und möglichst vollständigen Nachweis der Quellen und Sekundärliteratur im Hinblick auf das Studium bedeutender Dichter:

752 J. HANSEL: *Personalbibliographie zur deutschen Literaturgeschichte. Studienausgabe.* Berlin 1967. 175 S.

Aufgenommen sind 300 Dichter, die einzelnen Epochen zugeteilt sind. Den erläuternden Einzelbibliographien sind in der *Studienausgabe* orientierende Forschungsübersichten vorangestellt; abschließend jeweils Hinweise auf Dichtergesellschaften (Periodika) und handschriftlichen Nachlaß.

753 E. FRIEDRICHS: *Literarische Lokalgrößen 1700—1900. Verzeichnis der in regionalen Lexika und Sammelwerken aufgeführten Schriftsteller.* Stuttgart 1967. X, 439 S. = Repertorien zur dt. Literaturgesch. 3.

Verzeichnet jene Stellen in regional begrenzten Nachschlagewerken, die über weniger bekannte Schriftsteller des 18./19. Jahrhunderts in bio-bibliographischer Hinsicht Auskunft geben.

Vgl. auch Bd 3 des *Handbuchs der deutschen Gegenwartsliteratur* [Nr 574]:

754 H. WIESNER/I. ŽIVSA/C. STOLL: *Bibliographie der Personalbibliographien zur deutschen Gegenwartsliteratur.* München 1970. 358 S.

Quellen- und Handschriftenkunde

Wegweiser zu den literaturwissenschaftlichen Quellen:

755 P. RAABE: *Einführung in die Quellenkunde zur neueren deutschen*
756 *Literaturgeschichte.* 2. Aufl. Stuttgart 1966. 95 S. — DERS.: *Quellenrepertorium zur neueren deutschen Literaturgeschichte.* 2. Aufl. Stuttgart 1966. 112 S. = SM 73/74.

In 1. Aufl. (1962) vereinigt u. d. T.: *Quellenkunde zur neueren deutschen Literaturgeschichte.*

Überblick über die E r s t a u s g a b e n der neueren deutschen Dichtung:

757 G. v. WILPERT / A. GÜHRING: *Erstausgaben deutscher Dichtung.* Eine Bibliographie zur deutschen Literatur 1600—1960. Stuttgart 1967. X, 1468 S.

Verzeichnet 1360 Schriftsteller (vom Barock bis zur Gegenwart) mit etwa 47 000 Erstausgaben. Dazu kritisch W. GOSE: Antiquariat 18 (1968) S. 73—76. — Vgl. auch Nr 789/91.

Zu B r i e f s a m m l u n g e n :

758 F. SCHLAWE: *Die Briefsammlungen des 19. Jahrhunderts. 1815—1914.* Bibliographie der Briefausgaben und Gesamtregister der Briefschreiber und Briefempfänger. 2 Bde. Stuttgart 1969. XVI, 546; IV, 525 S. = Repertorien zur dt. Literaturgesch. 4, 1/2.

Übersicht über die H a n d s c h r i f t e n v e r z e i c h n i s s e einzelner Bibliotheken im Anhang der großen Ausgabe unserer *Bücherkunde* (1959): Handschriftenkunde (S. 177—219); über den handschriftlichen Nachlaß bedeutender Dichter vgl. auch Nr 752.

Wichtiger, wenn auch überholter Nachweis neuerer deutscher Dichterhandschriften:

759 W. FRELS: *Deutsche Dichterhandschriften von 1400 bis 1900.* Gesamtkatalog der eigenhändigen Handschriften deutscher Dichter in den Bibliotheken und Archiven Deutschlands, Österreichs, der Schweiz und der ČSR. Leipzig 1934. XIV, 382 S. = Bibliographical Publications. Germ. Sect. Mod. Lang. Association of America. 2.

Verzeichnet das handschriftliche Material mit Fundorten (über 500 Institute). Dazu W. Schmidt: DLZ 59 (1938) Sp. 793—802.

Literaturgeschichte nach Epochen

Mittelalter

Verzeichnisse altdeutscher Handschriften: s. HBG (1959) S. 187—218. Inkunabelverzeichnisse: s. Nr 886/91.

Bibliographien:

760 *Bibliographien zur deutschen Literatur des Mittelalters.* Hrsg. v. U. Pretzel u. W. Bachofer. Berlin 1950 ff.

> Bisher: 1. W. Krogmann/U. Pretzel: Bibliographie zum Nibelungenlied und zur Klage. 4. Aufl. 1966. 75 S. — 2. U. Pretzel/W. Bachofer: Bibliographie zu Wolfram von Eschenbach. 2. Aufl 1968. 114 S. — 3. H. Tervooren: Bibliographie zum Minnesang und zu den Dichtern aus ‚Des Minnesangs Frühling'. 1969. 91 S. — 4. M. G. Scholz: Bibliographie zu Walther von der Vogelweide. 1970. 144 S. — 5. H. H. Steinhoff: Bibliographie zu Gottfried von Straßburg. 1971. 110 S.

761 H. Kratz: *Frühes Mittelalter.* Bern/München 1970. 287 S. = Handb. d. dt. Lit'gesch. 2, 1 [s. Nr 751].

762 M. Batts: *Hohes Mittelalter.* Bern/München 1969. 112 S. = Handb. d. dt. Lit'gesch. 2, 2 [s. Nr 751].

763 G. F. Jones: *Spätes Mittelalter (1300—1450).* Bern/München 1971. 120 S. = Handb. d. dt. Lit'gesch. 2, 3 [s. Nr 751].

Forschungsberichte:

764 K. Ruh: *Altdeutsche Mystik.* In: WW 7 (1956/57) S. 135—46, 212 bis 231.

765 H. Fischer: *Neuere Forschungen zur deutschen Dichtung des Spätmittelalters ⟨1230—1500⟩.* In: DVj 31 (1957) S. 303—45.

766 H. Fischer: *Probleme u. Aufgaben der Literaturforschung zum Deutschen Spätmittelalter.* In: GRM 40 = N. F. 9 (1959) S. 217—27.

767 H. Rupp: *Forschung zur althochdeutschen Literatur 1945—1962.* In: DVj 38 (1964), Sonderh. S. 1—67 [als Buch: Stuttgart 1965. 76 S.].

768 W. T. H. Jackson: *Medieval German Literature.* In: *The medieval literature of Western Europe* [s. Nr 702] S. 191—254.

769 J. Janota: *Neue Forschungen zur deutschen Dichtung des Spätmittelalters ⟨1230—1500⟩.* 1957—1968. In: DVj 45 (1971) Sonderheft S. 1—242. [Forts. zu Nr 765].

Forschungsberichte zu einzelnen Gattungen: s. Nr 832/35 (Minnesang), 839/41 (Spielmannsepik, höf. Epik), 848 (Prosa), 857 (Drama).

Humanismus. Reformation. Barock

Umfassende Sonderbibliographien:

770 K. SCHOTTENLOHER: *Bibliographie zur deutschen Geschichte im Zeitalter der Glaubensspaltung 1517—1585.* 6 Bde. 2., unveränd. Aufl. Stuttgart 1956—58 [1. Aufl. 1933—40]. — [Forts.] Bd 7: Das Schrifttum von 1938—1960. Bearb. v. U. THÜRAUF. Stuttgart 1966. VIII, 691 S.

Verzeichnet auch Werkausgaben einzelner Dichter u. Literatur über sie. Vgl. die erste Gruppe [= Bd 1 u. 2, S. 1—435; Nachträge: Bd 5, S. 1—291]: Personen [darunter: Aal, Abel, Ackermann, Agricola, Alber, Aventinus, Ayrer, Bletz, Boltz, Brant u. a.]; dazu die Übersicht: Bd 4, S. 173 f. — Schrifttum von 1938/60 in Bd 7: Personen [S. 1—240; Nachträge u. Ergänzungen: S. 499—517].

771 J. E. ENGEL: *Renaissance, Humanismus, Reformation.* Bern/München 1969. 80 S. = Handb. d. dt. Lit'gesch. 2, 4 [s. Nr 751].

772 H. PYRITZ: *Bibliographie zur deutschen Barockliteratur.* In: P. HANKAMER: *Deutsche Gegenreformation und deutsches Barock.* Stuttgart 1935; 2. [unveränd.] Aufl. 1947. S. 478—530. — Vgl. Nr 532.

Schrifttumsnachweis in knapper Auswahl, die den Forschungsstand bis zur Mitte der 30er Jahre anzeigt; in der 3. Aufl. (1964) nicht aufgenommen.

773 I. MERKEL: *Barock.* Bern/München 1971. 113 S. = Handb. d. dt. Lit'-gesch. 2, 5 [s. Nr 751].

Werkbibliographien:

774 C. v. FABER DU FAUR: *German baroque literature.* A catalogue of the collection in the Yale University Library. Bd 1. New Haven 1958. XLII, 496 S. Bd 2. New Haven/London 1969. XVIII, 185 S.

Ausführliche Beschreibung der reichhaltigen Barocksammlung der Yale University Library (1882 bzw. 500 Nummern); in 24 Abschnitten nach entwicklungsgeschichtlichen u. gattungsmäßigen Gesichtspunkten gegliedert; dreiteilige Register. Dazu FABER DU FAUR in: Philobiblon 2 (1958) S. 8—30. — Ergiebig auch Antiquariats- und Versteigerungskataloge, wie sie für die dt. Barockdichtung seit dem von K. WOLFSKEHL herausgegebenen Katalog der Sammlung VICTOR MANHEIMER (durch Karl u. Faber, München 1927, Nachdr. Hildesheim) vorliegen; zuletzt u. a. vom Antiquariat Haus der Bücher AG. (Basel 1963 ff.).

775 *Emblemata.* Handbuch zur Sinnbildkunst des XVI. und XVII. Jahrhunderts. Hrsg. im Auftr. der Göttinger Akademie der Wissenschaften v. A. HENKEL u. A. SCHÖNE. Stuttgart 1967. LXXXI S., 2196 Sp.

Abdruck von 3713 Emblemata aus 47 Emblembüchern, mit reichhaltigem Schrifttumsnachweis zur Forschung.

Bibliographien zu einzelnen Gattungen: s. Nr 836 (Meistergesang), 842 (Volksbücher).

776 Allgemeine Schriftstellerlexika (JÖCHER) und Bücherverzeichnisse (PROCTOR, GEORGI) als Hilfsmittel für den Nachweis von Quellen: s. Nr 653, 897, 894.

Zur bibliographischen Erforschung:

777 A. TAYLOR: *Problems in German literary history of the fifteenth and sixteenth centuries.* New York 1939. XVIII, 211 S. = The Mod. Lang. Ass. of America. Gen. Ser. 8.

U. a. aufschlußreiche Hinweise auf allgemeine u. spezielle Bibliographien im Hinblick auf die nähere Erforschung des 15./16. Jahrhunderts.

Forschungsberichte:

778 R. NEWALD: *Deutsche Literatur im Zeitalter des Humanismus ⟨1939—1952⟩.* In: DVj 27 (1953) S. 309—36.

779 H. LIEBING: *Reformationsgeschichtliche Literatur ⟨1945—1954⟩.* In: DVj 28 (1954) S. 516—37.

780 W. E. PEUCKERT: *Die zweite Mystik.* In: DVj 32 (1958) S. 286—304.

781 D. WUTTKE: *Deutsche Germanistik und Renaissanceforschung.* Ein Vortrag zur Forschungslage. Bad Homburg v. d. H. 1968. 46 S. = Republica literaria. 3.

782 E. TRUNZ: *Die Erforschung der deutschen Barockdichtung.* In: DVj 18 (1940) Ref.-H. S. 1—101.

783 E. LUNDING: *Stand und Aufgabe der deutschen Barockforschung.* In: Orbis litterarum 8 (1950) S. 27—91.

784 E. LUNDING: *Deutsche Barockforschung.* Ergebnisse und Probleme. In: WW 2 (1951/52) S. 298—306.

785 K. O. CONRADY: *Die Erforschung der neulateinischen Literatur.* Probleme u. Aufgaben. In: Euph. 49 (1955) S. 413—45.

786 J. D. LINDBERG: *Internationale Bibliographie der deutschen Barockliteratur.* Ein Bericht. In: Colloquia Germanica 4 (1970) S. 110—120.

787 M. BRAUNECK: *Barockforschung.* Ein Literaturbericht ⟨1962—67⟩. In: Das 17. Jh. in neuer Sicht. Stuttgart 1969. S. 93—120.

788 M. BRAUNECK: *Barockforschung ⟨1945—1970⟩.* In: DVj 45 (1971) Sonderheft S. 378—468.

Forschungsberichte zum Roman: s. Nr 843/44; zum Drama: s. Nr 854, 859.

Aufklärung. Klassik. Romantik

Verzeichnisse von Erst- und Originalausgaben:

789 E. Schulte-Strathaus: *Bibliographie der Originalausgaben deutscher Dichtungen im Zeitalter Goethes.* Nach den Quellen bearb. Bd 1, Abt. 1. München 1913. 272 S. [Mehr nicht ersch.]

790 L. Brieger / H. Bloesch: *Ein Jahrhundert deutscher Erstausgaben. Die wichtigsten Erst- und Originalausgaben von etwa 1750 bis etwa 1880.* Stuttgart 1925. 206 S. = Taschenbibliographie f. Büchersammler. 2.

791 F. W. J. Heuser: *First editions of the German romantic period in American libraries.* New York 1942. VIII, 48 S.

Beruht auf Goedekes *Grundriß;* ergänzt durch W. Kurrelmeyer: MLN 58 (1943) S. 328.

Schriftstellerlexika:

792 K. H. Jördens: *Lexikon deutscher Dichter und Prosaisten.* 6 Bde. Leipzig 1806—1811.

793 J. G. Meusel: *Das gelehrte Teutschland oder Lexikon der jetzt lebenden teutschen Schriftsteller.* 5. Ausgabe. 23 Bde. Lemgo 1796 bis 1834 [1. Ausg. 1776].

Führt in mehreren Alphabeten die zeitgenössischen Autoren mit ihren Werken an; wichtig zur Ergänzung von Goedekes *Grundriß.*

Allgemeine Bücherverzeichnisse (Heinsius, Kayser): s. Nr 899/900.

Bibliographien:

In Vorbereitung:

794 E. K. Grotegut: *Aufklärung.* = Handb. d. dt. Lit'gesch. 2, 6 [s. Nr 751].

795 K. Harris: *Goethezeit, Sturm und Drang, Klassik.* = Handb. d. dt. Lit'gesch. 2, 7 [s. Nr 751].

796 J. Osborne: *Romantik.* Bern/München 1971. 166 S. = Handb. d. dt. Lit'gesch. 2, 8 [s. Nr 751].

797 E. D. Becker/M. Dehn: *Literarisches Leben. Eine Bibliographie.* Auswahlverz. von Lit. zum deutschsprachigen lit. Leben von der Mitte des 18. Jh.s bis zur Gegenwart. Hamburg 1968. 253 S.

Forschungsberichte:

798 D. W. Schumann: *Neuorientierung im 18. Jahrhundert.* In: MLR 9 (1948) S. 54—73, 135—45.

799 D. W. Schumann: *Germany in the eighteenth century.* In: JEGPh 51 (1952) S. 259—75, 434—50.

800 D. W. Schumann: *New studies in German literature of the eighteenth century.* In: JEGPh 54 (1955) S. 705—26.

801 H. PRANG: *Literaturbericht zur dt. Vorklassik.* In: WW 2 (1951/52) S. 231—38.

802 W. RASCH: *Die Literatur der Aufklärungszeit.* In: DVj 30 (1956) S. 533—60.

803 A. ANGER: *Deutsche Rokokodichtung.* Ein Forschungsbericht. DVj 36 (1962) S. 430—79, 614—48 [als Buch: Stuttgart 1963. V, 88 S.].

804 J. MÜLLER: *Romantikforschung.* = DU 15 (1963) Beil. 16 S.; 17 (1965) Beil. 16 S.

Forschungsberichte zu einzelnen Gattungen: s. Nr 843/46 (Roman), 847 (Novelle), 858 (Drama).

B i e d e r m e i e r.   J u n g e s   D e u t s c h l a n d.   R e a l i s m u s

Literaturlexika und bibliographische Grundrisse:

805 F. BRÜMMER: *Lexikon der dt. Dichter u. Prosaisten vom Beginn des 19. Jahrh. bis zur Gegenwart.* 8 Bde. Leipzig 1913 [1. Aufl. 1885].

806 S. PATAKY: *Lexikon dt. Frauen der Feder.* Eine Zusammenstellung der seit d. Jahre 1840 erschienenen Werke weiblicher Autoren, nebst Biographien der lebenden und einem Verzeichnis der Pseudonyme. Berlin 1898. 527 S.

807 R. M. MEYER: *Grundriß der neueren deutschen Literaturgeschichte.* 2. Aufl. Berlin 1907. 312 S. [1. Aufl. 1902].

808 *Bibliographie der Literatur über die deutsche Dichtung im Zeitraum 1830—1880.* In: GOEDEKES Grundriß. N. F. Bd 1 (1962) S. 27—123. A. Bibliographische Hilfsmittel. B. Der Zeitraum 1830 bis 1880 in Darstellungen d. dt. Dichtg. C. Allgemeine Lit. über d. Zeitraum 1830 bis 1880 [u. a. Stoffe u. Probleme]. D. Besondere Lit.: 1. Biedermeier. 2. Das Junge Deutschland. 3. Polit. Dichtg. 4. Der Münchener Kreis. E. Gattungen d. Dichtg. F. Dichtg. einzelner Länder u. Landschaften. — Lückenhaft im Nachweis der neuesten Literatur.

809 R. C. COWEN: *Neunzehntes Jahrhundert ⟨1830—1880⟩.* Bern/München 1970. 216 S. = Handb. d. dt. Lit'gesch. 2, 9 [s. Nr 751].

Allgemeine Bücherverzeichnisse (HEINSIUS, KAYSER, HINRICHS): s. Nr 899/901. — Vgl. auch Nr 790.

Forschungsberichte:

810 F. MARTINI: *Neue Forschungen zur Dichtungsgeschichte des 19. Jahrhunderts.* In: DuV 40 (1939) S. 342—63.

811 F. STUCKERT: *Zur Dichtung des Realismus u. des Jahrhundertendes.* In: DVj 19 (1941) Ref.-H. S. 79—136.

812 G. Weydt: *Biedermeier und Junges Deutschland.* DVj 25 (1951) S. 506—21.

813 F. Martini: *Forschungsbericht zur dt. Literatur in der Zeit des Realismus.* Stuttgart 1962. IV, 89 S. [vorher in: DVj 34, S. 581—666].

814 *Zur Literatur der Restaurationsepoche 1815—1848.* Forschungsreferate und Aufsätze. Friedrich Sengle zum 60. Geb. von seinen Schülern. Hrsg. v. J. Hermand u. M. Windfuhr. Stuttgart 1970. VIII, 599 S.

Forschungsberichte zu einzelnen Gattungen: s. Nr 843/46 (Roman), 847 (Novelle), 849 (Prosadichtung), 854/55, 858 (Drama).

Vom Naturalismus bis zur Gegenwart

815 P. Goff: *Wilhelminisches Zeitalter.* Bern/München 1971. 216 S. = Handb. d. dt. Lit'gesch. 2, 10 [s. Nr. 751].

In Vorbereitung:

816 G. Bauer-Pickar: *Deutsches Schrifttum zwischen den beiden Weltkriegen.* = Handb. d. dt. Lit'gesch. 2, 11 [s. Nr 751].

817 J. Glenn: *Deutsches Schrifttum der Gegenwart (ab 1945).* Bern/München 1971. 128 S. = Handb. d. dt. Lit'gesch. 2, 12.

Bio-Bibliographien (s. auch Nr 574/78):

818 Kürschners *Deutscher Literatur-Kalender.* Jg. 1 ff. Berlin 1879 ff. Nicht jährlich; letzte Neuausgaben: 53 (1958), 54 (1963), 55 (1967). Liefert Werklisten lebender Schriftsteller. — Ältere Generation:

819 *Nekrolog zu* Kürschners *Literatur-Kalender 1901—1935.* Hrsg. v. G. Lüdtke. Berlin 1936. 976 Sp.

820 W. Sternfeld u. E. Tiedemann: *Deutsche Exilliteratur 1933 bis 1945.* Eine Bio-Bibliographie. 2., erw. Aufl. Heidelberg 1970. 600 S. [1. Aufl. 1962].
Umfassende Werkbibliographie, die bei jedem Schriftsteller zuerst die Lebensdaten, den Weg im Exil und — bei Lebenden — die heutige Anschrift angibt. Verzeichnet auch die Mitarbeit an Zeitschriften u. Zeitungen, desgleichen die Publikationen in fremden Sprachen. — Vgl. auch:

821 W. Berthold: *Exil-Literatur 1933—1945.* Ausstellung der Deutschen Bibl., Frankfurt/M. 3. Aufl. Frankfurt/M. 1967. 352 S. [1. Aufl. 1965]. = Sonderveröffentl. d. Dt. Bücherei. 1.

822 G. Soffke: *Deutsches Schrifttum im Exil 1933—1950.* Veröffentlichungen aus den Beständen d. Univ.-Bibl. Bonn. Ein Bestandsverzeichnis. Bonn 1965. 64 S. = Bonner Beiträge z. Bibl.- u. Bücherkunde. 11.

823 I. Bode: *Die Autobiographien zur deutschen Literatur, Kunst und Musik 1900—1965.* Bibliographie und Nachweise der persönlichen

Begegnungen und Charakteristiken. Stuttgart 1966. XI, 308 S. =
Repertorien zur dt. Literaturgesch. 2.
Reichhaltige Bibliographie zum expressionistischen Drama: s. Nr 860;
Auswahlverzeichnis der Hörspiele: s. Nr 861; vgl. auch Nr 862/63. —
Zu den Zeitschriften des Zeitraums s. Nr 1026/29. Zu Briefsamm-
lungen: Nr 758.

Forschungsberichte:

824 F. Martini: *Deutsche Literatur zwischen 1880 und 1950.* In DVj 26
(1952) S. 478—535.

825 K. L. Schneider: *Neuere Literatur zur Dichtung des deutschen Expressionismus.* In: Euph. 47 (1953) S. 99—110.

826 G. Konrad: *Expressionismus.* In: WW 7 (1956/57) S. 351—65.

827 R. Brinkmann: *Expressionismus. Forschungs-Probleme 1952—1960.*
Stuttgart 1961. 98 S. [vorher in: DVj 33, S. 104—81; 34, S. 306—22].

828 P. Raabe: *Expressionismus.* In: DU 16 (1964) Beil. 32 S.

829 P. Chiarini: *Recenti studi null' espressionismo.* In: Studi Germanici
N. S. 2 (1964) Nr 2, S. 104—116.

830 J. Hermand: *Jugendstil.* Ein Forschungsbericht 1918—1964. Stuttgart
1965. 91 S. [vorher f. 1918/62 in: DVj 38, S. 70—110, 273—315].
Forschungsbericht zur Lyrik: s. Nr 837.

Literaturgeschichte nach Gattungen

Nur vereinzelt Sonderbibliographen — zum Minnesang [Nr 831],
zum Meistergesang [Nr 836], zum Volksbuch [Nr 842], vor allem
zum Drama [Nr 850/53, 856, 860], dagegen mehrt sich die Zahl
einführender Forschungsberichte.

Lyrik

831 H. Tervooren: *Bibliographie zum Minnesang und zu den Dichtern
aus ,Des Minnesangs Frühling'.* Mit e. Geleitwort v. H. Moser. Berlin 1969. 91 S. = Bibliogr. z. dt. Lit. d. Mittelalters. 3. [s. Nr 760].

832 H. Thomas: *Minnesang in neuer Gestalt.* In: WW 4 (1953/54)
S. 164—77.

833 H. Thomas: *Die jüngere deutsche Minnesangforschung.* In: WW 7
(1956/57) S. 269—86.

834 F. R. Schröder: *Neuere Minnesangarbeiten.* In: GRM 35 (1954)
S. 69—74; 37 (1956) S. 404—10.

835 G. JUNGBLUTH: *Neue Forschungen zur mittelhochdeutschen Lyrik.* In: Euph. 51 (1957) S. 192—221.

836 A. TAYLOR u. F. H. ELLIS: *A bibliography of Meistergesang.* Bloomington, Ind. 1936. 92 S. = Indiana Univ. studies. 23.
Schrifttum zu einzelnen Meistersängern (S. 29—48); neuere Werkausgaben (S. 67—92).

837 W. HÖLLERER: *Deutsche Lyrik 1900 bis 1950.* Versuch e. Überschau u. Forschungsbericht. In: DU 5 (1953) H. 4, S. 72—104.

838 B. BLUME u. A. E. SCHRÖDER: *Interpretations of German poetry ⟨1939—1956⟩.* A bibliography. In: MDU 49 (1957) S. 241—63.

Epik

839 H. NAUMANN: *Literatur zur Höfischen Epik.* In: DVj 21 (1943) Ref.-H. S. 1—29.

840 H. RUPP: *Neuere Literatur zur höfischen Epik.* In: DU 6 (1954) H. 5, S. 108—13.

841 M. CURSCHMANN: *Spielmannsepik.* Wege und Ergebnisse der Forschung von 1907—1965. Mit Erg. u. Nachtr. bis 1967. Stuttgart 1968. VIII, 131 S. [vorher in: DVj 40 (1966) S. 434—479; 597—647].

842 P. HEITZ u. F. RITTER: *Versuch einer Zusammenstellung der deutschen Volksbücher des 15. u. 16. Jahrh. nebst deren späteren Ausgaben u. Literatur.* Straßburg 1924. XVIII, 219 S.
In alphabet. Ordnung [Alexander, Apollonius v. Tyrus u. a.]; Ausgaben mit Hinweis auf GOEDEKES *Grundriß* [s. Nr 745/47] u. Inkunabelverzeichnisse [s. Nr 886/87].

843 F. MARTINI: *Geschichte u. Poetik des Romans.* Ein Literaturbericht. In: DU 3 (1951) H. 3, S. 86—99.

844 W. PABST: *Literatur zur Theorie des Romans.* In: DVj 34 (1960) S. 264—89.

845 K. REICHERT: *Utopie und Staatsroman.* Ein Forschungsbericht. In: DVj 39 (1965) S. 259—287.

846 L. KÖHN: *Entwicklungs- und Bildungsroman.* Stuttgart 1969. VIII, 115 S. [vorher in: DVj 42 (1968) S. 427—473, 590—632].

847 K. K. POLHEIM: *Novellentheorie und Novellenforschung.* Ein Forschungsbericht 1945—1964. Stuttgart 1965. 122 S. [vorher f. 1945/63 in: DVj 38, Sonderh. S. 208—316].

848 W. STAMMLER: *Von mittelalterlicher deutscher Prosa.* Rechenschaft u. Aufgabe. In: JEGPh 48 (1949) S. 15—44.

Wiederholt bei W. St.: *Kleine Schriften zur Literaturgeschichte des Mittel-alters.* Berlin 1953. S. 43—67.

849 F. Martini: *Deutsche Prosadichtung im 19. Jahrhundert.* Ein kritischer Literaturbericht. In: DU 5 (1953) H. 1, S. 112—28.

Drama

850 W. Kosch: *Deutsches Theater-Lexikon.* Biographisches u. bibliogra-phisches Handbuch. 3 Bde. Bd 1 u. 2. Klagenfurt 1953/60. Bd 3 fort-gef. v. H. Bennwitz. Bern/München 1965 ff.
Bisher: Bd 1. ⟨A—Hurk⟩. 1953. 864 S.; Bd 2. ⟨Hurka—Pallenberg⟩ 1960. 864 S.; Bd 3 [in Lfgn].

851 Kürschners *Biographisches Theater-Handbuch. Schauspiel, Oper, Film, Rundfunk.* Deutschland, Österreich, Schweiz. Hrsg. v. H. A. Frenzel u. H. J. Moser. Berlin 1956. 840 S.

852 G. Schwanbeck: *Bibliographie der deutschsprachigen Hochschul-schriften zur Theaterwissenschaft von 1885 bis 1952.* Berlin 1956. XIV, 563 S. = Schriften d. Ges. f. Theatergesch. 58.
Auch für das Drama u. einzelne Dramatiker aufschlußreich. Vgl. besonders C. Historisch-geographische Abt. (gegliedert nach Epochen). — Forts.:

853 H. J. Rojek: *Bibliographie der deutschsprachigen Hochschulschriften zur Theaterwissenschaft von 1953 bis 1960.* Berlin 1962. XVII, 170 S. = Schriften d. Ges. f. Theatergesch. 61.

854 R. Petsch: *Drama und Theater.* Ein Forschungsbericht ⟨1920—35⟩. In: DVj 14 (1936) S. 563—653; 15 (1937) Ref.-H., S. 69—88; 16 (1938) Ref.-H., S. 108—46.

855 W. Wittkowski: *Zur Ästhetik und Interpretation des Dramas.* In: DU 15 (1963) Beil. 15 S.

856 M. J. Rudwin: *A historical and bibliographical survey of the Ger-man religious drama.* Pittsburgh 1924. XXIII, 286 S.

857 W. F. Michael: *Das deutsche Drama und Theater vor der Refor-mation.* Ein Forschungsbericht. In: DVj 31 (1957) S. 106—53.

858 F. Sengle: *Literatur zur Geschichte des neueren deutschen Dramas und Theaters.* In: DVj 27 (1953) S. 137—65.

859 R. Tarot: *Literatur zum deutschen Drama und Theater des 16. u. 17. Jahrhunderts.* Ein Forschungsbericht ⟨1945—1962⟩. In: Euph. 57 (1963) S. 411—53.

860 C. Hill u. R. Ley: *The drama of German expressionism.* A German-English bibliography. Chapel Hills 1960. XII, 211 S. = Univ. of North Carolina studies in Germ. lang. and lit. 28.

Äußerst ergiebiger Nachweis des Schrifttums (vornehmlich der Zeitschriften-Veröffentlichungen) über das dt. expressionistische Drama im allgemeinen (S. 5—38) sowie über 16 Dramatiker im besonderen (S. 39—191).

861 B. Siebert: *Hörspiele.* Eine Literaturform unserer Zeit. Ein Auswahlverzeichnis. Dortmund 1958. 27 S.

862 W. Klose: *Neues vom Hörspiel.* In: WW 9 (1959) S. 176—81 [*F*].

863 W. Klose: *Zeitkritik am Mikrophon. Neue Hörspiele seit 1958.* In: WW 11 (1961) S. 361—71 *F*.

Vgl. auch den bibliographischen Anhang in Nr 638/39.

Stoff- und Motivgeschichte

In bibliographischer Hinsicht müssen wir für den Bereich der Stoff- und Motivgeschichte unterscheiden:

a) Sammlungen der dichterischen Bearbeitungen einzelner Stoffe und Motive (= Quellen);

b) Verzeichnisse der Darstellungen zur Stoff- und Motivgeschichte (= Untersuchungen).

Bibliographien der Quellen

864 A. Luther: *Deutsches Land in deutscher Erzählung.* Ein literar. Ortslexikon. 2. Aufl. Leipzig 1937. 862 Sp. [1. Aufl. 1936].

865 A. Luther: *Deutsche Geschichte in deutscher Erzählung.* Ein literar. Lexikon. 2. Aufl. Leipzig 1943. XI, 494 Sp. [1. Aufl. 1940].

Beide Romanbibliographien (gekürzt) zsgef. u. d. T.:

866 *Land und Leute in deutscher Erzählung.* Ein bibliogr. Literaturlexikon. Bearb. v. A. Luther u. H. Friesenhahn. Stuttgart 1954. 556 Sp.

In alphabet. Ordnung der Orte bzw. Personennamen: Bibliographie „Land" (Sp. 1—364), „Leute" (Sp. 365—498). Systemat. Orts-, chronol. Personenregister.

867 F. A. Schmitt: *Beruf und Arbeit in deutscher Erzählung.* Ein literar. Lexikon. Stuttgart 1952. XVI, 668 Sp.

Alphabetisch nach Berufen geordnet. Dazu systematisches Berufsregister.

Weltliterarische Nachschlagewerke und allgemeine Motiv-Lexika: s. HBG (1959) S. 126—27.

Bibliographien der Untersuchungen

868 K. Bauerhorst: *Bibliographie der Stoff- und Motivgeschichte der deutschen Literatur.* Berlin 1932. XVI, 188 S.

Mit systematischer Gliederung der Stoffe und Motive. — Neubearbeitung:

121

869 F. A. SCHMITT: *Stoff- und Motivgeschichte der deutschen Literatur.*
Eine Bibliographie. Begr. v. K. BAUERHORST. 2. Aufl. Berlin 1965.
XVI, 332 S. [1. Aufl. 1959].

Verzeichnet fast 5000 Titel zu 1242 alphabetisch aufgeführten Stoffen und
Motiven. Die Benutzung erleichtern (gegenüber der 1. Aufl.) Zwischenver-
weisungen, ein alphabetisch geordnetes Gruppenschlagwortregister sowie eine
systematisch angelegte Übersicht. Wertvoll die einzelnen Titeln beigefügten
Hinweise auf bibliographische Anhänge (hinsichtlich der Quellen u. Untersuchungen). Dazu G. Steiner: DLZ 88 (1967) Sp. 22—25.

Vergleichende Literaturwissenschaft

870 *Bibliographie générale de littérature comparée.* Bd 1—5. Paris 1957/
1959.

Insges. 5 Zweijahresbände. Berichtszeit: 1949 bis 1958.

Umfassende Bibliographie:

871 F. BALDENSPERGER u. W. P. FRIEDERICH: *Bibliography of comparative*
literature. 2., unveränd. Aufl. New York 1966. XXIV, 705 S. [1. Aufl.
Chapel Hill 1950]. = Univ. of North Carolina studies in comp. lit. 1.

Verzeichnet etwa 33 000 Titel von Büchern und Aufsätzen, für die ein Sachregister fehlt. Mit vielfachen Unterabteilungen in vier Bücher gegliedert.
— Laufende Forts.: s. Nr 962.

Forschungsberichte zur vergleichenden Literaturgeschichte sowie Übersetzungsbibliographien: s. HBG (1959) S. 128—31.

3. Allgemeine Bibliographien

Vgl. I/3 (Allgemeine Darstellungen), III/3 (Periodische Fachbibliographien)
u. IV (Periodische Allgemeinbibliographien).

Bibliographien der Bibliographien

872 G. SCHNEIDER: *Handbuch der Bibliographie.* 5. Aufl. Stuttgart 1969.
XII, 674 S. [1. Aufl. 1923]. [= unveränd. Nachdr. d. 4. Aufl. Leipzig 1930].

Beschränkt sich auf systematisch gegliederte Allgemeinbibliographien. — Der
theoretische Teil der ersten drei Auflagen gesondert u. d. T.: *Einführung in*
die Bibliographie. Leipzig 1936. 203 S.

873 T. BESTERMAN: *A world bibliography of bibliographies and of biblio-*
graphical catalogues, calendars, abstracts, digests, indexes, and the
like. 4. Aufl. 5 Bde. Genf 1965—66 [1. Aufl. 1939—40].

Mit über 84 000 Titeln reichhaltigste Bibliographie selbständiger Bibliographien aller Art, alphabetisch nach Schlagwörtern geordnet. Auf germa-

nistischem Gebiete erhebliche Lücken; es fehlen sogar LOEWENTHAL [s. Nr 706] u. KÖRNER [s. Nr 749].

874 H. BOHATTA u. F. HODES: *Internationale Bibliographie der Bibliographien.* Unter Mitw. v. W. FUNKE. Frankfurt 1950. 652 S.

Dadurch, daß die (etwa 16 000) Titel innerhalb der Wissenschaftsgebiete alphabetisch aufgeführt sind, ist die Benutzung schwierig; ablehnend J. VORSTIUS: ZfB 64 (1950) S. 413—37. — Dagegen leicht zugänglich und äußerst zuverlässig:

875 L.-N. MALCLÈS: *Les sources du travail bibliographique.* 3 Tle. Genf 1950—58.

Mit kritischen Bemerkungen zu den wichtigeren Titeln. Vgl. besonders T. 2 (= 2 Bde): Geisteswissenschaftl. Bibliographien.

876 W. TOTOK / R. WEITZEL / K.-H. WEIMANN: *Handbuch der bibliographischen Nachschlagewerke.* 3. Aufl. Frankfurt/M. 1966. XXIV, 362 S. [1. Aufl. 1954].

Übersichtlich ausgewählt die Allgemeinbibliographien (I) u. Fachbibliographien (II). — Knapper:

877 C. FLEISCHHACK, E. RÜCKERT u. G. REICHARDT: *Grundriß der Bibliographie.* Unter Mitw. v. G. GÜNTHER u. W. DUX. Leipzig 1957. 263 S. = Lehrbücher f. d. Nachwuchs an wissenschaftl. Bibliotheken. 2.

Bibliothekskataloge

Die gedruckten Bibliothekskataloge, vor allem die Kataloge der großen Nationalbibliotheken, geben sich mit dem umfassenden Nachweis ihrer bedeutenden Bestände als wichtige allgemeine Auswahlbibliographien auf internationaler Basis.

Berlin: Staatsbibliothek

878 *Deutscher Gesamtkatalog* [Bd 1—8: *Gesamtkatalog der preußischen Bibliotheken*]. Hrsg. v. d. Preuß. Staatsbibliothek. 14 Bde. Berlin 1931—39. [Mehr nicht ersch.]

Wenn dieses auf eine weite Sicht angelegte Unternehmen nicht in der Katastrophe des Zweiten Weltkrieges untergegangen wäre, hätte es u. a. für die einzelnen Dichter einen äußerst zuverlässigen Nachweis ihrer Werkausgaben (als „subjektive" Personalbibliographie) erbracht. So reichen die vorliegenden Bde nur bis zum Buchstaben B(e).

London: British Museum

879 *Catalogue of the printed books in the Library of the British Museum.* P. 1—393 in 95 vols [nebst] Suppl. P. 1—44 in 13 vols. London 1881—1905.

Überarbeitete u. ergänzte Neuauflage:

880 *British Museum. General Catalogue of printed books.* Vol. 1 ff. London 1931 ff.

Zu den verschiedenen Ausgaben des Katalogs vgl. W. Toтoк / R. Weitzel / K.-H. Weimann [Nr 876] S. 20—22.

Paris: Bibliothèque Nationale

881 *Catalogue général des livres imprimés de la Bibliothèque Nationale.* T. 1 ff. Paris 1897 ff.

Washington: Library of Congress

882 *A catalog of books represented by Library of Congress printed cards.* Vol. 1—167 [nebst] Suppl. Vol. 1—24. Ann Arbor, Mich. 1942—48. Grundwerk, 1948/52 laufend weitergeführt u. zsgef. zu einem Fünfjahresband:

883 *The Library of Congress author catalog.* A cumulative list ... Vol. 1—24. Ann Arbor, Mich. 1953.

Laufende Weiterführung 1953/55:

884 *Library of Congress catalog.* A cumulative list ... Washington 1953—55.

Erweitert (auf 400 amerikanische Bibliotheken) zum amerikanischen Zentralkatalog:

885 *The National Union catalog.* A cumulative author list represented by Library of Congress printed cards and titels reported by other American libraries. Vol. 1 ff. Washington 1956 ff.

Dazu Fünfjahreszusammenfassungen: 1953/57 (1958); 1958/62 (1963).

Inkunabel- und Bücherverzeichnisse

Als Inkunabeln oder Wiegendrucke bezeichnet man die ältesten Drucke (aus der Zeit von etwa 1450 bis 1500).

886 *Gesamtkatalog der Wiegendrucke.* Hrsg. v. d. Kommission f. d. Gesamtkatalog der Wiegendrucke. 8 Bde. Leipzig 1925—40. [Mehr nicht ersch.].

Reicht — Bd 8, Lfg 1 — nur bis zum Buchstaben Fe. — Weiterführung seit 1967 in Vorbereitung (zunächst soll die erste Lieferung von Bd 8 neu bearbeitet erscheinen). — Deutschsprachige Frühdrucke verzeichnet:

887 G. W. Panzer: *Annalen der älteren deutschen Literatur.* 3 Bde [nebst] 2 Suppl. Nürnberg 1788—1885. — Nachdr. Hildesheim 1961.

Bd 1, die Jahre 1462—1520 enthaltend (1788); dazu Erg.-Bd: Zusätze (1802). — Bd 2, die Jahre 1521—1526 enthaltend (1865). — Bd 3 v. E. Weller u. d. Nebentitel: *Repertorium typographicum.* Die dt. Lit. im ersten Viertel ⟨1501—1526⟩ d. 16. Jahrh. Im Anschluß an Hains Repertorium u. Panzers Dt. Annalen; dazu: 2 Suppl. (1874; 1885).

888 *Einblattdrucke des 15. Jahrhunderts. Ein bibliographisches Verzeichnis.* Hrsg. v. d. Komm. f. d. Gesamtkatalog der Wiegendrucke. Halle 1914. XIX, 553 S. = Slg bibliothekswiss. Arbeiten. 35/36.

Zur alphabetischen Einordnung vgl. das Vorwort. Dazu Register nach Druckorten u. Druckern; Sachregister.

889 *Short-title-catalogue of books printed in the German-speaking countries and German books printed in other countries from 1455 to 1600 now in the British Museum.* London 1962. VIII, 1224 S.

Alphabetisch nach Autoren angelegt (mit verkürzter Wiedergabe der Titel); Sachtitel nach dem System des Brit. Museums eingeordnet. Reich vertreten Volksbücher, Flugschriften u. a. Dazu H. CLAUS: AfdA 76 (1965) S. 69—72.

Nach dem Vorbild des *Gesamtkatalogs der Wiegendrucke* [s. Nr 886] angelegte Bibliographie der in niederdeutscher Sprache verfaßten Drucke:

890 C. BORCHLING u. B. CLAUSSEN: *Niederdeutsche Bibliographie. Gesamtverzeichnis der niederdeutschen Drucke bis zum Jahre 1800.* 2 Bde. Neumünster 1931—36. — Erweitert durch B. CLAUSSEN: Bd 3, T. 1. Nachträge, Ergänzungen u. Verbesserungen zu Bd 1 u. 2. 1957. 123 S.

Werke in chronologischer Ordnung, die durch ein Verfasserregister und Schlagwortverzeichnis erschlossen werden. — Außerdem:

891 W. BRANDES: *Bibliographie der niedersächsischen Frühdrucke bis zum Jahre 1600.* Baden-Baden 1960. 138 S. = Bibliotheca bibliogr. Aureliana. 4.

Ca. 600 Drucke, nach Verfassern u. Herausgebern alphabetisch angeführt.

Spezielle Quellenbibliographie (Drucke mit ausführlichen Titelaufnahmen):

892 H. HAYN u. A. N. GOTENDORF: *Bibliotheca Germanorum erotica et curiosa.* Verzeichnis der gesamten deutschen erotischen Literatur mit Einschluß der Übersetzungen nebst Beifügung der Originale. 3. Aufl. 8 Bde. München 1912—14. — Erg.-Bd [9], hrsg. v. P. ENGLISCH. 1929.

Der Begriff der „erotischen" Literatur ist sehr weit gefaßt. Reiches, sorgfältig aufgearbeitetes Material, mit Hinweis auf GOEDEKES *Grundriß;* diesen namentlich bei der Feststellung entlegener Werke vielfach ergänzend. Dazu:

893 R. ALEWYN: *Eine unbekannte Bibliographie zur deutschen Literatur.* In: Euph. 32 (1931) S. 209—10.

Darüber hinaus helfen bei der Ermittlung älterer Werke (in Buchform)

a) internationale Allgemeinbibliographien:

Berichtszeit

894 GEORGI: *Allgemeines europäisches Bücherlexikon.* 5 Tle, 3 Suppl. (1742—58). —1750

II. Abgeschlossene Fachbibliographien

895 BRUNET: *Manuel du libraire.* 6 Tle, 2 Suppl. (1860—80).   —1850

896 GRAESSE: *Trésor de livres rares.* 7 Tle (1859—69).   —1855

b) allgemeine Nationalbibliographien:

897 PROCTOR: *An index of German books 1501—1520 in the British Museum* (2. Aufl. 1954).   1501—1520

898 *Bibliographie der dt. Drucke d. 16. Jahrh.* Bd 1 (1959) ff.   1501—1600

899 HEINSIUS: *Allgemeines Bücher-Lexikon.* 19 Bde (1812—1894).   1700—1892

900 KAYSER: *Vollständiges Bücherlexikon.* 36 Tle (1834—1911).   1750—1910

901 HINRICHS' *Bücherkatalog.* 13 Bde (1851—1913).   1851—1912

Näheres s. u. S. 147/48. Anschließend periodische Bücherverzeichnisse: s. Nr 970/84. Dabei ist zu beachten, daß vom Jahre 1862 an für das germanistische Schrifttum besondere Jahresberichte vorliegen.

Bibliographien der verkleideten Literatur

Nachweis verfasserloser oder durch Pseudonyme (Decknamen) verhüllter Schriften:

902 M. HOLZMANN u. H. BOHATTA: *Deutsche Anonymen-Lexikon.* 7 Bde. Weimar 1902—28. — Unveränd. Nachdr. Hildesheim 1961.

Bde 1—4 (= Grundwerk) berücksichtigen das Schrifttum von 1501 bis 1850; Bd 5 ergänzt f. d. Jahre 1851—1908; Bde 6/7 enthalten Gesamtnachträge (1501—1910 bzw. 1925). Bei jedem Titel sind die Quellen der Angaben verzeichnet.

903 M. HOLZMANN u. H. BOHATTA: *Deutsches Pseudonymen-Lexikon.* Wien, Leipzig 1906. 323 S. — Unveränd. Nachdr. Hildesheim. 1961.

Mit Angaben der benutzten Quellen, während die pseudonym erschienenen Schriften selbst nicht aufgeführt sind.

Bibliographie der Anonymen- und Pseudonymen-Lexika:

904 A. TAYLOR u. F. J. MOSHER: *The bibliographical history of anonyma and pseudonyma.* Chicago 1951. IX, 288 S.

Zur Entschlüsselung historischer Romane und Dramen (Personen oder Orte unter erdichteten Namen):

905 G. SCHNEIDER: *Die Schlüsselliteratur.* 3 Bde. Stuttgart 1951—53.

Während Bd 1 eine theoretische Einführung in das Wesen der Schlüsselliteratur gibt, weist Bd 2 etwa 600 Werke von 153 deutschen Schriftstellern (bis 1914) nach; alphabetisch nach Autoren geordnet.

Bio-Bibliographien

Internationales Verzeichnis „subjektiver" Personalbibliographien [vgl. S. 110]:

3. Allgemeine Bibliographien

906 M. ARNIM: *Internationale Personalbibliographie 1800—1943*. 2. Aufl.
2 Bde. Leipzig, Stuttgart 1944—52 [1. Aufl. 1936]. — [Forts.] Bd 3:
1944—1959. Mit Nachtr. zu Bd 1 u. 2. Hrsg. v. G. BOCK u. F. HODES.
Stuttgart 1961—63. XII, 659 S.

Weist für Gelehrte sämtlicher Wissensgebiete, Personen des öffentlichen Lebens, Ärzte, Techniker, Schriftsteller u. Künstler aller Nationen (im Zeitraum
1800—1943 bzw. 1959) die Belegstellen ihrer Werkverzeichnisse nach. —
Zu Bd 3 vgl. G. BOCK: *Der neue Ergänzungsband zu Arnims Internationaler
Personalbibliographie*. Bericht u. Anzeige. In: ZfBB 8 (1961) S. 350—53.

Über lebende deutsche Gelehrte unterrichtet:

907 KÜRSCHNERS *Deutscher Gelehrten-Kalender*. 11. Ausg. 2 Bde. Berlin
1970/71 [1. Ausg. 1925].

[1.] A—M. 2077 S.; [2.] N—Z und Register. S. 2079—3685. Bietet wie die
4., 9. u. 10. Ausgabe einen vollständigen Überblick über die Daten der lebenden deutschen Gelehrten, während die dazwischenliegenden Ausgaben lediglich
Ergänzungen mit verschiedener Begrenzung bilden. Nächst knappen biographischen Angaben übersichtliches Verzeichnis der Veröffentlichungen (einschl.
Zeitschriftenaufsätze). Im Anhang: Nekrolog. Festkalender. Register der
Gelehrten nach Fachgebieten (S. 3641—48: Sprach- u. Literaturwissenschaften).
Wissenschaftl. Verlage.

Fachbibliographien

germanistischer Randgebiete sind wie die Fachenzyklopädien [s. Nr
661/87] in den Bibliographien der Bibliographien [s. Nr 872/77] aufgeführt.

III.
Periodische Fachbibliographien

So wertvoll in ihren Bestrebungen die abgeschlossenen (retrospektiven) Bibliographien auch sind, sie leiden insgesamt an dem Nachteil, daß sie vom Augenblick ihres Erscheinens an „veralten", es sei denn, daß sie durch Neuauflagen oder Nachträge fortgesetzt bzw. ergänzt werden. Im Falle einer regelmäßigen Fortführung gehen sie in die Form der p e r i o - d i s c h e n Bibliographien über, die in der Absicht, mit der Berichterstattung möglichst auf dem laufenden zu bleiben, in bestimmten, kürzeren Zeitabständen erscheinen und somit immer wieder neuestes Schrifttum vorweisen.

Entsprechend der Berichtszeit geben sich die periodischen Bibliographien als selbständig oder in Zeitschriften „versteckt" erscheinende Jahresberichte, mitunter auch als vierteljährliche, monatliche oder wöchentliche Verzeichnisse. Zusammengefaßt zu Mehrjahresbänden, lassen sie sich — wie abgeschlossene Bibliographien — zwar bequem nachschlagen; doch geht dabei ihr besonderer Wert verloren, der in dem laufenden, kurzfristigen Schrifttumsnachweis liegt. Eine periodische Berichterstattung erfüllt ihre Aufgabe nur dann, wenn zwischen dem Zeitpunkt der Herausgabe und dem der Berichtszeit ein möglichst geringer Zwischenraum besteht.

Wegweiser zur bibliographischen Schulung / dazu S. 19.

Dritte Stufe

Wie ergänzt man das gesammelte Schrifttum
mit Hilfe periodischer Fachbibliographien?

Die Zahl der p e r i o d i s c h e n Fachbibliographien ist — im Vergleich zu der Fülle der (zumeist „versteckten") abgeschlossenen Bibliographien — gering, ein Umstand, der die gründliche Kenntnis der laufenden Informationsmittel erleichtert, die für ein erfolgreiches Bibliographieren auf jedem Arbeitsgebiete unerläßlich ist.

Die periodischen Bibliographien sind insofern unentbehrlich, als sie einerseits jeweils mit ihren letzten Berichten das jüngst erschienene Schrifttum vorweisen, andererseits mit älteren Bänden zur Ergänzung und Fortführung abgeschlossener Bibliographien dienen.

Bei der Benutzung einer periodischen Bibliographie ist zu beachten, daß nicht das Erscheinungsjahr, sondern das B e r i c h t s j a h r maßgebend ist. Im Hinblick auf ein sicheres Nachschlagen präge man sich die Berichtszeiten der führenden Jahresberichte ein.

Sprach- und Literaturwissenschaft

Mehr als ein Jahrhundert lang unterrichtet uns ein System periodischer Bibliographien über die Fortschritte unseres Faches. Dabei erweisen sich als periodische Grundbibliographien die Berliner Jahresberichte: seit 1879 der *Jahresbericht über die Erscheinungen auf dem Gebiete der germanischen Philologie* („älterer" Jahresbericht: Nr 916) und seit 1890 der *Jahresbericht über die wissenschaftlichen Erscheinungen auf dem Gebiete der neueren deutschen Literatur* („neuerer" Jahresbericht: Nr 918/19). Beide Jahresberichte ergänzen sich; sie überschneiden sich teilweise, da der „ältere" Jahresbericht im allgemeinen die wissenschaftlichen Erscheinungen über die deutsche Literatur bis etwa 1624 verzeichnet, während der „neuere" Jahresbericht um 1450 einsetzt. Neuerdings sind beide Jahresberichte, denen ein laufender Nachweis in Zeitschriften vorausging (seit 1862, s. Nr 914/15; bzw. seit 1885, s. Nr 917), zusammengelegt u. d. T.: *Jahresbericht für deutsche Sprache und Literatur* [Nr 924]. Solange dieser Jahresbericht im Rückstand ist, sind für die letzten Jahre (z. Zt. ab 1951) einmal solche Berichte heranzuziehen, die für den Gesamtbereich der Germanistik das Schrifttum in einer mehr oder weniger großen Auswahl bieten [Nr 926/31], sodann Sonderbibliographien, die größere oder begrenzte Gebiete unseres Faches mit möglichst vollständigem Schrifttumsnachweis erfassen (s. u.: Sprachwissenschaft, Literaturwissenschaft).

Es ist zu beobachten, daß die Sonderbibliographien zumeist in Zeitschriften (mit häufiger Folge) veröffentlicht werden und demzufolge näher an das neueste Schrifttum heranführen als umfassende Jahresberichte, deren Berichterstattung mitunter um Jahre zurücksteht.

Periodische Bibliographien (mit Übersicht ihrer Berichterstattung; noch heute laufend: →), die Quellen- und Sekundärliteratur für den Gesamtbereich der Sprach- und Literaturwissenschaft vorweisen:

Germania [Nr 914] | 1862 — 1888 |

Zs. f. dt. Phil. [Nr 915] | 1876/78 |

„Älterer" Jahresbericht [Nr 916] | 1879/1920 | 1921/1939 |

Anzeiger [Nr 917] | 1884/89 |

„Neuerer" Jahresbericht [Nr 918/19] | 1890/1915 | | 1921/1939 |

Jahresbericht f. dt. Spr. u. Lit. [Nr 924] | 1940/50 | in Vorb.

International Bibliography [Nr 926] | 1920 —

Year's Work in Mod. Lang. Studies [Nr 927] | 1929 —

Mitteilungen d. Dt. Germanisten-Verb. [Nr 931] | 1957 —

Germanistik. Internat. Referatenorgan [Nr 929] | 1959 —

Bibliographie der deutschen Sprach- und Lit.wiss. [Nr 930] | 1969 —

Sprachwissenschaft

Grundlegend der „ältere" Jahresbericht mit seinem breit gegliederten sprachlich-sachlichen Teil [Nr 916, 933], der nur bis 1936/39 berichtet (zuletzt Mehrjahresband: N. F. Bd 16/19, erschienen 1954); fortgesetzt im Rahmen des *Jahresberichts für deutsche Sprache und Literatur* [Nr 924, 934], von dem bislang Bd 1 u. 2 ⟨f. 1940/45; 1946/50⟩ vorliegen (erschienen 1960 u. 1966).

Für das neueste Schrifttum ist als Ersatz am ehesten die *Bibliographie linguistique* [Nr 909] heranzuziehen, die neben der allgemeinen Linguistik die Bereiche sämtlicher (so auch der germanischen) Sprachen berücksichtigt.

Periodische Bibliographien (mit Übersicht ihrer Berichtszeit; noch heute laufend: →), die Quellen- und Sekundärliteratur für das Gesamtgebiet der Sprachwissenschaft vorweisen:

Germania [Nr 914]	│ 1862 — 1888 │
Zs. f. dt. Phil. [Nr 915]	│ 1876/78 │
„Älterer" *Jahresbericht* [Nr 916]	│ 1879/1920 │ 1921/1939 │
Jahresbericht f. dt. Spr. u. Lit. [Nr 924]	│ 1940/50 │ in Vorb. →
Indogermanisches Jahrbuch [Nr 908]	│ 1914 — 1948 │
International Bibliography [Nr 926]	│ 1920 — →
Year's Work in Mod. Lang. Studies [Nr 927]	│ 1929 — →
Bibliographie linguistique [Nr 909]	│ 1939 — →
Bibliographie z. dt. Philologie [Nr 928]	│ 1949/59 │
Mitteilungen d. Dt. Germanisten-Verb. [Nr 931]	│ 1957 — →
Germanistik. Internat. Referatenorgan [Nr 929]	│ 1959 — →
Bibliographie d. dt. Sprach- und Lit.wiss. [Nr 930]	│ 1969 — →

Dazu die Übersicht über einzelne Gebiete im Rahmen dieser umfassenden Berichte: Allgemeine Sprachwissenschaft [Nr 913], deutsche Sprachwissenschaft [Nr. 936].

Namenkunde / Sprachgeschichte

Bibliographia onomastica [Nr 910]	│ 1948 — →
Jahresberichte f. dt. Geschichte [Nr 935]	│ 1949 — →

Literaturwissenschaft

Grundlegend der „ältere" Jahresbericht (Dichtung bis etwa 1624) und der „neuere" Jahresbericht (Dichtung ab 1450), die beide das Schrifttum nur bis 1936/39 vorweisen (zuletzt Mehrjahresband: N. F. Bd 16/19, erschienen 1954 bzw. 1956); fortgeführt im Rahmen des *Jahresberichts für deutsche Sprache und Literatur* [Nr 924], von dem bislang Bd 1 u. 2 ⟨f. 1940/45; 1946/50⟩ vorliegen (erschienen 1960 u. 1966).

Die seit Kriegsende bestehende Lücke wird am ehesten durch die neue (Frankfurter) *Bibliographie der deutschen Literaturwissenschaft* [Nr 937] ausgefüllt.

Die Tatsache, daß in der Nachkriegszeit die führenden Jahresberichte als Mehrjahresbände erscheinen mußten, wirkt sich heute für die Sammeltätigkeit des Literarhistorikers insofern vorteilhaft aus, als für volle zwei Jahrzehnte ⟨1936 bis 1956⟩ nur 5 Bände einzusehen sind, und zwar

für 1936/39 der Schlußband des „älteren" bzw. „neueren" (Berliner) Jahresberichts [Nr 916, 918/19];

für 1940/50 Bd 1 u. 2 des kombinierten *Jahresberichts für deutsche Sprache und Literatur* [Nr 924]; parallel

für 1945/56 die ersten zwei Bände der (Frankfurter) *Bibliographie der deutschen Literaturwissenschaft* [Nr 937].

Anschließend (ab 1957/58) jeweils Zweijahresbände der (Frankfurter) *Bibliographie der deutschen Literaturwissenschaft,* zuletzt für 1967/68. Danach, mit verändertem Titel, Einjahresbände [s. Nr 930]. Darüber hinaus bieten allerneuestes Schrifttum

jährlich: *International Bibliographie* [Nr 926], *The Year's Work in Modern Language Studies* [Nr 927];

halbjährlich: *Beiträge zur Literaturkunde* [Nr 912];

vierteljährlich: *Mitteilungen des Dt. Germanisten-Verbandes* [Nr 931], *Germanistik. Internat. Referatenorgan* [Nr 929].

Periodische Bibliographien (mit Übersicht ihrer Berichtszeiten; noch heute laufend: →), die Quellen- und Sekundärliteratur für das Gesamtgebiet der Literaturwissenschaft vorweisen:

Germania [Nr 914]		1862 — 1888			
Zs. f. dt. Phil. [Nr 915]		1876/78			
„*Älterer" Jahresbericht.* [Nr 916]			1879/1920	N. F. 1921/1936/39	
Anzeiger [Nr 917]		1884/89			
„*Neuerer" Jahresbericht* [Nr 918/19]			1890/1915	N. F. 1921/1936/39	
Jahresbericht f. dt. Spr. u. Lit. [Nr 924]				1940/50	in Vorb. →
International Bibliography [Nr 926]			1920 — →		
Year's Work in Mod. Lang. Studies [Nr 927]			1929 — →		
Bibliographie der dt. [Sprach- u.] Lit.wiss. [Nr 937, 930]			1945/53 — →		
Beiträge zur Literaturkunde [Nr 912]			1952 — →		
Mitteilungen d. Dt. Germanisten-Verb. [Nr 931]			1957 — →		
Germanistik. Internat. Referantenorgan [Nr 929]			1959 — →		

Dazu die Übersicht über einzelne Gebiete im Rahmen dieser umfassenden Berichte: Allgemeine Literaturwissenschaft [Nr 913], Deutsche Literaturwissenschaft [Nr 939], Literaturgeschichte [Nr 940], Epochengeschichte [Nr 943/44, 948, 953, 955, 957], Gattungsgeschichte [Nr 960], Stoff- und Motivgeschichte [Nr 961], Vergleichende Literaturgeschichte [Nr 964].

Epochengeschichte

Bibliographie zur dt. Philologie [Nr 928] |1949—1959|
Bibliography of crit. Arthurian literature [Nr 941] |1940 — 1962|
Bulletin bibl. de la Soc. Int. Arthurienne [Nr 942] |1948 —→
Literature of the Renaissance [Nr 946] |1939 —→
Bibliographie ... de l'humanisme [Nr 947] |1957/64|
Bibliographie internat. de l'humanisme [Nr 947] |1965 —→
Bibliographie ... von der Aufklärung bis 1848/49 [Nr 949] |1948—1959|
Internat. Bibliographie z. dt. Klassik 1750—1850 [Nr 951] |1960 —→
The romantic movement [Nr 952] |1948 —→
German literature 1830—1880 [Nr 954] |1947 — 1960|
Zeitschriftenbibliographie (neuest. Lit.) [Nr 956] |1923/43|

Gattungsgeschichte

Bibliographie des ... theaterwissenschaftl. Schrifttums [Nr 958] |1954 —→
Internationale Volkskundliche Bibliographie [Nr 959] |1948 —→

Stoff- und Motivgeschichte

Laufender Nachweis im Rahmen umfassender Berichte: Nr 961.

Vergleichende Literaturgeschichte

Bibliography of comparative literature [Nr 962] |1951 —→

So wertvoll die jährliche Berichterstattung der Fachbibliographien ist, so wirkt sich doch nachteilig die Tatsache aus, daß die Berichtszeit und das Erscheinungsjahr oft zu weit auseinanderliegen. Zur Ergänzung müssen wir daher die periodischen Allgemeinbibliographien nachschlagen, die an die Gegenwart am weitesten heranführen. **Nächste Stufe (IV): Literaturergänzung mit Hilfe periodischer Allgemeinbibliographien, s. S. 146/48!**

1. Jahresberichte zur allgemeinen Sprach- und Literaturwissenschaft

Vgl. I/1 (Darstellungen), II/1 (Abgeschlossene Fachbibliographien).

a) Allgemeine Sprachwissenschaft

Führende Jahresberichte zur allgemeinen und indogermanischen Sprachwissenschaft:

908 *Indogermanisches Jahrbuch.* Bd 1 ff. Hrsg. v. H. KRAHE. Strassburg, [sp.] Berlin 1914 ff.

I. Allgem. Sprachwissenschaft. II. Idg. Sprachwissenschaft. III. Idg. Altertumskunde. Zuletzt f. 1944/46: 29 (1951) S. 1—131; f. 1947/48: 30 (1955) S. 1—32. Vgl. Nr 935.

2. Jahresberichte zur deutschen Sprach- und Literaturwissenschaft

909 *Bibliographie linguistique des années 1939—1947.* Publ. par le Comité international permanent des linguistiques. 2 Bde. Utrecht, Bruxelles 1949—50. — Anschließend jährlich ⟨f. 1948 ff.⟩: *Bibliographie linguistique.* Utrecht, Anvers 1951 ff.

Zuletzt f. 1967: 22 (1969); f. 1968: 23 (1970). Behandelt, breit gegliedert, die allgemeine Linguistik und erfaßt unter Langues indo-européennes auch die germanischen Sprachen. Vgl. Nr 936.

Zur internationalen Namenkunde:

910 *Bibliographia onomastica.* In: Onoma. Bd 1 ff. Louvain 1950 ff. [s. Nr 1101].

Abt.: Germanic; zuletzt für 1966—68: 15 (1970) S. 216—844.

Im Rahmen umfassender Jahresberichte:

911 Nr 916 (Abt.: Allgemeine u. indogerm. Sprachwissenschaft); Nr 924 (Abt.: Allgemeine Sprachwissenschaft); Nr 926 (Abt.: General language and linguistics); Nr 928 (Abt.: Allgemeines: Sprachwissenschaft); Nr 929 (Allgemeine Sprachwissenschaft. Indogerman. Sprachwissenschaft); Nr 930/31.

b) Allgemeine Literaturwissenschaft

Bibliographie zur Literaturwissenschaft und zu Dichtern einzelner Länder:

912 *Beiträge zur Literaturkunde. Bibliographie ausgewählter Zeitungs- und Zeitschriftenbeiträge.* 1945 ff. Leipzig 1952 ff.

Systematisches Verzeichnis wichtiger Aufsätze aus Zeitungen u. Zeitschriften der DDR. — Bd 1 ⟨f. 1945—51⟩: = Der Bibliothekar. Beih. 3.

Im Rahmen umfassender Jahresberichte:

913 Nr 919 (Abt.: Allgemeines. Formprobleme. Geistige Strömungen); Nr 924 (Abt.: Allgemeine Literaturwissenschaft u. Poetik); Nr 926 (Abt.: Aesthetics, literary criticism, and literary theory. Lit., general and comparative); Nr 928 (Abt.: Allgemeines: Literaturwissenschaft u. Geistesgeschichte. Poetik); Nr 937 (Abt.: Allgemeine Literaturwissenschaft. Systematik d. Lit'wiss. Allgemeine Lit'gesch. Weltliteratur); Nr 929 (Abt.: Allgemeines zur Lit'-gesch.); Nr 930/31.

2. Jahresberichte zur deutschen Sprach- und Literaturwissenschaft

Vgl. I/2 (Darstellungen), II/2 (Abgeschlossene Fachbibliographien).

a) Deutsche Sprach- und Literaturwissenschaft in ihrer Gesamtheit

Bereits unmittelbar nach der Veröffentlichung der ersten beiden Bände von GOEDEKES *Grundriß* (1859) setzten die Bemühungen ein, von Jahr zu Jahr bibliographische Übersichten über die Erscheinungen auf dem Gebiete der deutschen Philologie zu veröffentlichen: zunächst ⟨für 1862 ff.⟩ in Zeitschriften, schließlich in selbständig herausgegebenen Jahresberichten, die immer mehr zu tragenden Unternehmungen unserer Wissenschaft wurden.

914 K. BARTSCH: *Bibliographische Übersicht des Jahres 1862.* In: Germania. Vierteljahrsschrift f. dt. Altertumskunde 8 (1863). Fortges. u. d. T.: *Bibliographische Übersicht über die Erscheinungen auf dem Gebiete der deutschen Philologie [für die Jahre] 1863—84.* Ebda 9 (1864) — 30 (1885). Weitergeführt von G. EHRISMANN für die Jahre 1885—88. Ebda 35 (1890) — 37 (1892).

915 Parallellaufend die *Bibliographie des Jahres 1876. 1877. 1878.* In: ZfdPh 9 (1878) u. 10 (1879). — Fortsetzung:

916 *Jahresbericht über die Erscheinungen auf dem Gebiete der germanischen Philologie.* Hrsg. v. d. Ges. f. dt. Philologie. Jg. 1—42 ⟨Bibliographie f. 1879—1920⟩. Berlin 1880—1923. — Seit Jg. 43: Neue Folge. Bd 1 ff. ⟨Bibliographie f. 1921 ff.⟩. Berlin 1924 ff.

430.2
G 33
V.1-61

Zuletzt vor 1945: Jg. 57 = N. F. 15 ⟨Bibliographie f. 1935⟩. 1939. — Erst 15 Jahre später erschien als Vierjahresband: Jg. 58/61 = N. F. 16/19 ⟨Bibliographie 1936—1939⟩, hrsg. v. d. Dt. Akad. d. Wiss. zu Berlin. Berlin 1954. XXIII, 1052 S.

Zur Benutzung: In der alten Folge gesondert Bericht und Bibliographie, seit 1921 (Neue Folge) vornehmlich Bibliographie, nur noch kurze Referate zu wichtigen Titeln. — Der nachträglich (1954) erschienene Schlußband ⟨f. 1936—1939⟩ infolge der Materialfülle reines Titelverzeichnis, gegliedert: 1. Sprachlich-sachlicher Teil [s. Nr 933]; 2. Literarhistorischer Teil [s. Nr 940, 943/44, 948].

Mit den Berichtsjahren 1936/39 hat dieser „ältere" Jahresbericht sein Erscheinen insofern eingestellt, als er mit dem „neueren" Jahresbericht [s. Nr 919] zusammengelegt wurde u. d. T.: *Jahresbericht für deutsche Sprache und Literatur* [s. Nr 924].

Für den Bereich der n e u e r e n deutschen Literaturgeschichte setzte die laufende Berichterstattung erst später ein. Vorläufer ⟨für die Jahre 1884—1889⟩:

917 PH. STRAUCH: *Verzeichnis der auf dem Gebiete der neueren deutschen Literatur erschienenen wissenschaftlichen Publikationen.* In: AfdA 11 (1885) bis 16 (1890).

Für die Jahre seit 1890 paralleles Unternehmen zum „älteren" Jahresbericht [s. Nr 916]:

918 *Jahresberichte für neuere deutsche Literaturgeschichte.* Hrsg. v. J. ELIAS mit Unterstützung v. M. HERRMANN, S. SZAMATÓLSKI [u. a.]. Bd 1 bis 26, 1 ⟨Bibliographie f. 1890—1915⟩. Stuttgart 1892—1919. — Fortgesetzt als Neue Folge u. d. T.:

919 *Jahresbericht über die wissenschaftlichen Erscheinungen auf dem Gebiete der neueren deutschen Literatur.* Hrsg. v. d. Literaturarchiv-Ges. in Berlin. N. F. 1 ff. ⟨Bibliographie f. 1921 ff.⟩. Berlin 1924 ff. Zuletzt vor 1945: N. F. Bd 15 ⟨Bibliographie f. 1935⟩. 1939. — 17 Jahre später hat — parallellaufend zum „älteren" Jahresbericht — ein Mehrjahresband den Anschluß an das Jahr 1935 herbeigeführt: N. F. Bd 16/19 ⟨Bibliographie f. 1936—1939⟩, hrsg. v. d. Dt. Akad. d. Wiss. zu Berlin. Berlin 1956. XIX, 689 S. Zur Gliederung: s. Nr 913, 939, 940, 948, 953, 955, 957, 960, 961, 964.

Für die Benutzung des „neueren" Jahresberichtes ist zu beachten, daß die Bde 1—12 nach Sachgebieten bearbeitete Forschungsberichte darstellen, die zweckmäßig vom Register aus zu erschließen sind. Vom Berichtsjahr 1902 ab sind Forschungsberichte und Bibliographie getrennt (fettgedruckte Ziffern beziehen sich auf das Titelverzeichnis). — Um die Lücke in der bibliographischen Berichterstattung für die Jahre 1916—1920 auszufüllen, sind folgende Hilfsmittel heranzuziehen:

920 A. ROSENBAUM: *Bibliographie der in den Jahren 1914/18 erschienenen Zeitschriftenaufsätze und Bücher zur deutschen Literaturgeschichte.* Stuttgart 1922. = Euphorion. Erg.-H. 12.

921 P. MERKER: *Neuere deutsche Literaturgeschichte.* Gotha 1922. S. 132—36: Bibliographie der in den Jahren 1920/22 erschienenen Werke. = Wissenschaftl. Forschungsberichte. 8.

922 *Jahresbericht über die Erscheinungen auf dem Gebiete der germanischen Philologie* [s. Nr 916]: berichtet für 1919 bis 1770, für 1920 bis 1832, für 1921 bis 1700.

923 *Literaturblatt für germanische und romanische Philologie.* Jg. 37 ff. (1916 ff.).

Wie der „ältere" hat auch der „neuere" Jahresbericht sein Erscheinen eingestellt: beide Jahresberichte schließen ihre Berichterstattung mit einem Mehrjahresband für die Jahre 1936/39 ab; sie erscheinen vereint anschließend — zunächst als Mehrjahresbände — u. d. T.:

924 *Jahresbericht für deutsche Sprache und Literatur.* Bd 1 ff. Berlin 1960 ff.

Hrsg. von der Deutschen Akademie der Wissenschaften zu Berlin (Institut für deutsche Sprache u. Literatur), bearb. unter Leitung von G. MARX. Bisher: Bd 1 ⟨Bibliographie 1940—1945⟩. 1960. XXV, 979 S.; Bd 2 ⟨Bibliographie 1946—1950⟩. 1966. XXXVI, 1193 S. Gliederung: A. Allgemeiner Teil [s. Nr 911]. B. Sprachlicher Teil [s. Nr 934]. C. Literaturwissenschaftlicher Teil [s. Nr 913, 940, 943/44, 948, 953, 955, 957, 960, 961, 964]. D. Ergänzungen (Friesische u. niederländische Sprache u. Lit.). E. Register (Verfasser- u. Besprechungsverzeichnis; Namen- u. Sachverzeichnis; Wortliste).

In Vorbereitung: Bd 3 ⟨Bibliographie 1951—1956⟩. — Über das Friesische und Niederländische (= D) soll ab Bd 2 in gesonderten Beiheften berichtet werden, die jeweils 10 Jahre umfassen.

Nicht mehr erschienen:

925 *Jahresberichte des Literarischen Zentralblattes über die wichtigsten Neuerscheinungen des deutschen Sprachgebietes.* Jg. 1—18. Leipzig 1925—42. — Jg. 19 u. d. T.: *Das deutsche wissenschaftliche Schrifttum* ⟨d. J. 1942⟩. Leipzig 1943.

Zuverlässige Berichterstattung über das fachliche Schrifttum (aufgenommen auch Dissertationen u. Zeitschriftenaufsätze); darunter folgende Abteilungen: Sprach- u. Literaturwissenschaft. Germanische Sprachen u. Literaturen. Theatergeschichte. Volkskunde.

Für die Germanistik wichtiges Schrifttum verzeichnen zwei ausländische Jahresverzeichnisse für den Bereich der modernen Sprachen und Literaturen:

Annual [früher: *American*] *bibliography,* herausgegeben von der Modern Language Association of America, die als Titelliste regelmäßig jährlich in einem Supplementband zum April-Heft der PMLA die Neuerscheinungen aus dem Vorjahr verhältnismäßig reichhaltig darbietet;

The Year's Work in Modern Language Studies, ein in England bearbeiteter, kritisch auswählender Jahresbericht.

926 *International bibliography* [Abt.: General section. German language and literature]. In: PMLA. Publications of the Modern Language Association of America. Suppl.-Bd 1921 ff. — Vgl. Nr 1175.

Zuletzt für 1968: 84,3 (1969) S. 759—767, 1011—1040. — Ab 1970 erscheinen gesonderte Bibliographie-Bde: Germanic Literature ⟨f. 1969⟩ in Vol. II (1970) S. 129—169. Zur bisherigen Gliederung: s. Nr 911, 913, 936, 940, 943/44, 948, 953, 955, 957, 961, 964.

927 *The Year's Work in Modern Language Studies* [Abt: Medieval latin. German studies]. Bd 1 ⟨f. 1929⟩ ff. Oxford, [sp.] Cambridge 1931 ff.

Zuletzt f. 1968: 30 (1969) S. 1—8, 435—576; f. 1969: 31 (1970) S. 1—9, 457—628.

Zur Gliederung: s. Nr 936, 943/44, 948, 953, 955, 957.

Von deutscher Seite bearbeiten für die jüngste Zeit das Gesamtgebiet der Germanistik:

928 *Bibliographie zur deutschen Philologie.* 1949/50—1959. Bearb. v. F. MAURER [1959: u. X. v. ERTZDORFF]. In: Archiv für das Studium der neueren Sprachen Jg. 102 = Bd 187 (1950) — Jg. 112 = Bd 197 (1960/61). [Ab 1961 Erscheinen eingestellt.] — Vgl. Nr 1031.

Zuletzt f. 1958: Jg. 111 = Bd 196 (1959/60) S. 154—98; f. 1959: Jg. 112 = Bd 197 (1960/61) S. 153—91. Zur Gliederung: s. Nr 911, 913, 936, 939, 943. Berücksichtigt neben der Sprachwissenschaft vor allem die Literatur des Mittelalters, nicht aber die breit gelagerte neuere deutsche Literatur.

Hum
7
2235
.A2
G4

929 *Germanistik. Internationales Referatenorgan mit bibliographischen Hinweisen.* Jg. 1 ff. Hrsrg. v. T. AHLDEN, H. ALBRECHT, R. ALEWYN [u. a.]. Red.: T. KRÖMER. Tübingen 1960 ff.

Zuletzt: 12 (1971). Gegliedert in 33 bzw. 34 Abt.: s. Nr 911, 913, 936, 940, 943, 948, 953, 955, 957, 960, 964. Ein Verfasser- u. Namenregister, das am Schluß des Jahrganges geliefert wird, erleichtert das Nachschlagen in den Vierteljahresheften.

Die *Bibliographie der deutschen Literaturwissenschaft* [s. Nr 937] führt das Gesamtgebiet der Germanistik in umfassender Form weiter:

930 *Bibliographie der deutschen Sprach- und Literaturwissenschaft.* Bearb. v. C. KÖTTELWESCH [u. a.] Bd 9 ff. [= Bd 1 ff.]. Frankfurt 1970 ff.

Bisher: Bd 9 [= 1] f. 1969 (1970). XXXIV, 351 S.; Bd 10 [= 2] f. 1970 (1971). XXXVIII, 383 S. Bringt in Auswahl die sprach- und literaturwissenschaftlich relevanten Beiträge aus den Ländern des deutschen Sprachraums und des westlichen und östlichen Auslandes; berücksichtigt I. Allgemeine Linguistik, II./III. Allgemeine Lit'wiss. und Lit'gesch. und erfaßt die deutsche Sprach- u. Lit'gesch. in ihren einzelnen Epochen.

Weiterhin verdienen die regelmäßigen Anzeigen neuer Publikationen in den Einzelheften führender Fachzeitschriften Beachtung [s. V], insbesondere die von G. BEST und F. R. FRANKE immer mehr ausgebauten, vierteljährlich veröffentlichten Auswahlberichte:

931 *Neue Bücher für den Germanisten. Zeitschriftenschau.* In: Mitteilungen des Deutschen Germanisten-Verbandes 4 (1957) ff. — Vgl. Nr 1051.

Zuletzt: 18 (1971) Nr 1, S. 4—18; Nr 2, S. 4—14; Nr 3, S. 15—26; Nr 4, S. 7—17. — Systematisch gegliederte Titelliste, seit 1961 mit laufender Zählung, die auf knappem Raum eine erstaunliche Fülle von Büchern u. Aufsätzen anzeigt.

Der besondere Nachweis germanistischer Hochschulschriften wird jährlich nur in den USA geführt: s. Nr 1009.

b) Deutsche Sprachwissenschaft

Eine Bibliographie, die ausschließlich das Gesamtgebiet der deutschen Sprachwissenschaft laufend erfaßt, liegt nicht vor.

Spezialbibliographie in zwangloser Folge:

932 *Aufsätze zur deutschen Gegenwartssprache* ⟨1 ff.⟩. In: Muttersprache 69 (1959)—71 (1961). [Erscheinen eingestellt.] — Vgl. Nr 1052.

Im Rahmen umfassender Jahresberichte:

933 *Jahresbericht über die Erscheinungen auf dem Gebiete der germanischen Philologie* [1. Sprachlich-sachlicher Teil]. — Vgl. Nr 916.

III. Periodische Fachbibliographien

Zuletzt f. 1936/39: N. F. 16/19 (1954) S. 1—566. Gegliedert: I. a. Gesch. d. germ. Philologie. I. b. Enzyklopädie u. Bibliographie. II. Allgem. u. idg. Sprachwiss. Germ. Sprachen. III. Gotisch. IV. Nordische Sprachen. V. Deutsch in s. Gesamtentwicklg. VI. Ahd. Sprache. VII. Mhd. Sprache. VIII. Nhd. Sprache. IX. Hd. Mundarten. X. Nd. Mundarten. XI. Niederl. Sprache. XII. Fries. Sprache. XIII. Engl. Sprache. XIV. Dt. Vorgesch. u. germ. Frühgesch. XV. Religion u. Heldensage. XVI. Runenkunde. XVII. Volksdichtung.

Fortsetzung:

934 *Jahresbericht für deutsche Sprache und Literatur* [B. Sprachlicher Teil]. — Vgl. Nr 924.

Zuletzt f. 1946/50: 2 (1966) S. 46—182. Gegliedert: Indogermanisch, Germanisch, Gotisch. Deutsch. Althochdeutsch. Mittelhochdeutsch. Neuhochdeutsch. Hochdeutsche Mundarten. Niederdeutsch.

935 *Jahresberichte für deutsche Geschichte* [Abt.: Sprachgeschichte und Namenkunde]. N. F. 1 ⟨f. 1949⟩ ff. Berlin 1952 ff.

Zuletzt f. 1965: N. F. 17 (1968) S. 57—71; f. 1966: 18 (1969) S. 51—63; f. 1967: 19 (1970) S. 45—54.

Weiterhin:

936 Nr 926 (Abt.: Linguistics); Nr 927 (Abt.: Language); Nr 928 (Abt.: Germanisch. Deutsch: Sprachwissenschaft. Wörterbücher); Nr 908 (Abt.: Germanisch); Nr 909 (Abt.: Langues indo-européennes. XII. Langues germaniques. A. Généralités. B. Allemand); Nr 929 (Abt.: Deutsch in s. Gesamtentwicklung. Ahd. u. and. Sprache. Mhd. u. mnd. Sprache. Fnhd. Sprache. Nhd. Sprache. Hd. u. nd. Mundarten. Wort- u. Namenforschung); Nr 931.

c) Deutsche Literaturwissenschaft

Besondere Bibliographie für den Gesamtbereich der deutschen Literaturwissenschaft und -geschichte, die das seit 1945 erschienene Schrifttum in Mehrjahres- bzw. Zweijahresbänden vorweist:

937 *Bibliographie der deutschen Literaturwissenschaft.* Hrsg. v. H. W. Eppelsheimer. Bd 1, bearb. v. H. W. Eppelsheimer; Bd 2—8, bearb. v. C. Köttelwesch. Frankfurt 1957—69.

Zunächst Mehrjahresbände: Bd 1 ⟨f. 1945/53⟩. 1957. XXXII, 550 S.; Bd 2 ⟨f. 1954/56⟩. 1958. XXXII, 405 S.; sodann Zweijahresbände: Bd 3 ⟨f. 1957/58⟩ ff., zuletzt Bd 8 ⟨f. 1967/68⟩. 1969. XL, 444 S. — Bd 9 ff. fortgeführt als *Bibliographie der deutschen Sprach- und Literaturwissenschaft* [s. Nr 930].

Berücksichtigt (Abt. I—III) die allgemeine Literaturwissenschaft [s. Nr 913] u. vergleichende Literaturgeschichte [s. Nr 964] und erfaßt — breit gegliedert (Abt. IV—XIV) — die deutsche Literaturgeschichte [s. Nr 940, 960, 961] in ihren einzelnen Epochen [s. Nr 943, 948, 953, 955, 957].

Eine Neubearbeitung des bibliographischen Materials der vorliegenden Bände erscheint als:

938 *Bibliographisches Handbuch der deutschen Literaturwissenschaft 1945 bis 1969.* Hrsg. u. Bearb. v. C. KÖTTELWESCH. Lfg. 1 ff. Frankfurt 1971 ff.

Zur deutschen Literaturwissenschaft im allgemeinen:

939 Nr 919 (Abt.: Allgemeines, Formprobleme); Nr 928 (Abt.: Deutsch: Lit'wiss.).

Literaturgeschichte in ihrer Gesamtheit

Im literarhistorischen Teil sind die Jahresberichte der Germanistik [s. Nr 916, 919, 924, 926, 927, 929, 930, 937] jeweils nach Epochen gegliedert; ihre einschlägigen Abteilungen finden wir im nächsten Kapitel. Allgemeines, umfassendes Schrifttum stellen voran:

940 Nr 916 (Abt.: Dt. Lit'gesch.); Nr 918 (Abt.: Neuere Lit'gesch.); Nr 919 (Abt.: Dt. Lit.); Nr 926 (Abt.: General); Nr 937 (Abt.: Dt. Lit'gesch. Allgemein); Nr 929 (Abt.: Dt. Lit'gesch. Allgemeines); Nr 930/31. Periodische Regionalbibliographien: s. HBG (1959) S. 147—149.

Literaturgeschichte nach Epochen

Mittelalter

Sonderbibliographien zur internationalen A r t u s - Forschung (Hartmann: Erec/Iwein; Gottfried: Tristan; Wolfram: Parzival), die von der Arthurian Group of the Modern Language Association of America (New York) und der Société Internationale Arthurienne (Paris) herausgegeben werden:

941 J. J. PARRY u. P. A. BROWN: *A bibliography of critical Arthurian literature.* In: Modern Language Quarterly 1 (1940) ff. — Vgl. Nr 1170. Zuletzt (von BROWN) f. 1961: 23 (1962) S. 160—80; f. 1962: 24 (1963) S. 281—306. [Ab 1963 Erscheinen eingestellt.] — Parallellaufend:

942 *Bulletin bibliographique de la Société Internationale Arthurienne. Bibliographical Bulletin of the International Arthurian Society.* Nr 1 ⟨f. 1948⟩ ff. Paris 1949 ff. Ab 20 ⟨f. 1967⟩ London 1969 ff. Zuletzt f. 1970: 23 (1971).

Im Rahmen umfassender Jahresberichte:

943 Nr 916 (Abt.: Ahd., mhd., nd. Lit.); Nr 924 (Abt.: Ahd., mhd., as., mnd. Lit.); Nr 926 (Abt.: To 1500); Nr 927 (Abt.: Medieval lit.); Nr 928 (Abt.: Lit. d. Mittelalters); Nr 937 (Abt.: Mittelalter); Nr 929 (Abt.: Von den Anfängen bis zum Beginn d. höfischen Dichtung. Hochmittelalter. Spätmittelalter); Nr 931.

III. *Periodische Fachbibliographien*

Zur mittellateinischen Literatur:

944 Nr 916 (Abt.: Mittellatein); Nr 924 (Abt.: Mittellat. Lit. in Deutschland); Nr 926 (Abt.: Medieval and neo-latin); Nr 927 (Abt.: Medieval latin).

945 *A bibliography of American periodical literature*. In: Speculum 9 (1934) ff. — Vgl. Nr 1212.

Zuletzt f. 1970: 46 (1971). Systematisch angelegter Nachweis von Aufsätzen; darunter Language. Lang. and Literature. Lit and folklore.

Humanismus. Reformation. Barock

Internationale Sonderbibliographien:

946 *Literature of the Renaissance* [Abt.: Germanic languages]. In: Studies in Philology 36 (1939) ff. — Vgl. Nr 1176.

Zuletzt f. 1967: 65 (1968) S. 365—435, Index S. 561—98; f. 1968: 66 (1969) S. 323—391, Index S. 526—69.

947 *Bibliographie internationale de l'humanisme et de la renaissance.* Hrsg. v. der Fédération internationale des sociétés et instituts pour l'étude de la Renaissance. T. 1 ff. ⟨f. 1965 ff.⟩. Genéve 1966 ff.

Für 1958/64 u. d. T.: *Bibliographie des articles relatifs à l'histoire de l'humanisme et de la renaissance,* in: Bibliothèque d'Humanisme et Renaissance [s. Nr 1199] 21 (1959) — 27 (1965).

Im Rahmen umfassender Jahresberichte:

948 Nr 916 (Abt.: Mhd. Lit. Denkmäler von 1450—1624); Nr 919 (Abt.: 17. Jahrh.); Nr 924 (Abt.: Humanismus u. Reformation. Barock); Nr 926 (Abt.: Sixteenth and seventeenth cent.); Nr 927 (Abt.: The sixteenth cent. The seventeenth cent.); Nr 937 (Abt.: 16. Jahrh. 17. Jahrh.); Nr 929 (Abt.: Vom dt. Frühhumanismus bis z. Einsetzen d. Reformation. Das Zeitalter d. Glaubensspaltung. Barock); Nr 931.

Zur neulateinischen Literatur:

Nr 916 (Abt.: Humanismus u. Neulatein); Nr 926 (Abt.: Medieval and neo-latin).

Aufklärung. Klassik. Romantik

Sonderbibliographie, herausgegeben von den Nationalen Forschungs- und Gedenkstätten der klassischen deutschen Literatur (Weimar):

949 *Bibliographie deutschsprachiger Bücher und Zeitschriftenaufsätze zur deutschen Literatur von der Aufklärung bis zur bürgerlichen Revolution 1848/49.* Bearb. v. G. Wilhelm. In: Weimarer Beiträge 1 (1955) ff. — Vgl. Nr 1057.

Sammlung deutschsprachiger Forschungsliteratur in 9 Folgen, zuletzt F. 9: Jg. 1960, S. 179—219 (Berichtszeit bis 30. 6. 1959). — Dazu ergänzend:

950   W. Julius: *Bibliographie deutschsprachiger Hochschulschriften zur deutschen Literatur von der Aufklärung bis zur bürgerlichen Revolution 1848/49, die in den Jahren 1945—1953 erschienen sind.* In: Weimarer Beiträge 3 (1957) S. 134—83.

Auf den internationalen Bereich erweiterte Fortsetzung u. d. T.:

951   *Internationale Bibliographie zur deutschen Klassik 1750—1850.* F. 1 ff. Bearb. v. K. Hammer [bis F. 3], H. Henning u. S. Seifert: In: Weimarer Beiträge Jg. 1960 ff. — Vgl. Nr 1057.

Zuletzt: F. 9: Jg. 1964, S. 414—80; F. 10: ebda S. 910—976. Zsgest. in der Zentralbibliothek d. dt. Klassik (Weimar). Gliederung: I. Textsammlungen u. allgemeine Schriften. II. Schriften von u. über einzelne Personen. III. Verzeichnis rezensierter Schriften. IV. Register. — Ab Folge 11/12 f. 1964/64 (Weimar 1970) selbständig erschienen. Zuletzt: F. 13 f. 1966 (1970); F. 14 f. 1967 (1971).

Internationale Bibliographie zur Romantikforschung:

952   *The romantic movement. A selective and critical bibliography* [f. 1964 ff.]. Ed. by D. V. Erdman [u. a.]. Boulder/Color. 1965 ff. = English Language Notes. Suppl. 3, 1.

Zuletzt [Abt.: German] f. 1967: Suppl. 6, 1 (1968) S. 86—121; f. 1968: Suppl. 7, 1 (1969) S. 91—119; f. 1969: Suppl. 8, 1 (1970) S. 90—131. Früher — f. 1948/63 — in: Philological Quarterly 29 (1949) — 43 (1964) [s. Nr 1174].

Im Rahmen umfassender Jahresberichte:

953   Nr 919 (Abt.: Aufklärung u. Irrationalismus. Klassische Zeit. Zeit der Romantik); Nr 924 (Abt.: Aufklärung. Sturm u. Drang. Klassik u. Romantik); Nr 926 (Abt.: Eighteenth and early nineteenth cent.); Nr 927 (The classical era. The romantic era); Nr 937 (Abt.: 18. Jahrh. Goethezeit. Goethes Zeitgenossen. Romantik); Nr 929 (Abt.: Aufklärung, Empfindsamkeit u. Vorklassik. Goethezeit); Nr 931.

Jahrbücher literarischer Gesellschaften: s. Nr 1079/80, 1083/84, 1086, 1119, 1143, 1144.

B i e d e r m e i e r . J u n g e s D e u t s c h l a n d . R e a l i s m u s

Sonderbibliographie, zusammengestellt von Mitgliedern des Research and Bibliography Committee of the German:

954   *German literature of the nineteenth century ⟨1830—1880⟩. A current bibliography.* In: Modern Language Forum 32 (1947) — 36 (1951); fortgef. f. 1950 ff. In: Germanic Review 28 (1953) ff. — Vgl. Nr 1165.

Zuletzt f. 1957: 34 (1959) S. 124—50; f. 1958: 35 (1960) S. 104—36 [ab 1961 Erscheinen eingestellt]. Alphabetisch nach den Verfassern angelegt; dazu Dichter-Register.

In diesen Zeitraum reicht noch hinein:
Internationale Bibliographie zur deutschen Klassik. ⟨*1750—1850*⟩: s. Nr 951, vgl. auch Nr 949/50.

Im Rahmen umfassender Jahresberichte:

955 Nr 919 (Abt.: Junges Deutschland u. Biedermeier. Zeit des poetischen Realismus); Nr 924 (Abt.: Vormärz u. Realismus des 19. Jahrhunderts); Nr 926 (Abt.: Nineteenth and early twentieth cent.); Nr 927 (Abt.: Literature 1830—1880); Nr 937 (Abt.: 19. Jahrh., 1830—1880); Nr 929 (Abt.: Von der Nachromantik bis zum Realismus); Nr 931.
Jahrbücher literarischer Gesellschaften: s. Nr 1077/78, 1081/82, 1085, 1087, 1145.

Vom Naturalismus bis zur Gegenwart

Es ist bedauerlich, daß bibliographische Zusammenstellungen des Schrifttums über zeitgenössische Dichtung, wie sie zwischen den beiden Weltkriegen vorbildlich durch den Leipziger Bibliothekar W. FRELS († 1942) kurzfristig veröffentlicht wurden, zur Zeit nicht erscheinen.

956 W. FRELS: *Zeitschriftenbibliographie* (Aufsätze über zeitgenössische deutsche Dichtung). In: Die Schöne [1930 ff.: Neue] Literatur 25 (1924) — 44 (1943). [Mehr nicht ersch.]
Vgl. auch die bibliographischen Nachweise besonders von Zeitschriften- und Zeitungsaufsätzen zur modernen Dichtung in: Das literarische Echo 1 (1898) — 44, 1/6 (1941/42); seit 1925 u. d. T.: Die Literatur.

Im Rahmen umfassender Jahresberichte:

957 Nr 919 (Abt.: Vom Naturalismus bis zur Gegenwart); Nr 924 (Abt.: Vom Naturalismus bis zur Gegenwart); Nr 926 (Abt.: Recent); Nr 927 (Abt.: Lit., 1880 to the present day); Nr 937 (Abt.: 19. Jahrh. Ende u. Übergang zum 20. Jahrh., 1880—1914. 20. Jahrh.); Nr 929 (Abt.: Vom Naturalismus bis zur Gegenwart); Nr 931.

Literaturgeschichte nach Gattungen

Laufende Bibliographie zur Theaterwissenschaft:

958 F. HADAMOWSKY: *Bibliographie des . . . . theaterwissenschaftlichen Schrifttums.* In: Maske und Kothurn 1 (1955) ff. — Vgl. Nr 1139.
Zuletzt f. 1968: 17 (1971) S. 76—95. — Berücksichtigt auch Drama, Dramaturgie.

Zu einzelnen Gattungen im Bereiche der Volksliteratur:

959 *Internationale Volkskundliche Bibliographie. International Folklore and Folklife Bibliography. Bibliographie internationale des arts et traditions populaires.* Basel 1954 ff.

Zuletzt f. 1965/66 (1969); 1967/68 (1970). Vgl. besonders Abt. XVI (Volkspoesie), XVIII (Märchen, Erzählung, Schwank, Sage, Legende), XIX (Volksschauspiel), XX (Sonstige Volksliteratur), XXI (Rede des Volkes: Rätsel, Sprichwort u. a.).

Im Rahmen umfassender Jahresberichte:

960 Nr 919 (Abt.: Drama, Epik, Lyrik. Theaterwissenschaft); Nr 924 (Abt.: Dt. Lit.: Gattungen. Theaterwissenschaft); Nr 937 (Abt.: Dt. Lit'gesch.: Formen u. Gattungen); Nr 929 (Abt.: Volksdichtung. Theatergeschichte); Nr 931.

Stoff- und Motivgeschichte

Im Rahmen umfassender Jahresberichte:

961 Nr 919 (Abt.: Stoffgeschichte u. vergleichende Lit'gesch.); Nr 924 (Abt.: Dt. Lit.: Stoffe u. Motive); Nr 926 (Abt.: Themes and types); Nr 937 (Abt.: Dt. Lit'gesch.: Stoff- u. Motivgeschichte); Nr 931.

Vergleichende Literaturwissenschaft

Jährliche Fortsetzung der von F. BALDENSPERGER und W. P. FRIEDE-RICH herausgegebenen *Bibliography of comparative literature* [= BFB, s. Nr 871] unter demselben Titel mit entsprechender Gliederung:

962 *Bibliography of comparative literature.* In: Yearbook of Comparative and General Literature 1 (1952) ff. — Vgl. Nr 1179.
Zuletzt f. 1958: 8 (1959) S. 86—160 [= BFB S. 1179—1250]; f. 1959: 9 (1960) S. 132—194 [= BFB S. 1251—1312]. — Ab 1960 mit neuer Systematik (nicht mehr Forts. von BFB): zuletzt f. 1968: 18 (1969) S. 113—141; f. 1969: 19 (1970) S. 93—130.

963 Zusätzlich (seit 1960): *List of translations,* gegliedert nach Ländern. Zuletzt f. 1967: 17 (1968) S. 143—52; f. 1968: 18 (1969) S. 104—112; f. 1969: 19 (1970) S. 84—92.

Im Rahmen umfassender Jahresberichte:

964 Nr 919 (Abt.: Stoffgeschichte u. vergleichende Lit'gesch.); Nr 924 (Abt.: Wechselbeziehungen: Weltliteratur u. europäische Lit. Einzelne Länder, Völker, Kulturen. Zur Kultur-, Geistes- und Bildungsgeschichte); Nr 937 (Abt.: Vergleichende Lit'gesch. Einzelne Völker in literar. Beziehung zu Deutschland. Fremde Dichter u. Schriftsteller in ihren Beziehungen zu Deutschland); Nr 926 (Abt.: Lit., general and comparative); Nr 929 (Abt.: Vergleichende Lit'gesch.); Nr 931.

Periodische Bibliographien zu den geistig-literarischen Wechselbeziehungen zwischen Deutschland und dem Ausland (Frankreich — Großbritannien — USA) sowie internationale Übersetzungsbibliographien s. HBG (1959) S. 151—52; vgl. auch Nr 963.

3. Periodische Bibliographien der Bibliographien

Vgl. I/3 (Allgemeine Darstellungen), II/3 (Abgeschlossene Allgemeinbibliographien), IV (Periodische Allgemeinbibliographien).

Den Nachweis der überaus zahlreichen (zumeist „versteckten") Sonderbibliographien auf dem Gesamtgebiete des Wissens erbringen laufend

a) für den Bereich der deutschsprachigen Bücher und Zeitschriften:

965 *Bibliographie der versteckten Bibliographien aus deutschsprachigen Büchern und Zeitschriften 1930—1953.* Bearb. v. d. Dt. Bücherei. Leipzig 1956. 371 S. = Sonderbibliographien d. Dt. Bücherei. 3.

Verzeichnet sind rund 13 000 Nachweise, die alphabetisch geordnet und am Schluß systematisch in 18 Gruppen zusammengefaßt sind. — Laufend fortgeführt u. d. T.:

966 *Bibliographie der deutschen Bibliographien.* Jahresverzeichnis der selbständig erschienenen u. der in deutschsprachigen Büchern u. Zeitschriften enthaltenen versteckten Bibliographien. Bearb. v. d. Dt. Bücherei. Jg. 1 ⟨1954⟩ ff. Leipzig 1957 ff.

Zuletzt f. 1961: 8 (1964); f. 1962/63: 9 (1965). Vgl. die systematische Übersicht der Schlagwörter: XV. Sprach- u. Literaturwissenschaft.

Ab 1966 monatlich u. d. T.:

967 *Bibliographie der deutschen Bibliographien.* Monatliches Verzeichnis der selbständigen und versteckten Bibliographien Deutschlands, der Literaturverzeichnisse deutschsprachiger Veröffentlichungen des Auslandes, der im Ausland erschienenen Bibliographien über Deutschland und Personen des deutschen Sprachgebietes sowie wichtiger ungedruckter Titelzusammenstellungen. Bearb. v. d. Dt. Bücherei. Jg. 1. 1966. H. 1 ff. Leipzig 1966 ff.

Gegliedert nach 20 Sachgruppen; unter VIII: Sprach- und Literaturwissenschaft (1. Allgemeines, Sprachwissenschaft; 2. Germanistik).

b) auf internationaler Grundlage:

968 *The bibliographic index.* A cumulative bibliography of bibliographies. Bd 1 ff. New York 1938 ff.

Vierteljahreshefte, zsgef. zu Jahres- und Mehrjahresbänden.

969 *Bibliographische Berichte.* Bibliographical Bulletin. Für das Dt. Bibliogr. Kuratorium bearb. v. E Zimmermann. Ab 12 (1970) von der Staatsbibliothek Preußischer Kulturbesitz hrsg. Jg. 1 ff. Frankfurt 1959 ff.

Zunächst viertel-, ab Jg 5 halbjährlich. Vgl. besonders Gruppe 6: Sprach- u. Literaturwissenschaft. Dazu: Gesamtregister 1959—1963 (1965); 1964—68

(1970). — Vorher (ab 1954) in der *Zeitschrift für Bibliothekswesen und Bibliographie* bzw. (ab Jg. 4) als *Bibliographische Beihefte* dieser Zeitschrift [s. Nr 1187] veröffentlicht.

Wertvoll auch die Berichte in bibliographischen Zeitschriften: *Zentralblatt für Bibliothekswesen* [s. Nr 1186], *Bulletin of Bibliography* [s. Nr 1191] u. a.

Unter den periodischen Allgemeinbibliographien verdienen solche größte Beachtung, die den Literatursuchenden noch näher an das jüngst erschienene Schrifttum heranführen als die Jahresberichte der Fachwissenschaften. Jeder fachlich Forschende, ob Germanist, Mediziner oder Jurist, muß zu diesen allgemeinen (sämtliche Fachgebiete umfassenden) Hilfsmitteln greifen, wenn er den Schrifttumsnachweis bis zum neuesten Forschungsstand erbringen will. In einem besonderen Teil (IV) stellen wir jene periodischen Allgemeinbibliographien heraus, die beim Bibliographieren unentbehrlich sind.

IV.

Periodische Allgemeinbibliographien

Im Gegensatz zu den abgeschlossenen Bibliographien [s. I u. II] führen uns die periodischen Bibliographien unseres Faches [s. III] verhältnismäßig nahe an das neueste Schrifttum heran; sie zeigen jedoch — etwa als Jahresberichte — die Titel oft mit erheblicher Verspätung an. Daher drängt sich dem Literatursuchenden die Frage auf: Wo findet man den Nachweis jener Arbeiten, die während der letzten Monate bzw. soeben erschienen sind?

Das Ziel, im Hinblick auf die Neuerscheinungen immer auf dem laufenden zu bleiben, kann nur durch Bibliographien mit k u r z f r i s t i g e r Erscheinungsweise erreicht werden. Hier müssen wir die a l l g e m e i n e n Bibliographien zu Hilfe nehmen, soweit sie p e r i o d i s c h veröffentlicht werden: vornehmlich die nationalen Allgemeinbibliographien, die als wichtigste unter den allgemeinen Nachschlagewerken zu den Grundbibliographien zählen und zugleich auch dem Forscher eine rasche Orientierung über die Neuerscheinungen seines Fachgebietes ermöglichen.

Da Buchhändler und Bibliothekare auf eine schnelle Berichterstattung Wert legen müssen, sind in den meisten Ländern — gestützt auf das Pflichtexemplargesetz — regelmäßig erscheinende Publikationen ins Leben gerufen worden, die etwa wöchentlich oder halbmonatlich das gesamte innerhalb eines Landes veröffentlichte Schrifttum sammeln (Nationalbibliographien).

Wegweiser zur bibliographischen Schulung / dazu S. 19.

Vierte Stufe

Wie ergänzt man das bisher gesammelte Schrifttum mit Hilfe periodischer Allgemeinbibliographien?

An erster Stelle sind von den allgemeinen (d. h. sämtliche Fachgebiete umfassenden) Bibliographien heranzuziehen:

a) N a t i o n a l b i b l i o g r a p h i e n , die uns die Neuerscheinungen des Buchhandels, gesondert auch solche außerhalb des Buchhandels (z. B. Dissertationen in Maschinenschrift) in wöchentlichen oder halbmonatlichen Verzeichnissen anzeigen, die zweckmäßig zu Halbjahres-, Jahres- oder Mehrjahresverzeichnissen zusammengefaßt werden. Vgl. IV/1.

Derartige Bücherverzeichnisse liegen in Deutschland seit 1700 vor, anfangs auf Meßkatalogen aufbauend und zunächst zu größeren Grundwerken zusammengefaßt:

HEINSIUS: *Allgemeines Bücher-Lexikon* [= Nr 899].

Das Grundwerk alphabetisch geordnet; bis 1827 Romane und Schauspiele jeweils in besonderen Anhängen verzeichnet.

KAYSER: *Vollständiges Bücherlexikon* [= Nr 900].

Grundwerk in alphabetischer Ordnung mit systematischem Register; dabei Romane und Schauspiele ebenfalls in Anhängen, die als Verfasseralphabete angelegt sind. Für die Mehrjahresbände erst ab 1891 Sachregister.

HINRICHS' *Bücherkatalog* [= Nr 901].

Hervorgegangen aus dem *Halbjahresverzeichnis der Neuerscheinungen des deutschen Buchhandels* (Berichtszeit 1797 ff.), das seit 1931 von der Deutschen Bücherei, Leipzig, bearbeitet wird u. d. T.:

Deutsche Nationalbibliographie. Reihe A [= Nr 970].

Zusammengefaßt zu Halbjahresverzeichnissen, die früher in HINRICHS' Bücherkatalog (s. o.) übergingen; seit 1911 u. d. T.:

Deutsches Bücherverzeichnis [= Nr 972].

Für die Berichtszeit ab 1945 zugleich:

Jahresverzeichnis des deutschen Schrifttums [= Nr 971].

Vgl. auch die Nationalbibliographien in Österreich u. in der Schweiz [= Nr 979/81].

b) H o c h s c h u l s c h r i f t e n v e r z e i c h n i s s e , die uns von Jahr zu Jahr über den Zuwachs der Dissertationen unterrichten. Derartige Spezialverzeichnisse — für Deutschland: *Jahresverzeichnis der deutschen Hochschulschriften* — sind für unser Fach insofern von großem Wert, als ein besonderes Verzeichnis germanistischer Dissertationen bis heute nicht vorliegt. Vgl. IV/2.

c) Z e i t s c h r i f t e n b i b l i o g r a p h i e n , die neueste Aufsätze nachweisen; so vornehmlich die *Internationale Bibliographie der Zeitschriftenliteratur,* kurz (nach ihrem Herausgeber) „DIETRICH" benannt. Vgl. IV/3.

Zur praktischen Benutzung der periodischen Allgemeinbibliographien (wichtig die Sach- und Stichwortregister!) vgl. S. 153 u. 158.

Periodische Allgemeinbibliographien mit Übersicht ihrer Berichtszeit (noch laufend: →):

a) Älteste Verzeichnisse:

HEINSIUS [Nr 899]

| f. 1700—1810: Grundwerk, 4 Bde | f. 1811—1892: Mehrjahresbde |

KAYSER [Nr 900]

| f. 1750—1832: Grundwerk, 4 Tle | f. 1833—1910: Mehtjahresbde |

HINRICHS [Nr 901] | f. 1851—1912: Fünfjahresbde |

b) Verzeichnisse der Deutschen Bücherei (Leipzig):

Dt. Bücherverzeichnis [Nr 972] | ab 1911 Mehrjahresbde

Dt. Nationalbibliographie: Reihe A [Nr 970] | ab 1931 wöchentlich

Dt. Nationalbibliographie: Reihe B [Nr 970] | ab 1931 halbmonatlich

Jahresverzeichnis [Nr 971] | ab 1945 jährlich

Dt. Nationalbibliographie: Reihe C [Nr 970] | ab 1968 monatlich

c) Verzeichnisse der Deutschen Bibliothek (Frankfurt/M.):

Dt. Bibliographie: Wöchentl. Verzeichnis [Nr 975] | ab 1945

Dt. Bibliographie: Halbjahresverzeichnis [Nr 976] | ab 1951

Dt. Bibliographie. (Mehrjahresbde) [Nr 977] | ab 1945

d) Wichtigste Verzeichnisse der Dissertationen:

Jahresverzeichnis der
dt. Hochschulschriften [Nr 986] | ab 1885   —   1967 |

Dt. Nationalbibliographie: Reihe C [Nr 970] | ab 1968

e) Internationale Bibliographie der Zeitschriftenliteratur:

Bibliogr. der deutschen Zeitschr.-lit. [Nr 1018]
                          | 1861/95 | ab 1896   bis 1964 |
Bibliogr. der fremdspr. Zeitschr.-lit. [Nr 1019] | ab 1910   bis 1964 |
Bibliogr. der Rezensionen [Nr 1020] | 1899 / 1943 |
Internationale Bibliographie der Zeitschriftenliteratur [Nr 1021] | ab 1965
Internationale Bibliographie der Rezensionen [Nr 1022] | ab 1971

Jede Literaturermittlung, die dem neuesten Stand der Forschung entsprechen soll, ist abzuschließen mit dem Überprüfen der zuletzt erschienenen
Hefte solcher Zeitschriften, die für das zu behandelnde Thema einschlägiges
Material vermuten lassen. **Letzte Stufe (V): Vom Sammeln des Schrifttums
zum Studium der Zeitschriften, s. S. 159!**

---

1. Allgemeine Nationalbibliographien

Für den Germanisten ist zunächst die Kenntnis jener Nationalbibliographien
wichtig, die im deutschsprachigen Raum laufend die neuesten Bücher kurz
nach ihrem Erscheinen anzeigen: in wöchentlichen oder halbmonatlichen
Verzeichnissen, deren Zusammenfassung in Halbjahres-, Jahres- oder Mehrjahresausgaben die Sucharbeit erleichtert.

Deutschland

a) Verzeichnisse der Deutschen Bücherei (Leipzig)

Seit 1842 erscheint ein wöchentliches Verzeichnis der deutschsprachigen Neuerscheinungen, in erweiterter Form seit 1931 u. d. T.:

970 *Deutsche Nationalbibliographie* [seit 1960: *und Bibliographie des im Ausland erschienenen deutschsprachigen Schrifttums*]. Bearb. u. hrsg. von der Deutschen Bücherei. Leipzig 1931 ff.

Gegliedert in zwei, seit 1968 drei nach Inhalt und Erscheinungsweise verschiedene Reihen:

Reihe A: Neuerscheinungen des Buchhandels [wöchentlich];

Reihe B: Neuerscheinungen außerhalb des Buchhandels [halbmonatlich];

Reihe C: Dissertationen und Habilitationsschriften [monatlich].

Diese Reihen sind — wie auch die parallellaufende *Deutsche Bibliographie* (Frankfurt) und die entsprechenden Bibliographien in Österreich und der Schweiz [s. Nr 975, 979/81] — in 24 bzw. 25 Fachgruppen aufgegliedert und innerhalb der einzelnen Gruppen alphabetisch nach dem Namen der Verfasser geordnet. Dabei findet sich das für die Germanistik einschlägige Schrifttum jeweils in der Gruppe 7: Sprach- und Literaturwissenschaft.

Wer sich über die Bucherscheinungen der letzten Monate unterrichten will, greife zunächst zur *Reihe A* und schlage die zuletzt erschienenen wöchentlichen Verzeichnisse nach.

Jedem Heft ist ein Verfasser- und Stichwortverzeichnis in einem Alphabet (Kreuzregister) beigegeben, das jeweils durch Vierteljahresregister ersetzt wird.

971 *Jahresverzeichnis des deutschen Schrifttums.* Leipzig 1948 ff.

Diese Jahresverzeichnisse werden schließlich durch Mehrjahresverzeichnisse ersetzt u. d. T.:

972 *Deutsches Bücherverzeichnis.* Leipzig 1916 ff.

Zumeist Fünfjahresbände: f. 1911/14 = Bd 1—3 (1916/20) usw. [bis 1940]; für die Zeit 1941/50 eine Zehnjahreszusammenfassung (= Bd 23/28); vom Berichtsjahr 1951 ab wieder Fünfjahresbände, vorerst f. 1951/55 (= Bd 29/33); 1956/60 (= Bd 34/39). — Das Deutsche Bücherverzeichnis enthält sämtliche in Deutschland u. dem Ausland erschienenen deutschsprachigen Verlagsschriften nebst den wichtigsten außerhalb des Buchhandels erschienenen Veröffentlichungen u. dem innerhalb Deutschlands verlegten fremdsprachigen Schrifttum.

Sowohl das *Jahresverzeichnis* als auch das *Deutsche Bücherverzeichnis* bestehen aus zwei Hauptteilen: dem Titelverzeichnis (geordnet nach dem Alphabet der Verfasser) sowie dem Stich- und Schlagwortregister. Dazu neuerdings:

973 *Das gesprochene Wort. Jahresverzeichnis der deutschen literarischen Schallplatten.* 1959 ff. = Deutsche Nationalbibliographie. Sonderheft.

Sachlich nach Fachgebieten und Literaturgattungen gegliedertes Titelverzeichnis mit kombiniertem Verfasser- und Stichwortregister nebst Sprecherregister.

974 *Bibliographie fremdsprachiger Werke über Deutschland und deutsche Persönlichkeiten.* Jg. 1 ff. Leipzig 1963 ff.

Jährlich 4 Hefte. Verzeichnet das seit 1955 in der Dt. Bücherei eingegangene Schrifttum des Auslandes. — Eine retrospektive Liste für 1945—54 in Vorbereitung.

b) Verzeichnisse der Deutschen Bibliothek (Frankfurt/M.)

Parallellaufend zu diesen von der Deutschen Bücherei in Leipzig bearbeiteten Nationalbibliographien werden seit dem Ende des Zweiten Weltkrieges durch die neugegründete Deutsche Bibliothek in Frankfurt/M. folgende Verzeichnisse herausgegeben:

975 *Deutsche Bibliographie. Wöchentliches Verzeichnis.* Jg. 1 ff. Frankfurt 1947 ff.

Einschlägiges Schrifttum in der Gruppe 7: Sprach- und Literaturwissenschaft; zu jedem Heft ein Verfasser- und Stichwortregister, zsgef. zu Monats- und (ab 1965) Vierteljahresregistern, in die auch die Titel der in der *Österreichischen Bibliographie* [= Nr 979] und dem *Schweizer Buch* [= Nr 981] angezeigten Verlagsveröffentlichungen (außer Karten) eingearbeitet sind. Ab 1965 neben diesem *Wöchentlichen Verzeichnis* (= A. Erscheinungen des Buchhandels) Beilagen: B. Erscheinungen außerhalb des Buchhandels (monatlich; mit Jahresregister); C. Karten (zweimonatlich).

Für die Berichtszeit ab 1951 erscheinen Halbjahresverzeichnisse:

976 *Deutsche Bibliographie. Halbjahresverzeichnis.* Frankfurt 1951 ff.

Zweiteilig (Alphabet. Titelverzeichnis; Stich- u. Schlagwortregister mit systemat. Übersicht der Schlagwörter). Berücksichtigt auch die in der Deutschen Bibliothek vorhandenen deutschsprachigen Neuerscheinungen des Auslandes (Österreich, Schweiz).

Weiterhin Mehrjahresverzeichnisse:

977 *Deutsche Bibliographie.* Bücher und Karten. Bd 1 ff. Frankfurt/M. 1953 ff.

Bisher (als Sechsjahresausgabe): Bd 1 ⟨f. 1945/50⟩. Untertitel: Verzeichnis [später: Bibliographie] aller in Deutschland erschienenen Veröffentlichungen und der in Österreich und der Schweiz im Buchhandel erschienenen deutschsprachigen Publikationen sowie der deutschsprachigen Veröffentlichungen anderer Länder. — Ab 1951 Fünfjahreszusammenfassungen: f. 1951/55; 1956/60. Zuletzt: f. 1961/65.

Die Frankfurter Halbjahresverzeichnisse und die Mehrjahreskataloge stimmen in ihrer zweiteiligen Anlage (Titelverzeichnis, Stich- u. Schlagwortregister) mit den Leipziger Bibliographien nahezu überein. Es ist besonders zu beachten, daß Leipzig die in der Berichtszeit erschienenen Zeitschriften berücksichtigt, während Frankfurt diese in einer Spezialbibliographie veröffentlicht hat.

Anleitung zur Benutzung:

978 R. WEITZEL: *Die deutschen nationalen Bibliographien.* 3. Aufl. Frankfurt/M. 1967. 95 S., 2 Erg.-Bl. [1. Aufl. 1958].

Ö s t e r r e i c h. S c h w e i z

Der systematischen Gliederung der Leipziger *Deutschen National-bibliographie* und der Frankfurter *Deutschen Bibliographie* entsprechen die Nationalbibliographien in Österreich und in der Schweiz, auch hier jeweils Gruppe 7: Sprach- und Literaturwissenschaft.

979 *Österreichische Bibliographie:* Verzeichnis der österr. Neuerscheinungen. Bearb. von d. Österr. Nationalbibliothek. Jg. 1 ⟨1945⟩ ff. Wien 1946 ff.

Halbmonatlich; verzeichnet auch Zeitschriften u. Dissertationen. Verfasser- u. Stichwortregister, zsgef. in Vierteljahres- u. Jahresregister; f. 1946/50 ein Gesamtregister.

980 *Bibliographisches Bulletin der Schweiz. Bulletin bibliographique de la Bibliothèque Nationale Suisse.* Jg. 1—42. Bern 1901—42. — Fortsetzung:

981 *Das Schweizer Buch. Le Livre suisse. Il Libro svizzero.* Jg. 43 ff. Zürich 1943 ff.

Erscheint in zwei Reihen:

Serie A: Veröffentlichungen des Buchhandels (halbmonatlich, zugleich Beilage zu *Der Schweizer Buchhandel*);

Serie B: Veröffentlichungen außerhalb des Buchhandels (zweimonatlich); enthält auch Dissertationen.

982 *Katalog der Schweizerischen Landesbibliothek Bern. Systematisches Verzeichnis der schweizerischen oder die Schweiz betreffenden Veröffentlichungen.* 1901—1947. Bern 1927—52. — Fortges. u. d. T.:

983 *Schweizer Bücherverzeichnis. Répertoire du livre suisse. Elenco del libro svizzero.* Bd 1 ⟨f. 1948/50⟩ ff. Zürich 1951 ff.

Zuletzt f. 1951/55 (1956); f. 1956/60 (1961/62); f. 1961/65 (1966/67). — Erscheint zusammen mit dem *Schweizer Zeitschriftenverzeichnis* ⟨1951—1955⟩ zugleich u. d. T.:

984 *Schweizerische Nationalbibliographie. Bibliographie nationale suisse. Bibliografia nazionale svizzera. Katalog der Schweizerischen Landes-bibliothek.* Fünfjahresausgabe. Bd 1 ff. Zürich 1956 ff.
Nationalbibliographien anderer Länder: s. HBG (1959) S. 157 u. Bibliographien der Bibliographien [= Nr 872/77]; vgl. auch Nr 987, 990, 993, 1004, 1005, 1008. — Dazu die systematische Übersicht bei

985 W. Totok: *Die Nationalbibliographien*. Versuch einer Analyse. In: Bibliographie und Buchhandel. Festschrift zur Einweihung des Neubaus der Deutschen Bibliothek. Frankfurt 1959. S. 107—23.

2. Allgemeine Verzeichnisse der Dissertationen

Nachdrücklich ist festzuhalten: ein besonderes Gesamtverzeichnis germanistischer Dissertationen liegt nicht vor; Ansätze s. HBG (1959) S. 101—04, 140.

Die Kenntnis einschlägiger Dissertationen ist aber für jeden unerläßlich, der mit seinem Arbeitsthema zum Fortschritt der Forschung beitragen möchte. Vor allem muß der Doktorand sich nicht nur die Gewißheit darüber verschaffen, ob das von ihm in Aussicht genommene Thema bereits an einer anderen Universität „vergeben" ist oder nicht [s. Nr 1214/15], er muß sich zugleich gründlich vergewissern, ob und in welcher Weise das gewählte Thema schon früher bearbeitet wurde, um gegebenenfalls mit neuen Erkenntnissen über den Stand der Forschung hinauszugelangen. Auch in bibliographischer Hinsicht ergeben sich Vorteile: sofern Doktorarbeiten bekannt sind, die sich mit dem Arbeitsthema berühren, verhelfen sie mit ihrem ergiebigen Schrifttumsnachweis, der ja diesen wissenschaftlichen Erstlingsarbeiten eine Verpflichtung sein muß, verhältnismäßig schnell zur Sammlung der Spezialliteratur.

Um den jährlichen Zuwachs germanistischer Dissertationen des In- und Auslandes zu erfassen, muß der forschende Germanist a l l g e m e i n e Bibliographien einsehen: an erster Stelle die Jahresverzeichnisse der Hochschulschriften eines Landes, die gewöhnlich nach Universitäten und Fakultäten geordnet sind.

Besondere Jahresverzeichnisse der Hochschulschriften werden in folgenden Ländern herausgegeben: Frankreich (seit 1884), Deutschland (seit 1885), Schweiz (seit 1897), USA (seit 1912), Niederlande (seit 1924), Großbritannien (seit 1951); vgl. Nr 986, 992, 994, 995, 1006, 1009/14.

Für den Nachweis der in den letzten Monaten erschienenen Hochschulschriften sind die Nationalbibliographien (s. IV/1) heranzuziehen, besonders solche, die auch die maschinenschriftlich vervielfältigten Dissertationen systematisch verzeichnen.

Deutschland

Die in der *Reihe B* der *Deutschen Nationalbibliographie* [s. Nr 970]
angeführten Titel der Dissertationen u. Habilitationsschriften werden
von Jahr zu Jahr zusammengefaßt u. d. T.:

986 *Jahresverzeichnis der deutschen Hochschulschriften.* Jg. 1 ff. Berlin
1887—36: Leipzig 1937 ff.

Zuletzt f. 1966: 82 (1969/70); f. 1967: 83 (1970/71). Ab 1968 vgl. Reihe C
der Deutschen Nationalbibliographie [Nr 970]. Gegliedert nach den Hochschulen, innerhalb der Hochschulen nach Fakultäten; sodann alphabetisch
nach den Namen der Verfasser. Jeder Band enthält neben dem Verfasserregister ein ausführliches Sachregister, das nach dem Stichwortprinzip (seit
1950 teilweise auch nach dem Schlagwortprinzip) bearbeitet ist.

Für die sachliche Erschließung, d. h. für die Feststellung einschlägiger
Arbeiten über ein zu behandelndes Thema liefert den Schlüssel das
Sachregister bzw. auch die seit 1953 angeführte systematische Über-
sicht zum Sachregister (vgl. Sprach- und Literaturwissenschaft).

Beim Sammeln der in den letzten Jahren erschienenen deutschen Dissertationen sei dem Anfänger folgender Weg geraten:

Zunächst sind die zuletzt veröffentlichten Jahrgänge des *Jahresverzeichnis-
ses der deutschen Hochschulschriften,* die bis Ende 1967 reichen und dem-
nächst abgeschlossen sind, einzusehen, danach die Jahresbände der *Reihe C*
der *Deutschen Nationalbibliographie* zu benutzen und für die letzten
Monate, für die die zusammenfassenden Register fehlen, die einzelnen Hefte
jeweils unter Gruppe 7: Sprach- und Literaturwissenschaft zu vergleichen.
Zum praktischen Verfahren vgl. die vorhergehenden Auflagen dieser Bücherkunde (zuletzt 5. Aufl., S. 132).

Zur Beachtung:

Leider liegen — durch Kriegsnöte bedingt — die Dissertationen vielfach nur
maschinenschriftlich (in wenigen Exemplaren) vor; sie können, falls sie bei
der zuständigen Universitätsbibliothek nicht vorhanden sind, auf dem Wege
des auswärtigen Leihverkehrs von anderen Bibliotheken zur Einsichtnahme
(im Lesesaal) angefordert werden. Es ist ratsam, bei der Bestellung auch
die U-Nummern der Verzeichnisse anzuführen. Der Vermerk „Nicht für den
Austausch" bezieht sich nicht auf die Ausleihe!

Weiterhin ist es ratsam, auch die Jahresberichte der Germanistik und
die Sonderbibliographien zur deutschen Literaturgeschichte [s. III]
einzusehen; vgl. auch HBG (1959) S. 140—41.

Ansätze zu einem Gesamtverzeichnis germanistischer Dissertationen, das ein
dringendes Desideratum ist, bot H. ZIEGLER in: ZfdPh 51 (1926)—63 (1938).
Vgl. auch Nr 950.

Belgien

987 Verzeichnis von Dissertationen laufend in: *Bibliographie de Belgique.* Bruxelles 1875 ff.

Canada

988 *Canadian theses.* A list of theses accepted by Canadian universities. Thèses canadiens. 1952 ff. Ottawa 1953 ff.

Früher (retrospektiv):

989 *Canadian graduate theses in the humanities and social sciences 1921—1946.* Thèses des gradués canadiens dans l'humanités et les sciences sociales. Ottawa 1951. 194 S.

Dänemark

990 Laufend angezeigt in: *Dansk bogfortegnelse.* Kopenhagen 1851 ff.; desgleichen im Rahmen der Bibliographie dänischer Drucksachen:

991 *Impressa publica regni Danici.* Bibliografisk fortegnelse over statens tryksager og statsunderstrøttede publikationer. Jg. 1 ff. Kopenhagen 1949 ff.

Frankreich

Vom Ministère de l'éducation nationale herausgegebenes Verzeichnis:

992 *Catalogue des thèses et écrits académiques.* Fasc. 1 ff. Paris 1885 ff.

Seit 1959 u. d. T.: *Catalogue des thèses de doctorat soutenues devant les universités françaises.* N. S. ⟨1959⟩ 1960 ff.; zuletzt f. 1968 (1969).

993 Im Rahmen der *Bibliographie de la France* als Suppl. D: *Thèses, classement par facultés et universités.* Paris 1930 ff.

Großbritannien

994 *Index to theses accepted for higher degrees in universities of Great Britain and Ireland.* Bd 1 ⟨1950/51⟩ ff. London 1953 ff.
Nach Sachgruppen, weiterhin nach Universitäten u. Autoren geordnet. Verfasser- u. Schlagwortregister.
Vgl. auch die *Abstracts* und *Subjects of dissertations* der Universitäten Cambridge, Oxford und London.

Niederlande

995 *Catalogus van academische geschrijften in Nederland (en Nederlandsch Indië) verschenen.* Jg. 1 ff. Utrecht 1925 ff.

Nach Universitäten und Fakultäten geordnet; dazu Verfasserregister. — Mehrjahreszusammenfassungen, zuletzt f. 1941/45: 18/22 (1949); f. 1946/49: 23/26 (1952); f. 1950/51: 27/28 (1954).

Norwegen

996 Dissertationen laufend in: *Norsk bokfortegnelse*. Oslo 1879 ff.

Österreich

997 *Verzeichnis über die seit dem Jahre 1872 an der Philosophischen Fakultät der Universität in Wien eingereichten u. approbierten Dissertationen.* 3 Bde. Wien 1935—36.

Bd 2, S. 1—106: Germanistik. Daselbst 1413 Dissertationen, geordnet nach dem Erscheinungsjahr ⟨1876—1934⟩, aufgeschlossen durch ein Schlagwortregister (S. 107—22). Ergänzt bzw. fortgeführt:

998 *Verzeichnis der 1934 bis 1937 an der Philosophischen Fakultät der Universität in Wien und der 1872 bis 1937 an der Philosophischen Fakultät der Universität Innsbruck eingereichten u. approbierten Dissertationen.* Bd 4. Nachtrag. Wien 1937.

Anschließend Mehrjahreszusammenfassungen der Wiener Dissertationen u. d. T.:

999 *Verzeichnis der an der Universität Wien approbierten Dissertationen.* Zsgest. v. L. [1959: u. H.] ALKER. Wien 1952 ff.

⟨1937—1944⟩ 1954; ⟨1945—1949⟩ 1952; ⟨1950—1957⟩ 1959; ⟨1958 bis 1963⟩ 1965; ⟨1964—1965⟩ 1969.

1000 F. KROLLER: *Dissertationen-Verzeichnis der Universität Graz 1872 bis 1963.* Graz 1964. XI, 363 S. = Biblos-Schriften. 37.

Ergänzt Nr 998; desgleichen (laufend) das Verzeichnis der Innsbrucker Dissertationen:

1001 *Dissertationes.* In: Nachrichtenblatt der Universität Innsbruck. Jg 1948/49 ff. Innsbruck 1949 ff.

Seit 1945 erscheinen österreichische Dissertationen zusammen mit den Buchveröffentlichungen laufend in der *Österreichischen Bibliographie* [s. Nr 979].

Ab 1966 periodisches Gesamtverzeichnis:

1002 *Gesamtverzeichnis österreichischer Dissertationen.* Bd 1 ff. Wien 1967 ff.

Bd 1: f. 1966 (1967). — Bd 2: f. 1967 (1969).

1003 *Verzeichnis der literaturwissenschaftlichen Dissertationen an österreichischen Hochschulen.* Studienjahr 1969/70. In: Sprachkunst 1 (1970) S. 358—365. [s. Nr 1142].

Schweden

1004 Dissertationen laufend in: *Svensk bokkatalog*. Stockholm 1878 ff. u.

1005 *Svensk bokförteckning*. Stockholm 1952 ff.

Schweiz

1006 *Jahresverzeichnis der schweizerischen Hochschulschriften.* Catalogue des écrits académiques suisses. Jg. 1 ff. Basel 1898 ff.

Zuletzt f. 1969: 72 (1970). Ähnlich angelegt wie das deutsche Jahresverzeichnis der Hochschulschriften [s. Nr 986]. — Vgl. auch: *Das Schweizer Buch* [s. Nr 981].

UdSSR

1007 Unregelmäßig erscheinend: *Bibliografija dissertacij.* Doktorskie disser-
1008 tacii za 1941—1944, 1945 ff. Moskva 1946 ff.; laufend — als Nebenreihen — auch in der Nationalbibliographie *Knižnaja letopis.* Moskva 1907 ff.

USA

Jährliche Liste germanistischer Dissertationen:

1009 *Doctoral degrees in the field of German language and literature granted.* In: MDU. Vgl. Nr 1172.

Zuletzt f. 1969/70: 62 (1970) S. 271—75; f. 1970/71: 63 (1971) S. 273 bis 277.

Eine Zusammenstellung liegt auf dem Gebiet der Linguistik vor für die Jahre von 1900 bis 1964 in:

1010 *A bibliography of American doctoral dissertations in linguistics ⟨1900 to 1964⟩.* Compiled by PH. R. RUTHERFORD. Washington 1968. 139 S.

Von der Kongreßbibliothek zusammengestellte Jahresbände:

1011 *A list of American doctoral dissertations printed in 1912—1938.* 26 Bde. Washington 1913—39.

Im Auftrage der Association of Research Libraries:

1012 *Doctoral dissertations accepted by American universities.* 22 Bde. New York 1934—35.

Systematisch geordnet. Als Mikrofilme vorliegende Dissertationen mit Stern gekennzeichnet.

Führend:

1013 *Microfilm abstracts.* 11 Bde. Ann Arbor, Mich. 1938—51.

Dazu Verfasserregister: *Microfilm Abstracts author Index.* Atlanta 1955. 40 S. — Forts. u. d. T.:

1014 *Dissertation abstracts. Abstracts of dissertations and monographs in microfilm.* Bd 12 ff. Ann Arbor, Mich. 1952 ff.

Monatliches Verzeichnis mit Kurzreferaten über die als Mikrofilme vorliegenden Dissertationen, deren Kopien über University Microfilms, Ann Arbor erworben werden können. Dazu jährlich: *Author index.*

156

Zu den zahlreichen Bibliographien amerikanischer Dissertationen (Abstracts einzelner Universitäten):

1015 T. R. PALFREY u. H. E. COLEMAN: *Guide to bibliographies of theses. United States and Canada.* 2. Aufl. Chicago 1940. 54 S. [1. Aufl. 1936].

1016 R. P. ROSENBERG: *Bibliographies to theses in America.* In: Bulletin of Bibliography 18 (1943/46) S. 181, 201—03.

3. Allgemeine Bibliographien der Zeitschriftenliteratur

Je mehr sich die Mitteilung neuer Forschungsergebnisse vom Buch in die Zeitschrift verlagert und die Zahl der Zeitschriften ständig zunimmt, verdienen die periodischen Zeitschriftenbibliographien (Verzeichnisse des Zeitschrifteninhaltes) um so größere Beachtung, als die Aufnahme von Aufsätzen in den Nationalbibliographien [s. IV/1] unterbleibt.

Zu den Bibliographien des Zeitschrifteninhalts einzelner Länder vgl. TOTOK / WEITZEL / WEIMANN [= Nr 876] S. 130—34.

Von deutscher Seite liegt nur der sogenannte „DIETRICH" vor, der laufend in einzelnen Lieferungen einen Nachweis von (mehr oder weniger wichtigen) Aufsätzen aus allen Wissens-, Forschungs- und Fachgebieten liefert, die in deutsch- und fremdsprachigen Zeitschriften, Jahrbüchern, Sitzungsberichten und Sammelwerken erschienen sind.

1017 *Internationale Bibliographie der Zeitschriftenliteratur.* Begr. von F. DIETRICH, fortgef. v. R. DIETRICH. Leipzig (1948 ff.: Osnabrück) 1897 ff.

A I
q
. 8 5

Gegliedert — bis 1964 — in 3 Abteilungen:

1018 Abt. A. *Bibliographie der deutschen Zeitschriftenliteratur* mit Einschluß von Sammelwerken. 1897 ff. — Unveränd. Neudr. New York 1961—62.

Zuletzt f. 1964: 128 (1964). — Es ist zu beachten, daß insgesamt 20 Ergänzungsbände die Zeitschriften nach rückwärts (von 1895 bis 1861) erschließen.

1019 Abt. B. *Bibliographie der fremdsprachigen Zeitschriftenliteratur.* 1911 ff.

A I
q
B 7

Zuletzt f. 1962/64: N. F. 51 (1964).

1020 Abt. C. *Bibliographie der Rezensionen und Referate.* 1900 ff.

A I
q
B 5

Zuletzt: Bd 76 ⟨deutschsprachige Rezensionen f. 1943⟩. 1943; 77 ⟨fremdsprachige Rezensionen f. 1943⟩. 1944 [Erscheinen eingestellt.]. Vgl. Nr 1022.

Ab 1965 erscheinen Abt. A und B kombiniert u. d. T.:

1021 *Internationale Bibliographie der Zeitschriftenliteratur aus allen Gebieten des Wissens.* Hrsg. v. O. Zeller. Jg. 1 ff. Osnabrück 1965 ff.

Diese „kombinierte Folge" erscheint in 2 Halbjahrsbänden von je ca. 30 Lieferungen (= 3 bzw. 4 Bde) und bietet die Titel von rund 300 000 Zeitschriftenartikeln; dazu ein Verfasserregister.

Die Aufsätze sind unter alphabetisch geordneten Schlagwörtern angeführt, wobei auf die betreffenden Zeitschriften (u. a.) durch Ziffersigeln verwiesen wird, deren Auflösung am Anfang des Bandes im „Verzeichnis der Zeitschriften" (Sigelverzeichnis) zu finden ist.

Zur Benutzung: Man greife zu den zuletzt erschienenen Einzellieferungen bzw. Halbjahresbänden der neuen „kombinierten Folge" (ab 1965), sodann — für die Jahre 1964, 1963, 1962 usw. — zur Abt. A *(Bibliographie der deutschen Zeitschriftenliteratur)* und entsprechend zur Abt. B *(Bibliographie der fremdsprachigen Zeitschriftenliteratur),* bis man den Anschluß an neueste — periodische sowie abgeschlossene — Fachbibliographien [s. III bzw. II] gefunden hat!

Als neue Bibliographie der Rezensionen erscheint jetzt:

1022 *Internationale Bibliographie der Rezensionen wissenschaftlicher Literatur.* Hrsg. v. O. Zeller. Jg. 1 ff. Osnabrück 1971 ff.

Nächst dem „Dietrich" sind als auswählende Verzeichnisse der Zeitschriftenaufsätze ergiebig:

1023 *The reader's guide to periodical literature.* Bd 1 ff. Minneapolis [1913 ff.: New York] 1901 ff.

Anordnung der Titel u. Verfasser nach der Kreuzkatalogform. Erscheint halbmonatlich (September/Juni) u. monatlich (Juli/August), zsgef. zu Jahres- u. Mehrjahresausgaben.

1024 *The subject index to periodicals.* (1962 ff. u. d. T.: *British humanities index*). Bd 1 ff. London 1919 ff.

Berichtszeit: 1915 ff.; seit 1954 vierteljährlich mit Jahreszusammenfassungen. Anordnung nach Schlagwörtern; vornehmlich auf englische Periodika beschränkt.

Sonstige national begrenzte Bibliographien des Zeitschrifteninhalts: s. in Nr 872/77.

V.

Zeitschriften

Einblick und Überblick über den gegenwärtigen Stand der Forschung vermittelt das ständige Studium der Fachorgane. Für die wissenschaftliche Arbeit ist deshalb die Durchsicht der neuesten Zeitschriftenhefte eine unerläßliche Verpflichtung.

Wegweiser zur bibliographischen Schulung / dazu S. 19.

Fünfte Stufe

Vom Sammeln des Schrifttums zum Studium der Zeitschriften

Mit ihrem Besprechungsteil, mit der Zeitschriftenschau sowie mit der Anzeige der wichtigsten Neuerscheinungen erfüllen die Zeitschriften laufend die Aufgabe einer auswählenden, kritischen Bibliographie; mit ihren Abhandlungen liefern sie jeweils die neuesten Bausteine der Wissenschaft und kennzeichnen somit den jüngsten Stand der Forschung.

In der nachstehenden Übersicht sind etwa 180 Zeitschriften (nach ihrem Erscheinungsort einzelnen Ländern zugeteilt) aufgeführt, die — wie zumeist aus dem Titel zu ersehen ist — verschiedene Gebiete berücksichtigen: Allgemeine Sprachwissenschaft / Allgemeine und germanistische Linguistik / Allgemeine Literaturwissenschaft / Neuere Sprachen und Literaturen / Germanische Sprachen und Literaturen / Deutsche Sprache und Literatur / Deutsche Sprache / Deutsche Literatur / Vergleichende Literaturwissenschaft / Volkskunde. Außerdem: Jahrbücher von Dichtergesellschaften und literarische Zeitschriften. — Hinzugefügt sind [Nr 1180/1213] solche Zeitschriften, die sich im besonderen auf Bibliographie, Buch- und Bibliothekswesen, Handschriftenkunde, Geschichte, Kultur- und Geistesgeschichte beziehen.

---

1. Zeitschriften zur Sprach- und Literaturwissenschaft

Aus der Fülle der seit der Begründung der deutschen Philologie veröffentlichten Zeitschriften stellen wir nur solche heraus, die z u r Z e i t im In- und Auslande erscheinen; aufgeteilt nach den einzelnen Ländern, um zugleich die Bestrebungen der ausländischen Germanistik zu kennzeichnen. Zeitschriften (auch solche, die nicht mehr erscheinen) in g e s c h i c h t l i c h e m Überblick seit der Romantik s. HBG (1959) S. 167—70.

Gesamtverzeichnis der bis 1926 erschienenen Zeitschriften (einschließlich Reihenwerke), das — im weitesten Sinne — auch historische, geisteswissenschaftliche, theater- und musikgeschichtliche sowie unterhaltende Periodika berücksichtigt:

1025 C. Diesch: *Bibliographie der germanistischen Zeitschriften.* Leipzig 1927. 441 S. = Bibliographical Publications. Germ. Sect. Mod. Lang. Association of America. 1. — Nachdruck Stuttgart 1970.

Enthält über 5000 Titel von Zeitschriften seit dem 18. Jahrh.; S. 252—74: Fachzeitschriften im engeren Sinne.

Die Zeitschriften bis 1900 soll erfassen:

1026 J. Kirchner: *Bibliographie der Zeitschriften des deutschen Sprachgebietes bis 1900.* Bd 1 ff. Stuttgart 1969 ff.

Bisher: Bd 1 ⟨bis 1830⟩. 1969. 489 S. — Bd 2 ⟨1831—1870⟩. Lfg. 1. 1971. — Geplant: Bd 3 ⟨1871—1900⟩. Hrsg. v. H. Jessen. — Bd 4 ⟨Namenregister, Statistik, Auswertung⟩.

Ausführliche Beschreibung literarischer Blätter ⟨1885—1933⟩, aufschlußreich für die Entwicklung seit dem Naturalismus:

1027 F. Schlawe: *Literarische Zeitschriften 1885—1910.* 2. Aufl. Stuttgart 1965. IX, 110 S. [1. Aufl. 1961]. = SM 6. — Forts.: *Literarische Zeitschriften 1910—1933.* Stuttgart 1962. XI, 112 S. = SM 24.

1028 P. Raabe: *Die Zeitschriften u. Sammlungen des literarischen Expressionismus. Repertorium . . . 1910—1921.* Stuttgart 1964. 240 S. = Repertorien z. dt. Lit'gesch. 1.

1029 K. J. R. Arndt / M. E. Olson: *Deutsch-amerikanische Zeitungen und Zeitschriften 1732—1955.* Geschichte u. Bibliographie. 2. Aufl. New York 1965. 811 S. [1. Aufl. Heidelberg 1961]. = Dt. Presseforschung. 3.

Mit Standortangaben; gegliedert nach den 50 Staaten.

Deutschland

1030 *Arcadia.* Zeitschrift für vergleichende Literaturgeschichte. In Verb. mit R. Bauer, E. Lunding u. O. Seidlin hrsg. v. H. Rüdiger (Berlin).

1 (1966) — 6 (1971) ff. Nimmt die seit 1910 unterbrochene Tradition der *Zeitschrift für vergleichende Literaturgeschichte und Renaissance-Literatur* (1887 ff.) wieder auf. Mit Rezensionsteil.

1031 *Archiv für das Studium der neueren Sprachen und Literaturen.* Begr. v. L. Herrig, hrsg. v. R. Sühnel [u. a.] (Braunschweig).

1. Zeitschriften zur Sprach- und Literaturwissenschaft

1 (1846) — 208 = Jg. 123 (1971/72) ff. Generalregister zu 1—50 (1874); zu 51—100 (1900). Ab 1961 neugestaltet: 6 Jahreshefte. Berücksichtigt das Gesamtgebiet. Besprechungen (Rubrik: Germanisch u. Deutsch). Dazu: Archiv 200 = Jg. 115 (1963) S. 2—13. — Ab 1964: Beihefte. Vgl. Nr 928.

1032 *Beiträge zur Geschichte der deutschen Sprache und Literatur.* Begr. v. W. BRAUNE, H. PAUL u. E. SIEVERS. Fortgef. v. TH. FRINGS u. E. KARG-GASTERSTÄDT. Hrsg. v. G. SCHIEB [u. a.] (Halle).

1 (1874) — 93 (1971) ff. Register zu Bd 51—75 (1955). = Bd 76, Erg.-H. Vornehmlich für ältere Sprach- u. Literaturforschung. — Seit 1955 parallellaufend unter dem gleichen Titel, doch mit anderen Herausgebern u. anderem Inhalt:

1033 *Beiträge* ... Hrsg. v. H. DE BOOR u. I. SCHRÖBLER (Tübingen).

77 (1955) — 93 (1971) ff. Mit ausgewählten Besprechungen.

1034 *Beiträge zur Linguistik und Informationsverarbeitung.* Hrsg. v. H. MARCHL (München u. Wien).

Bisher: H. 1 (1963) — H. 21 (1971) ff.

1035 *Beiträge zur Namenforschung.* Neue Folge. In Verb. mit [...] hrsg. v. R. SCHÜTZEICHEL (Heidelberg).

N. F. 1 (1966) — 6 (1971) ff. — Vorher: Bd 1—16 (1949/50—1965) hrsg. v. H. KRAHE. Dazu Register, hrsg. v. R. SCHÜTZEICHEL. Heidelberg 1969. 561 S.

1036 *Deutsche Vierteljahrsschrift für Literaturwissenschaft und Geistesgeschichte.* Begr. v. P. KLUCKHOHN u. E. ROTHACKER, hrsg. v. R. BRINKMANN u. HUGO KUHN (Stuttgart).

1 (1947/49) — 23 (1971) ff. Jährlich 6 Einzelhefte (mit selbständiger Zäh-Jg. 1—10 bearb. v. O. GÖRNER (1935). = DVj 13 (1935), Erg.-H. 7. Gesamtregister Bd 1—40 (1923—1966). 1968. Keine Einzelbesprechungen; doch gediegene Forschungsberichte, z. T. in eigenen Referatenheften zsgef. Vgl. E. ROTHACKER: *Rückblick u. Besinnung.* In: DVj 30 (1956) S. 145—56.

1037 *Der Deutschunterricht.* Beiträge zu seiner Praxis u. wissenschaftl. Grundlegung. In Verb. m. K. BAUMGÄRTNER [u. a.] hrsg. v. R. ULSHÖFER (Stuttgart).

1 (1947/49) — 23 (1971) ff. Jährlich 6 Einzelhefte (mit selbständiger Zählung!); ab 1954 gezählte Jahrgänge u. Register. Dazu: Gesamtregister f. 1—15 (1964). Dient mit grundsätzlichen Aufsätzen pädagogischen Zwekken; Forschungsberichte.

1038 *Deutschunterricht.* Hrsg. v. Ministerium für Volksbildung der DDR (Berlin/Ost): 1 (1948)—24 (1971) ff.

1039 *Euphorion.* Zeitschrift für Literaturgeschichte. Begr. v. A. SAUER, erneuert v. H. PYRITZ. In Verb. m. R. BAUER [u. a.] hrsg. v. R. GRUENTER u. A. HENKEL (Heidelberg).

1 (1894) — 65 (1971) ff. Organ der Ende des 19. Jahrh. aufblühenden neueren dt. Literaturgeschichte; Mitteilungen neuer Quellen, Forschungsberichte, Besprechungen. Dazu: Euph. 54 (1960) S. 345—47. — Im Dritten Reich (1933/44) u. d. T.: *Dichtung und Volkstum.* — Ab 1964: Beihefte.

1040 *Fabula.* Zeitschrift für Erzählforschung. Hrsg. v. K. RANKE (Berlin).
1 (1957/58) — 12 (1971) ff. Mit Besprechungsteil.

1041 *Germanisch-Romanische Monatsschrift.* Begr. v. H. SCHRÖDER, in Verb. mit H. O. BURGER [u. a.] hrsg. v. F. R. SCHRÖDER (Heidelberg).
1 (1909) — 31 (1943); 32 = N. F. 1 (1950/51) — 52 ff. = N. F. 21 (1971) ff. Gesamtregister 1909—1960 (Bd 1—41). 1963. Beiträge für den Gesamtbereich der Germanistik u. Romanistik; vereinzelt Forschungsberichte, Besprechungen.

1042 *Germanistische Linguistik.* Berichte aus dem Forschungsinstitut für deutsche Sprache Marburg/Lahn. Hrsg. v. L. E. SCHMITT (Hildesheim).
1 (1969/70) — 2 (1971) ff.

1043 *Hessische Blätter für Volkskunde.* Hrsg. v. G. HEILFURTH u. B. MARTIN (Gießen).
1 (1902) — 62 (1971) ff. — Mit Besprechungen.

1044 *Indogermanische Forschungen.* Zeitschrift für Indogermanistik und allgemeine Sprachwissenschaft. Begr. v. K. BRUGMANN u. W. STREITBERG. Hrsg. v. W. P. SCHMID (Berlin).
1 (1892) — 76 (1971) ff.

1045 *Jahrbuch für Internationale Germanistik.* In Verb. m. d. Internationalen Vereinigung für Germanische Sprach- und Literaturwissenschaft hrsg. v. C. DAVID, L. FORSTER [u. a.]. Geschäftsf. Hrsg. H.-G. ROLOFF (Frankfurt).
1 (1969) — 3 (1971) ff. Geplant als Informationsorgan, das Zentralprobleme der Germanistik diskutieren, über Dissertationen, Editions- und Forschungsvorhaben, wissenschaftliche Einrichtungen, Kongresse u. a. berichten und dem internationalen Austausch dienen soll. — In Jg 2, Heft 2: Internationales Verzeichnis der im Entstehen begriffenen germanistischen Dissertationen, zsgest. v. G. BANGEN [s. Nr 1214]. Daneben ist eine Reihe Forschungsberichte (ab 1971) geplant.

1046 *Deutsches Jahrbuch für Volkskunde.* Hrsg. v. H. STROBACH. (Berlin/Ost).
1 (1955) — 15 (1969) ff.

1047 *Jahrbuch für Volksliedforschung.* Hrsg. v. R. W. BREDNICH (Berlin).
1 (1928) — 8 (1951); 9 (1964) — 16 (1971) ff.

1048 *Korrespondenzblatt des Vereins für Niederdeutsche Sprachforschung.* Schriftleit.: G. CORDES u. D. MÖHN (Neumünster).
1 (1877) — 78 (1971) ff.

1049 *Linguistische Berichte.* Forschung. Information. Diskussion. Hrsg. v. P. Hartmann (Braunschweig).
1 (1969) — 3 (1971) ff.

1050 *Linguistik und Didaktik.* Red. A. Rucktäschel (München).
1 (1970) — 2 (1971) ff.

1051 *Mitteilungen des Deutschen Germanisten-Verbandes.* Hrsg. v. R. Henss (Frankfurt).
1 (1954) — 18 (1971) ff. — Laufend: Neue Bücher/Zeitschriftenschau = Nr 931.

1052 *Muttersprache.* Zeitschrift zur Pflege und Erforschung der deutschen Sprache. Hrsg. im Auftr. d. Ges. f. dt. Sprache v. H. Steinmetz (Mannheim).
1 (1886) — 81 (1971) ff. Mit Buchbesprechungen. Vgl. auch Nr 932.

1053 *Niederdeutsches Jahrbuch.* Jahrbuch des Vereins für niederdeutsche Sprachforschung. Schriftl.: L. Wolff (Neumünster).
1 (1875) — 94 (1971) ff. — Mit Besprechungsteil.

1054 *Niederdeutsches Wort.* Kleine Beiträge zur nd. Mundart- und Namenkunde. Hrsg. v. D. Hofmann (Münster).
1 (1960) — 11 (1971) ff.

1055 *Poetica.* Zeitschrift für Sprach- und Literaturwissenschaft. In Zusammenarbeit mit H. Flashar, I. Strohschneider-Kohrs, U. Suerbaum hrsg. v. Karl Maurer (München).
1 (1967) — 4 (1971) ff. Bringt neben Aufsätzen, deren Themen über das spezielle Gebiet hinaus interessieren, eine Rubrik überfachlicher Diskussionen. — Dazu: Beihefte 1 (1967) ff.

1056 *Sprache im technischen Zeitalter.* Hrsg. v. W. Höllerer (Stuttgart).
H. 1 (1961) — H. 39/40 (1971).

1057 *Weimarer Beiträge.* Zeitschrift für Literaturwissenschaft, Ästhetik und Kulturtheorie. Begr. v. L. Fürnberg u. H.-G. Thalheim. Chefred.: A. Grosse (Berlin/Ost).
1 (1955) — 17 (1971) ff. Zunächst Publikationsorgan der Nationalen Forschungs- und Gedenkstätten d. klassischen dt. Lit. in Weimar. Darin: Bibliographien [s. Nr 949/51].

1058 *Wirkendes Wort.* Deutsche Sprache in Forschung und Lehre. Zweimonatsschrift. Hrsg. v. A. Arnold [u. a.]. Schriftl.: H. Rupp (Düsseldorf).
1 (1950/51) — 21 (1971) ff. Gesamtverzeichnis 1.—12. Jg. (1950—1962). 1963. Mit pädagogischen Tendenzen; ausgewählte Besprechungen, Nachrichten. Dazu Sammelbände (Abdruck wichtiger Beiträge aus WW):

V. Zeitschriften

1. Sprachwissenschaft [34 Beitr.]. 1962. 342 S.; 2. Ältere dt. Sprache u. Lit. [31 Beitr.]. 1963. 300 S.; 3. Neuere dt. Lit. [44 Beitr.]. 1963. 452 S.; 4. Sprache u. Schrifttum im Unterricht [55 Beitr.]. 1962. 435 S. — Ab 1962: Beihefte.

1059 *Zeitschrift für Ästhetik und Allgemeine Kunstwissenschaft.* Hrsg. v. H. LÜTZELER (Bonn).

1 (1951) — 16 (1971)ff. — Bis 1965 als *Jahrbuch für Ästhetik und allgemeine Kunstwissenschaft.* Führt die gleichnamige Zs. 1 (1906) — 37 (1943) weiter. Mit Besprechungsteil.

1060 *Zeitschrift für deutsches Altertum und deutsche Literatur.* Hrsg. v. K. RUH (Wiesbaden).

1 (1841) — 100 (1971) ff. Dient als älteste der z. Zt. erscheinenden Fachzeitschriften vornehmlich der Erforschung der altdeutschen Sprach- u. Literaturwissenschaft. Kritische Besprechungen gesondert im *Anzeiger für deutsches Altertum und deutsche Literatur:* 1 (1876) — 82 (1971) ff.

1061 *Zeitschrift für deutsche Philologie.* Hrsg.: H. MOSER, B. v. WIESE (Berlin).

1 (1868) — 90 (1971) ff. — Umfaßt die ganze Germanistik. Mit Buchbesprechungen.

1062 *Zeitschrift für deutsche Sprache* [seit 1964]. Fortf. der v. F. KLUGE begr. *Zeitschr. f. Dt. Wortforschung,* in Verb. mit R. FARRELL, E. ÖHMANN [u. a.] hrsg. v. W. BETZ (Berlin).

1 (1901) — 15 (1941); 16 (1960) — 27 (1971) ff. — Mit Besprechungen.

1063 *Zeitschrift für Dialektologie und Linguistik* [seit 1969]. Hrsg. v. L. E. SCHMITT (Wiesbaden).

36 (1969) — 38 (1971) ff. der Zeitschrift für Mundartforschung. Begr. v. H. TEUCHERT. Früher: *Zeitschrift für hochdeutsche Mundarten* 1 (1900) — 6 (1905); *Zeitschrift für deutsche Mundarten* 1 (1906) — 19 (1924); *Teuthonista.* Zeitschr. f. dt. Dialektforschung u. Sprachgeschichte 1 (1924/25) ff., seit Jg 11 (1935) — 35 (1968) u. d. T.: *Zeitschrift f. Mundartforschung* (ab 1963/64 mit fremdsprachigen Nebentiteln).

1064 *Zeitschrift für Phonetik, Sprachwissenschaft und Kommunikationsforschung.* Red.: F. HINTZE [u. a.] (Berlin/Ost).

1 (1947) — 24 (1971) ff. — Bis Jg 13 (1960) u. d. T.: *Zeitschrift für Phonetik und allgemeine Sprachwissenschaft.*

1065 *Zeitschrift für vergleichende Sprachforschung auf dem Gebiete der indogermanischen Sprachen.* Hrsg. v. E. HOFMANN [u. a.] (Göttingen).

1 (1852) — 85 (1971) ff.

1066 *Zeitschrift für Volkskunde.* Im Auftrag der Dt. Gesellschaft für Volkskunde hrsg. v. H. BAUSINGER u. M. ZENDER (Stuttgart).

1 (1891) — 67 (1971) ff.

1. Zeitschriften zur Sprach- und Literaturwissenschaft

Es erscheinen u. a. nicht mehr:

1067 *Literaturblatt für germanische u. romanische Philologie:* 1 (1880) — 65/66 (1944).

1068 *Das Literarische Echo* [1923/24 ff.: *Die Literatur*]: (1898) — 44, 1/6 (1942).

1069 *Die Schöne Literatur* [1931 ff.: *Die Neue Literatur*]: 1 (1900) — 44, 1/3 (1943).

1070 *Zeitschrift für die deutsche Geisteswissenschaft:* 1 (1938) — 6, 1/2 (1943).

1071 *Zeitschrift für den deutschen Unterricht* [1920 ff.: *Zs. f. Deutschkunde,* 1943: *Zs. f. Deutschwissenschaft u. Deutschunterricht*]: 1 (1887) — 56 (1942); Jg. 1943/44, 1.

1072 *Zeitschrift für Ortsnamenforschung* [1937 ff.: *Zs. f. Namenforschung*]: 1 (1925) — 19 (1943).

Jahrbücher / Veröffentlichungen der Dichtergesellschaften:

1073 *Akademie der Wissenschaften und der Literatur in Mainz.* Jahrbuch. (Wiesbaden): 1 (1950) ff.

1074 *Deutsche Akademie für Sprache und Dichtung Darmstadt.* Jahrbuch. (Heidelberg): 1953/54 (1954)—1970 (1971) ff.

1075 *Jahrbuch des Freien Deutschen Hochstifts.* Hrsg. v. D. Lüders (Tübingen).
1 (1902) — 23 (1936/40). 1941—1961 nicht erschienen. N. F. 1 (1962) — 10 (1971) ff.

1076 *Literaturwissenschaftliches Jahrbuch.* Im Auftrag der Görresgesellschaft hrsg. v. H. Kunisch (Berlin).
1 (1928) — 9 (1939) u. d. T.: *Jahrbuch der Görresgesellschaft.* N. F. 1 (1960) — 11 (1970) ff. als *Literaturwiss. Jb.*

1077 *Wilhelm-Busch-Jahrbuch* [= Mitteilungen der Wilhelm-Busch-Gesellschaft]. Red.: F. Bohne (Hannover): 15 (1949)—36 (1970) ff.

1078 *Jahrbuch der Droste-Gesellschaft* [= Schriften der Droste-Gesellschaft] (Münster): 1 (1929)—17 (1964).

1079 *Aurora. Eichendorff-Almanach.* Hrsg. v. K. Schodrok (Würzburg): 1 (1929)—29 (1969) ff. [laufend: Eichendorff-Bibliographie].

1080 *Goethe.* Neue Folge des Jahrbuches der Goethe-Gesellschaft. Hrsg. v. A. B. Wachsmuth (Weimar): 1 (1936)—33 (1971) ff. — Laufend: Goethe-Bibliographie. — *Register der Goethe-Jahrbücher 1880—1969.* Bearb. v. K. Kratzsch, Weimar 1970. 177 S.

1081 *Hebbel-Jahrbuch.* Hrsg. v. L. Koopmann (Heide i. Holst.): 1 (1939) bis 5 (1943); 1951—1970 ff.

1082 *Heine-Jahrbuch.* Hrsg. vom Heine-Archiv Düsseldorf. Schriftl.: E. GALLEY (Hamburg): 1 (1962)—10 (1971) ff.

1083 *Hölderlin-Jahrbuch.* Hrsg. v. B. BÖSCHENSTEIN u. A. KELLETAT (Tübingen): 1 (1944)—15 (1967/68) ff. [laufend: Hölderlin-Bibliographie].

1083a *Jahresgaben der Heinrich-von-Kleist-Gesellschaft.* Bd 1 ff. Berlin 1962 ff. [Abhandlungen u. kritische Editionen].

1084 *Jahrbuch der Jean-Paul-Gesellschaft.* Hrsg. v. K. WÖLFEL (München): 1 (1966)—5 (1970) ff. — Vorher: Hesperus. Blätter der Jean-Paul Ges. (Bayreuth): 1 (1950/54)—30 (1966).

1085 *Jahrbuch der Raabe-Gesellschaft.* Hrsg. v. K. HOPPE u. H. OPPERMANN (Braunschweig): 1960—1970 ff.

1086 *Jahrbuch der Deutschen Schiller-Gesellschaft.* Hrsg. v. F. MARTINI, W. MÜLLER-SEIDEL u. B. ZELLER (Stuttgart): 1 (1957)—15 (1971) ff.

1087 *Schriften der Theodor-Storm-Gesellschaft.* Hrsg. v. K. E. LAAGE (Heide i. Holst.): 1 (1952)—20 (1971) ff.
Vgl. auch Nr 1119, 1143/45.

Allgemeine literarische Zeitschriften:

1088 *Akzente.* Zeitschrift für Literatur. Hrsg. v. H. BENDER (München): 1 (1954)—18 (1971) ff. Bis Jg. 14 (1967) mit dem Untertitel *Zeitschrift für Dichtung.*

1089 *Der Kranich.* Ein Jahrbuch für die dramatische, lyrische und epische Kunst. Hrsg. v. B. v. HEISELER (Stuttgart): 1 (1959)—11 (1969) ff.

1090 *Kursbuch.* Hrsg. v. H. M. ENZENSBERGER u. M. MICHEL (Berlin): H. 1 (1965)—24 (1971) ff.

1091 *Merkur.* Deutsche Zeitschrift für europäisches Denken. Hrsg. v. H. PAESCHKE (Stuttgart): 1 (1947)—25 (1971) ff.

1092 *Neue Deutsche Hefte.* Hrsg. v. J. GÜNTHER (Berlin): 1 (1954)—18 (1971) ff.

1093 *NDL. Neue Deutsche Literatur.* Hrsg. v. Deutschen Schriftstellerverband [der DDR]. Chefred.: W. NEUBERT (Berlin): 1 (1953)—19 (1971) ff.

1094 *Die Neue Rundschau.* Begr. v. S. FISCHER. Hrsg. v. G. MANN, R. HARTUNG [u. a.] (Berlin/Frankfurt): 1 (1890)—82 (1971) ff.

1095 *Sinn und Form.* Beiträge zur Literatur. Hrsg. v. d. Deutschen Akademie der Künste zu Berlin. Begr. v. J. R. BECHER u. P. WIEGLER. Geleitet v. W. GIRNUS (Berlin/Ost): 1 (1949)—23 (1971) ff.

1096 *Welt und Wort.* Literarische Monatsschrift. Hrsg. v. E. KATZMANN u. K. UDE (Tübingen): 1 (1946)—26 (1971) ff.

1097 *Theater heute.* Die deutsche Theaterzeitschrift. Hrsg. v. E. FRIEDRICH, S. MELCHINGER u. H. RISCHBIETER (Velber): 1 (1960)—12 (1971) ff.

Ausländische Fachzeitschriften

Afrika s. Südafrika

Argentinien

1098 *Estudios Germánicos.* Boletín (Buenos Aires): 1 (1939) ff.

Australien

1099 *AUMLA. Journal of the Australasian Universities Language and Literature Association.* Ed.: R. T. SUSSEX (Christchurch/Neuseeland): Nr 1 (1953)—Nr 35 (1971) ff.

Belgien

1100 *Leuvense Bijdragen.* Tijdschrift voor Germaanse Filologie. Hrsg. v. G. GEERTS [u. a.] (Leuven): 1 (1896)—60 (1971) ff.

1101 *Onoma.* Bibliographical and information bulletin (Louvain): 1 (1950) bis 15 (1970) ff. [laufend: Bibliographia onomastica [s. Nr 910]].

1102 *Orbis.* Bulletin international de documentation linguistique (Louvain): 1 (1952)—20 (1971) ff.

1103 *Revue des Langues Vivantes. Tijdschrift voor Levende Taalen.* Red.: G. DE POERCK u. I. SIMON (Bruxelles): 1 (1935)—37 (1971) ff.

1104 *Spiegel der Letteren.* Tijdschrift voor Nederlandse Literatuurgeschiedenis en voor Literatuurwetenschap (Antwerpen): 1 (1956/57)—13 (1970/71) ff.

Canada s. Kanada

Dänemark

1105 *Acta Philologica Scandinavica.* Tidsskrift for Nordisk Sprogforskning. Ed.: J. BRØNDUM-NIELSEN [u. a.] (Copenhagen): 1 (1926)—29 (1971) ff. — [laufend: Bibliography of Scandinavian philology].

1106 *Orbis Litterarum.* International Review of literary studies. Ed.: M. NØGAARD [u. a.] (Copenhagen): 1 (1943)—26 (1971) ff.

Finnland

1107 *Neuphilologische Mitteilungen.* Hrsg. v. Neuphilologischen Verein in Helsinki. Red.: E. ÖHMANN [u. a.] (Helsinki): 1 (1889)—72 (1971) ff.

Frankreich

1108 *Études Germaniques.* Revue trimestrielle de la Société des Études
Germaniques. Dir.: M. COLLEVILLE [u. a.] (Paris):
1 (1946) — 26 (1971) ff. Jeweils: Bibliographie critique. Revue des revues.
Informations. Ersetzt Nr 1113.

1109 *Revue de Littérature Comparée.* Fond. par F. BALDENSPERGER,
P. HAZARD et J.-M. CARRÉ. Dir.: M. BATAILLON (Paris).
1 (1921) — 45 (1971) ff. Reg.: Première table décennale 1921—1930 (1930);
deuxième table 1931—1950 (1952). Regelmäßig: Comptes rendus critiques.
Chronique. Bibliographie.

1110 *Bulletin de la Société Linguistique de Paris* (Paris): 1 (1871) — 64 (1969) ff.

1111 *Revue Internationale d'Onomastique.* Ed.: R. SCHMITTLEIN (Paris):
1 (1949)—23 (1971) ff.

1112 *Revue des Lettres Modernes.* Dir.: M. J. MINARD (Paris). Ser. 3: Nr 1
(1954)—Nr 259 (1971) ff.

Erscheinen eingestellt:

1113 *Revue Germanique* (Paris): 1 (1905) — 30 (1939).

Großbritannien

1114 *Archivum Linguisticum.* A Review of Comparative Philology and
General Linguistics. Ed. by I. M. CAMPBELL u. T. F. MITCHELL
(Menston): 1 (1949)—17 (1965). Neue Serie: 1 (1970) ff.

1115 *German Life and Letters.* A quarterly review. Ed.: J. BOYD, L. FOR-
STER, C. P. MAGILL, J. C. MIDDLETON (Oxford).
1 (1936/37) — 3 (1938/39); N. S. 1 (1947/48) — 24 (1970/71) ff. General
Index (1936—1958). 1962. Berücksichtigt besonders das Gebiet der neueren
dt. Lit. Mit Besprechungen.

1116 *Journal of Linguistics.* Hrsg. v. F. R. PALMER (Cambridge): 1 (1965)
bis 7 (1971) ff.

1117 *The Modern Language Review.* A quarterly journal ed. for the Modern Humanities Research Association by T. J. B. SPENCER, W.
G. MOORE, F. J. STOPP (Cambridge).
1 (1905) — 66 (1971) ff. Indices zu 1—10 (1915); 11—20 (1926); 21—30
(1938); 31—50 (1960); 51—60 (1969). Mit ausführlichem Besprechungsteil.
Vierteljährlich: *New publications. General, Romance languages, Germanic
languages.*

1118 *Oxford German Studies.* Gen. ed.: E. L. STAHL, P. F. GANZ, J. M. S.
PASLEY, T. J. REED (Oxford).

1. Zeitschriften zur Sprach- und Literaturwissenschaft

1 (1966) ff. Jahrbuch der Oxforder Universität. Nur Beiträge (auch aus dem Gebiete der Philosophie, Sozialgeschichte u. a.).

1119 *Publications of the English Goethe Society*. Ed. by E. M. WILKINSON [u. a.] (London): 1 (1886)—14 (1912); N. S.: 1 (1924)—41 (1970/71) ff.

Island

1120 *Islenzk Tunga*. Lingua Islandica. Hrsg. v. H. BENEDIKTSSON (Reykjavik): 1 (1959) ff.

Italien

1121 *Annali*. Istituto Universitario Orientale. Sezione Germanica (Napoli): 1 (1958)—14 (1971) ff. — Mit Rezensionen.

1122 *Studi Germanici*. Nuova Serie. Dir.: P. CHIARINI (Roma): 1 (1963) bis 9 (1971) ff. — Früher: *Studi Germanici* (Firenze): 1 (1939)—5 (1941).

1123 *Rivista di Letterature Moderne e Comparate*. Hrsg. v. C. PELLEGRINI u. V. SANTOLI (Firenze): 1 (1948)—23 (1970) ff.

1124 *Studi Medievali*. Hrsg. v. G. VINAY (Spoleto): Ser. 3: 1 (1960)—12 (1971) ff.

Erscheinen eingestellt:

1125 *Rivista di Letterature Tedesca* (Firenze): 1 (1907) — 5 (1911).

Japan

1126 *Doitsu Bungaku*. Die deutsche Literatur. Hrsg. v. d. Japanischen Gesellschaft für Germanistik (Tokyo): Nr 1 (1953)—Nr 45 (1970) ff.

1127 *Forschungsberichte zur Germanistik*. Hrsg. v. Japan. Verein f. dt. Lit. im Bezirk Osaka (Kobe): 1 (1957)—12 (1970) ff.

Kanada

1128 *Seminar*. A journal of Germanic studies. Ed.: R. H. FARQUHARSON (Toronto): 1 (1965)—6 (1970) ff.

Korea

1129 *Zeitschrift für Germanistik*. Hrsg. v. d. Abteilung für Germanistik der Sung Kyun Kwan Universität (Seoul): 1 (1967) ff.

Niederlande

1130 *Castrum Peregrini*. Hrsg. v. M. R. GOLDSCHMIDT (Amsterdam): Nr 1 (1951)—Nr 96 (1971) ff.

1131 *Folia Linguistica.* Acta Societatis Linguisticae Europaeae (Den Haag): 1 (1967)—5 (1971) ff.

1132 *Lingua.* International review of general linguistics. Revue internationale de linguistique générale. Ed. by A. J. B. N. REICHLING [u. a.] (Amsterdam): 1 (1948)—27 (1971) ff.

1133 *Neophilologus.* A quarterly devoted to the study of the modern languages . . . Hrsg.: S. DRESDEN, C. SOETEMAN [u. a.] (Groningen): 1 (1915)—55 (1971) ff. — Mit Besprechungsteil.

1134 *Semiotica.* Journal of the International Association for Semiotic Studies. Ed.: TH. A. SEBEOK (Den Haag): 1 (1969)—3 (1971) ff.

1135 *Tijdschrift voor Nederlandse Taal- en Letterkunde.* Hrsg. v. J. VAN BAKEL [u. a.] (Leiden): 1 (1881)—87 (1971) ff.

Norwegen

1136 *Edda.* Nordisk Tidsskrift for Litteraturforskning. Red. v. E. BEYER (Oslo): 1914—1971 ff.

1137 *Norsk Tidsskrift for Sprogvidenskap.* Hrsg. v. H. VOGT (Oslo): 1 (1928) — 24 (1971) ff.

Österreich

1138 *Literatur und Kritik.* Österreichische Monatsschrift (Salzburg): 1 (1966)—6 (1971) ff.

1139 *Maske und Kothurn.* Internationale Beiträge zur Theaterwissenschaft. Schriftl.: H. KINDERMANN. (Graz/Köln): 1 (1955)—17 (1971) ff. [laufend: Bibliographie des theaterwiss. Schrifttums = Nr 958].

1140 *Österreichische Zeitschrift für Volkskunde.* Hrsg. v. L. SCHMIDT [u. a.] (Wien): 1 (1896)—75 (1971) ff. — Bis Jg. 49 (1944) u. d. T.: *Wiener Zs. f. Volkskunde.* Ab Jg. 50 Neue Serie: 1 (1947)—25 (1971) ff.

1141 *Die Sprache.* Zeitschrift für Sprachwissenschaft. Hrsg. v. M. MAYRHOFER (Wien): 1 (1949)—17 (1971) ff. — Mit Rezensionen und Bibliographien.

1142 *Sprachkunst.* Beiträge zur Literaturwissenschaft. Hrsg. v. H. SEIDLER in Verb. m. J. ERBEN [u. a.] (Köln/Graz): 1 (1970)—2 (1971) ff. — Mit Besprechungen.

1143 *Jahrbuch der Grillparzer-Gesellschaft.* Hrsg. v. J. GUNERT (Wien): 1 (1891)—34 (1937): N. F.: 1 (1941)—4 (1944); F. 3: 1 (1953)—8 (1970) ff.

1144 *Jahrbuch* [bis 1959: *Chronik*] *des Wiener Goethe-Vereins.* Hrsg. v. R. MÜHLHER (Wien): 1 (1887)—74 (1970) ff.

1. Zeitschriften zur Sprach- und Literaturwissenschaft

1145 *Vierteljahresschrift.* Adalbert-Stifter-Institut des Landes Oberösterreich (Linz): 1 (1952)—20 (1971) ff.

P o l e n

1146 *Germanica Wratislaviensia* (Wrocław): 1 (1957)—14 (1971) ff.

1147 *Kwartalnik Neofilologiczny.* Hrsg. v. d. Poln. Akad. d. Wiss. (Warzawa): 1 (1954)—18 (1971) ff.

1148 *Zagadnienia Rodzajów Literackich.* Les Problèmes des genres littéraires (Lodz): 1 (1958)—12 (1970) ff.

R u m ä n i e n

1149 *Revista de Filologie Romanica și Germanica* (Bucuresti): 1 (1957) — 7 (1963). — Erscheinen eingestellt.

S c h w e d e n

1150 *Arkiv för Nordisk Filologie.* Hrsg. v. T. JOHANNISSON (Lund): 1 (1883)—86 (1971) ff.

1151 *Moderna Språk.* Hrsg. v. G. KORLÉN (Saltsjö-Duvnäs): 1 (1907)—65 (1971) ff.

1152 *Niederdeutsche Mitteilungen.* Begr. v. E. ROOTH. Hrsg. v. T. DAHLBERG (Lund): 1 (1945)—27 (1971) ff.

1153 *Studia Linguistica.* Revue de Linguistique générale et comparée. Hrsg. v. B. MALMBERG [u. a.] (Lund): 1 (1946/47)—25 (1971) ff.

1154 *Studia Neophilologica.* A journal of Germanic and Romance philology. Ed. by B. HASSELROT (Uppsala): 1 (1928)—43 (1971) ff.

S c h w e i z

1155 *Phonetica.* International journal of phonetics. Internationale Zs. f. Phonetik. Hrsg. v. H. PILCH u. G. UNGEHEUER (Basel/München/New York): 1 (1957)—23 (1971) ff.

1156 *Schweizer Archiv für Volkskunde* (Basel): 1 (1897)—66 (1970) ff.

Erscheinen eingestellt:

1157 *Trivium. Schweizerische* Vierteljahrsschrift für Literaturwissenschaft und Stilkritik (Zürich): 1 (1942/43) — 9,4 (1951).

S ü d a f r i k a

1158 *Acta Germanica zur Sprache und Dichtung Deutschlands, Österreichs und der Schweiz.* Jahrbuch des Südafrikan. Germanistenverbandes. Hrsg. v. K. TOBER (Kapstadt): 1 (1966)—4 (1969) ff.

Tschechoslowakei

1159 *Časopis pro Moderní Filologii a Literatury.* Hrsg. v. der Tschechoslow. Akad. d. Wiss. (Praha): 1 (1911) — 53 (1971) ff.

1160 *Philologica Pragensia.* Hrsg. v. d. Tschechoslow. Akad. d. Wiss. Red.: Z. Vančura (Praha): 1 (1958) — 14 (1971) ff.

Ungarn

1161 *Analecta Linguistica.* Supported by the Hungarian Academy of Sciences. Publ. quarterly from mid 1970. Budapest.

USA

1162 *Colloquia Germanica.* Internationale Zeitschrift für germanische Sprach- und Literaturwissenschaft. Publ. for the Department of Germanic and classical languages and literatures of the University of Kentucky. Hrsg. v. P. Staff (Lexington/Bern): 1 (1967)—5 (1971) ff.

1163 *Comparative Literature.* Ed. by Ch. B. Beall (Eugene, Or.): 1 (1949) bis 23 (1971) ff.

1164 *The German Quarterly.* Publ. by the American Association of Teachers of German. Ed.: W. A. Little (Appleton, Wis.): 1 (1928)— 44 (1971) ff.

1165 *The Germanic Review.* A quarterly issued by the department of Germanic languages of Columbia University. Ed.: C. F. Bayerschmidt [u. a.]. Gen. ed.: J. P. Bauke (New York).
1 (1926) — 46 (1971) ff. Bis 1960: *German literature of the nineteenth century ⟨1830—1880⟩* [s. Nr 954].

1166 *JEGP. Journal of English and Germanic Philology.* Ed.: R. H. Green, D. N. Kramer [u. a.]. Publ. quarterly by the University of Illinois (Urbana, Ill.).
1 (1897) — 70 (1971) ff. Index by subject and title vol. 1—50 (1962). = Vol. 61, N. 4 (Suppl.). Mit ausführlichem Besprechungsteil. Laufend: *Anglo-German literary bibliography.*

1167 *Language.* Journal of the Linguistic Society of America. Ed. by W. Bright [u. a.] (Baltimore): 1 (1925)—47 (1971) ff.

1168 *The Modern Language Journal.* Publ. by the National Federation of Modern Teachers Association. Ed. by Ch. L. King (Milwaukee): 1 (1916)—55 (1971) ff.

1169 *Modern Language Notes.* German Issue. Ed. by H. Jantz (Baltimore): 1 (1886)—86 (1971) ff. — Mit Besprechungen.

1170 *Modern Language Quarterly.* Ed. by A. Hilen (Seattle): 1 (1940)— 32 (1971) ff.

1171 *Modern Philology*. A Journal devoted to Research in Medieval and modern literature. Ed. by. A. FRIEDMAN u. E. W. ROSENHEIM (Chicago): 1 (1903)—68 (1970/71) ff.

1172 *Monatshefte für deutschen Unterricht, deutsche Sprache und Literatur.* [Umschlagtitel:] *Monatshefte.* A journal devoted to the study of German language and literature. Ed.: J. D. WORKMAN (Madison, Wis.). 1 (1899) — 63 (1971) ff. Thirty year cumulative index: 20 (1928) — 49 (1957). In: 50 (1958) S. 157—214. Gegründet als offizielles Organ der Deutschlehrer (Titel wiederholt geändert); hrsg. von der University of Wisconsin. U. a. jährlich: Verzeichnis der Hochschulgermanisten in den USA u. Liste germanistischer Dissertationen [s. Nr 1009].

1173 *Names.* Journal of the American Name Society. Ed. by C. M. ROTHRAUFF (New York): 1 (1953)—19 (1971) ff.

1174 *Philological Quarterly.* Ed. by C. A. ZIMANSKY (Iowa City): 1 (1922)— 50 (1971) ff.

1175 *PMLA. Publications of the Modern Language Association of America.* Ed.: J. H. FISHER (New York).
1 (1884) — 86 (1971) ff. Index vol. 51 (1936) — 79 (1964) by B. Q. MORGAN (1966). — Als Organ der amerikanischen Gesellschaft für moderne Sprachen (gegr. 1883) älteste u. bedeutendste Fachzeitschrift in den USA. Laufend: International bibliography [s. Nr 926].

1176 *Studies in Philology.* Ed. by O. B. HARDISON (Chapel Hill): 1 (1906)— 68 (1971) ff. [laufend: Recent lit. of the Renaissance = Nr 946].

1177 *Symposium.* A Quarterly Journal in Modern Foreign Literatures. Ed. by J. H. MATTHEWS (Syracuse, N. Y.): 1 (1947)—25 (1971) ff.

1178 *Word.* Journal of the International Linguistic Association. Ed. by L. G. HELLER [u. a.] (New York): 1 (1945)—25 (1969) ff.

1179 *Yearbook of Comparative and General Literature.* Ed. by H. FRENZ [u. a.] (Bloomington): 1 (1952)—20 (1971) ff. [laufend: *Bibliography of Comparative Literature* = Nr 962].

2. Allgemeine Zeitschriften

Allgemeine Referatenblätter:

1180 *Deutsche Literaturzeitung für Kritik der internationalen Wissenschaft.* Hrsg. im Auftr. d. Akademien d. Wissenschaften zu Berlin, Göttingen, Heidelberg, Leipzig, München, Wien. Hrsg. v. H. BERTSCH, F. KNOLL [u. a.] (Berlin).
1 (1880) — 92 (1971) ff. Erscheint monatlich. Besprechungen unter: Germanistik. Jeweils: Neue Nachschlagewerke u. Bibliographien [kritisch]. Neue Bücher.

1181 *Göttingische Gelehrte Anzeigen.* Unter Aufsicht der Akademie der Wissenschaften (Göttingen).

1 (1739) — 223 (1971) ff. — Bis 1752 u. d. T.: Göttingische Anzeigen von gelehrten Sachen. — Ältestes noch bestehendes Referatenorgan in dt. Sprache.

1182 *Erasmus. Speculum Scientiarum.* Hrsg. v. R. JUD (Wiesbaden): 1 (1947) —23 (1971) ff.

Allgemeine Literaturzeitschriften:

1183 *Forschungen und Fortschritte.* Nachrichtenblatt d. dt. Wissenschaft u. Technik (Berlin): 1 (1925) — 41 (1967). — Erscheinen eingestellt.

1184 *Studium Generale.* Zeitschr. f. interdisziplinäre Studien. Hrsg. v. K. H. BAUER [u. a.] (Berlin/Heidelberg/New York): 1 (1948)—24 (1971). — Erscheinen eingestellt.

1185 *Universitas.* Zeitschr. f. Wissenschaft, Kunst u. Lit. Hrsg. v. H. W. BÄHR [u. a.] (Stuttgart): 1 (1946)—26 (1971) ff. [seit 1958: engl.-sprach. Ausg., seit 1962/63: spanisch-sprach. Ausg.].

Hingewiesen sei auch auf die seit 1951 an den Universitäten der DDR herausgegebenen *Wissenschaftlichen Zeitschriften* (Gesellschafts- u. sprachwissenschaftl. Reihe): Berlin, Greifswald, Halle, Jena, Leipzig, Rostock.

Weiterhin: Abhandlungen, Sitzungsberichte, Jahrbücher und Nachrichten der Akademien der Wissenschaften zu Berlin, Göttingen, Heidelberg, Leipzig, München, Wien.

Zeitschriften für Bibliographie, Buch- und Bibliothekswesen:

1186 *Zentralblatt für Bibliothekswesen.* Hrsg. [seit 1961] v. e. Redaktionskollegium unter Mitarb. ausländischer Fachkollegen (Leipzig).

1 (1884) — 85 (1971) ff. Jährlich 6 Doppelhefte; ab 1961 monatlich. Gen. Reg. zum 51.—70. Jg. 1934—1956. Bearb. v. RUTH UNGER. 1962. 139 S. — In jedem Heft Titelliste: Allgemeine u. Nationalbibliographie. Fachbibliographie. Personale Bibliographie. Schriftwesen u. Handschriftenkunde.

1187 *Zeitschrift für Bibliothekswesen und Bibliographie.* Hrsg. v. C. KÖTTELWESCH [u. a.] (Frankfurt).

1 (1954) — 18 (1971) ff. — Jährlich 6 Hefte. — Schrifttumshinweise. Neue Bücher. Dazu: *Bibliographische Berichte* [s. Nr 969] u. Sonderhefte als bibliographische Beihefte.

1188 *Biblos.* Österreichische Zeitschrift für Buch- und Bibliothekswesen. Hrsg. v. J. STUMMVOLL (Wien): 1 (1952)—20 (1971) ff.

1189 *Books abroad.* An International Literary Quarterly (Norman, Okla.): 1 (1927)—45 (1971) ff.

1190 *Bücherei und Bildung* (Reutlingen): 1 (1948/49)—23 (1971) ff.

2. Allgemeine Zeitschriften

1191 *Bulletin of Bibliography and Magazine Notes*. Ed. A. SUTHERLAND (Boston): 1 (1897) ff.

1192 *Bulletin des Bibliothèques de France* (Paris): 1 (1956)—16 (1971) ff.

1193 *The Library Association Record*. Ed.: E. DUDLEY (London): 1 (1889)—73 (1971) ff.

1194 *Libri*. International Library Review and IFLA Communications. Ed. by P. BIRKELUND [u. a.] (Copenhagen): 1 (1950/51)—21 (1971) ff.

1195 *Studies in Bibliography*. Ed. F. BOWERS (Charlottesville, Virg.): 1 (1948/49)—24 (1971) ff.

Führendes Organ auf dem Gebiete der Handschriftenkunde:

1196 *Scriptorium*. Revue internationale des études relatives aux manuscrits. International review of manuscript studies (Gent).

1 (1946/47) — 24 (1971) ff. — Liefert wichtige internationale Bibliographien.

Zeitschriften zu Geschichte, Kultur- und Geistesgeschichte:

1197 *Archiv für Kulturgeschichte*. Hrsg. von F. WAGNER (Köln/Wien): 1 (1903)—53 (1971) ff.

1198 *Archiv für Reformationsgeschichte*. Red.: E. HASSINGER (Gütersloh): 1 (1904)—62 (1971) ff.

1199 *Bibliothèque d'Humanisme et Renaissance*. Organ de l'Association Humanisme et Renaissance. Red.: H. BARON [u. a.] (Genève): 1 (1934)—33 (1971) [laufend: *Bibliographie des articles relatifs à l'histoire de l'humanisme et de la renaissance* = Nr 947].

1200 *Cahiers de Civilisation Médiévale* (Poitiers): 1 (1958)—14 (1971) ff. Mit Bibliographien und Besprechungen.

1201 *Classica et Mediaevalia*. Revue Danoise de Philologie et d'histoire. Ed. F. BLATT (Kopenhagen): 1 (1938)—28 (1970) ff.

1202 *Deutsches Archiv für Erforschung des Mittelalters*. Hrsg. v. H. GRUNDMANN u. H. M. SCHALLER (Köln). 1 (1937)—26 (1970) ff.

1203 *Frühmittelalterliche Studien*. Jahrbuch des Instituts f. Frühmittelalterforschung der Universität Münster. Hrsg. v. K. HAUCK (1 1965)—6 (1970) ff.

1204 *Isis*. International Review devoted to the History of Science. Ed. by R. P. MULTHAUF (Washington): 1 (1913)—62 (1971) ff. [laufend: Critical bibliography of the history of science].

1205 *Journal of the History of Ideas* (Ephrata/Philadelphia/New York): 1 (1940)—32 (1971) ff.

1206 Mediaeval Studies. Ed. by T. P. McLaughlin, C. S. B. (Toronto): 1 (1939)—33 (1971) ff.

1207 Medium Aevum (Oxford): 1 (1932)—40 (1971) ff.

1208 Mittellateinisches Jahrbuch. Hrsg. v. K. Langosch [u. a.] (Ratingen/ Wuppertal): 1 (1964)—6 (1970) ff.

1209 Revue Belge de Philologie et d'Histoire. Belgisch Tijdschrift voor Philologie en Geschiednes (Bruxelles): 1 (1922)—49 (1971) ff.

1210 Revue d'Histoire Ecclésiastique (Louvain): 1 (1900)—64 (1971) ff.

1211 Rheinische Vierteljahrsblätter. Hrsg. v. E. Ennen [u. a.] (Bonn): 1 (1930)—35 (1971) ff.

1212 Speculum. A Journal of Mediaeval Studies. Publ. by the Mediaeval Academy of America. Ed.: H. M. Smyser (Cambridge, Mass.): 1 (1926) —46 (1971) ff. [laufend: A bibliography of American periodical literature = Nr 945].

1213 Studies in the Renaissance (New York): 1 (1954)—18 (1971) ff.

Ausblick

**Welche Arbeiten entstehen zur Zeit auf dem Gebiete
der Germanistik?**

Darüber, ob ein als D i s s e r t a t i o n in Aussicht genommenes
Thema bereits an einer anderen Hochschule „vergeben" ist oder nicht,
unterrichtet mit zwanglos erscheinenden Listen

a) seit 1958 das Germanische Seminar der Freien Universität Berlin:

1214 *Verzeichnis der im Entstehen begriffenen Dissertationen aus dem Gebiete der deutschen Sprache und Literatur.* (Red.: G. BANGEN.) Liste
1 ff. Berlin-Dahlem 1958 ff. [Maschinenschr. vervielf.].

Zuletzt: 8. ⟨Meldungen vom 1. 12. 1963 bis 30. 11. 1964.⟩ 1964. 38 S.;
9. ⟨Meldungen vom 1. 12. 1964 bis 30. 11. 1965.⟩ 1965. 62 S.; 10. ⟨Meldun-
gen vom 1. 12. 65 bis 30. 11. 67⟩ 1968. 52 S. — Das Verzeichnis wird weitergeführt im Jahrbuch f. Internat. Germanistik [s. Nr 1045] Jg. 2, Heft 2
(1970).

b) seit 1962 das Institut für deutsche Philologie der Pädagogischen
Hochschule in Potsdam:

1215 *Verzeichnis der entstehenden Dissertationen und Habilitationsschriften
auf dem Gebiet der Germanistik.* (Red.: K. MERKEL.) Hrsg. im Auftr.
d. Staatssekret. f. d. Hoch- u. Fachschulwesen der DDR. Verzeichnis
1 ff. Potsdam 1962 ff. [Maschinenschr. vervielf.].

Zuletzt: 3. ⟨Abgeschlossen am 10. 5. 1964.⟩ 1964. 21 S.; 4. ⟨Abgeschlossen
am 8. 3. 1965.⟩ 1965. 22 S. Mehr nicht zu ermitteln.

Für die Schweiz:

1216 *Schweizerische Dissertationszentrale.* Mitteilungen der Schweizerischen
Dissertationszentrale. Informations de la Centrale Suisse des thèses.
Jg. 1 Bern 1969 ff.

Entsprechende Berichterstattung im englischen Sprachraum [vgl.
Nr 709]:

1217 *Conference of University Teachers of German. Bulletin of Work in
Progress.* Institute of Germanic Studies. London 1964 ff.

Verzeichnet die in Großbritannien vorbereiteten Dissertationen, aber auch
Buchveröffentlichungen und kritische Ausgaben.

1218 P. MOLLENHAUER: *Dissertations in progress.* In MDU 58 (1966) ff.

Dissertationen, die in den USA, in Canada, Australien, Neu-Seeland und
Südafrika im Entstehen sind [s. Nr 1172].

Für Editionsvorhaben zu mittelalterlichen Texten befindet sich eine Auskunftstelle bei der Kommission für deutsche Literatur des Mittelalters der Bayerischen Akademie der Wissenschaften (Arbeitsstelle: München, Marstallplatz 8).

Die Kommission (im Auftr.: H. FRÜHMORGEN-VOSS/P. G. VÖLKER) bittet um umgehende Meldung jeglicher Editionspläne, über die regelmäßig berichtet wird:

1219 *Editionsvorhaben zu mittelalterlichen deutschen Texten.* In: Germanistik. Internat. Referatenorgan 4 (1963) ff. — Vgl. Nr 929.

Zuletzt: 8. Bericht ⟨bis 1. 6. 1970⟩: Germanistik 11 (1970) S. 205—211, 632; 9. Bericht ⟨bis 20. 11. 1970⟩: 12 (1971) S. 194—200; ⟨bis 1. 7. 1972⟩: S. 650—51.

1220 Angaben zu *Editionsvorhaben* aus dem Gesamtgebiet der Germanistik bringt das Jahrb. f. Internat. Germanistik [s. Nr 1045]:

1. Meldung: Jg. 1,1 (1969) S. 197—207; 2. Meldung: 1,2 (1969) S. 113—114; 3. Meldung: Jg. 2,1 (1970) S. 219—220.

Verfasser- und Titelregister

Aufgenommen sind sämtliche Verfasser und Herausgeber (mit vollem Vornamen) sowie die Sachtitel *(kursiv)* mit Ausnahme der Zeitschriften (= Nr 1030—1213), da diese innerhalb ihrer regionalen bzw. systematischen Gruppierung ohnehin alphabetisch angeführt sind.

Bei der alphabetischen Ordnung der Sachtitel ist die mechanische Wortfolge zugrunde gelegt. Die Umlaute ä, ö, ü sind als ae, oe, ue eingeordnet. Verwiesen wird auf die laufenden Nummern, mit dem Zusatz A auf die Annotation.

191

Sachregister

Von Johannes Hansel ist ebenfalls im Erich Schmidt Verlag erschienen:

Personalbibliographie zur deutschen Literaturgeschichte
Studienausgabe

175 Seiten, DIN A 5, kartoniert und mit Hochglanzfolie kaschiert, DM 12,80

Erste Urteile:

Personalbibliographie zur deutschen Literaturgeschichte heißt ein neues, sehr nützliches philologisches Repertorium, das Johannes Hansel, Autor der bewährten Bücherkunde für Germanisten, zusammengestellt hat. *Frankfurter Allgemeine Zeitung*

Die Personalbibliographie zur deutschen Literaturgeschichte, die Dr. Johannes Hansel jetzt als Ergänzung zu seiner Bücherkunde für Germanisten vorgelegt und zunächst als Studienausgabe herausgegeben hat, erweist sich als ausgezeichnetes Handwerkszeug für Germanisten. *Hannoversche Allgemeine Zeitung*

So wird hier eine Bestandsaufnahme von Einzelbibliographien für 300 bedeutende deutsche Dichter versucht ... Der Verfasser wollte nicht nur ein Nachschlagewerk schaffen, sondern zugleich für die bibliographische Forschung einen Überblick geben, um so auf die noch ausstehenden Bibliographien hinzuweisen. — Man muß ihm für seine entsagungsvolle und nützliche Arbeit danken, die sich keineswegs nur an den Germanisten wendet. *Welt und Wort*

Diese Personalbibliographie in preiswerter Studienausgabe ist ein überaus wertvolles Nachschlagewerk für jede Handbücherei eines Antiquars und Bibliophilen ... Sammel- und Einzelbibliographien werden nachgewiesen, ebenso neueste Abhandlungen, die entsprechende Bibliographien über einzelne Dichter enthalten, sowie Angaben über Dichtergesellschaften, Jahrbücher und Nachlässe. Sie weist auch auf Lücken hin, die künftig mit zuverlässigen Einzelbibliographien ausgefüllt werden müßten ... Zwei Register — ein Verzeichnis der Dichter und eine Liste der Verfasser — erleichtern die Benutzung der Bibliographie, die sich bald ihre Freunde erworben haben wird. *Antiquariat*

Als Nachschlagewerk in jedem Auskunftsbestand unentbehrlich. *Buchanzeiger für Öffentliche Büchereien*

Besonders wertvoll erscheinen dem Referenten auch die knappen Forschungsüberblicke eingangs jedes bibliographischen Nachweises, weil gerade sie auf empfindliche Lücken aufmerksam machen und zu deren Schließung ermuntern. *Biblos*

This long heralded and eagerly awaited bibliography fills a keenly felt gap in our basic list of handbooks, constantly required for research activities. ... Hansel's Personalbibliographie not only provides bibliographical help for three hundred representative writers, but lists, whenever possible "Forschungsberichte" available and essential information about literary archives and established organizations devoted to the study of a particular writer. *Monatshefte*

With the author's complementary work Personalbibliographie zur deutschen Literaturgeschichte ... the Germanist now has access to indexes which are not available for any other modern language. *Modern Language Review*